Anna Schnitzer | Rebecca Mörgen (Hrsg.)
Mehrsprachigkeit und (Un)Gesagtes

D1919453

Anna Schnitzer | Rebecca Mörgen (Hrsg.)

Mehrsprachigkeit und (Un)Gesagtes

Sprache als soziale Praxis in der Migrationsgesellschaft

BELTZ JUVENTA

Bibliografische Information der Deutschen Nationalbibliothek

Die Deutsche Nationalbibliothek verzeichnet diese Publikation in der Deutschen Nationalbibliografie; detaillierte bibliografische Daten sind im Internet über http://dnb.d-nb.de abrufbar.

MIX
Papier aus verantwortungsvollen Quellen
FSC® C089473

Das Werk einschließlich aller seiner Teile ist urheberrechtlich geschützt. Jede Verwertung außerhalb der engen Grenzen des Urheberrechtsgesetzes ist ohne Zustimmung des Verlags unzulässig und strafbar. Das gilt insbesondere für Vervielfältigungen, Übersetzungen, Mikroverfilmungen und die Einspeicherung und Verarbeitung in elektronischen Systemen.

© 2015 Beltz Juventa · Weinheim und Basel
www.beltz.de · www.juventa.de
Satz, Druck und Bindung: Beltz Bad Langensalza GmbH, Bad Langensalza
Printed in Germany

ISBN 978-3-7799-2944-4

Inhalt

Rebecca Mörgen, Anna Schnitzer

Mehr-Sprachigkeit und (Un)Gesagtes

Einleitende Skizzierungen[1]

Um darin mitspielen zu können, muß man eine bestimmte
Sprache beherrschen und über eine bestimmte Kultur verfügen [...]
(Bourdieu 2005, S. 14)

Mehr-Sprachigkeit ist in aller Munde – so scheint es zumindest. Über Sprache(n) und Sprechen in der ‚Migrationsgesellschaft' wird viel und kontrovers debattiert: Gesprochen wird dabei über sogenannte ‚Sprachdefizite', legitime ‚Bildungsprachen', ‚fehlenden Integrationswillen' (vgl. auch Anastasopoulos 2013, S. 62), und ‚Migrationssprachen', die für das Bildungssystem bzw. den ‚Bildungserfolg' von Kindern und Jugendlichen als ‚Problem' gesehen werden (vgl. u.a. Brisić 2007, S. 43)[2]. Innerhalb dieser kontroversen Debatten scheint für Akteur*innen – das Zitat von Pierre Bourdieu aufgreifend – je nach Handlungslogiken der jeweiligen ‚Felder'[3] eine bestimmte Sprache notwendig zu sein, um sich kontextuell mit-teilen, aber auch an sozialen, politischen und ökonomischen Möglichkeitsbedingungen teil-nehmen oder gar teil-haben zu können. Damit ist ein hierarchisches Verhältnis von Sprache(n) und Sprechen angelegt, welches als konstitutive Dimension von Machtverhältnissen in sozialen, politischen und ökonomischen Kontexten zu explizieren ist. Denn, so Bourdieu, „[j]edes Sprachsystem ist immer ein Mittel des Ausdrucks, aber zugleich auch ein Mittel der Zensur. Paradoxerweise besteht Sprache immer aus jenen Din-

1 Ein herzlicher Dank gilt Verena Kuglstatter für ihre kritischen Anmerkungen und Denkanregungen zu einer Vorversion dieses Textes.

2 Karin Brisić hat im Zusammenhang von Bildungserfolg und mehrsprachigem Spracherwerb bzw. sprachlicher Praxis im Kontext der Einwanderungsgesellschaft eine sehr eindrückliche kritische Studie vorgelegt.

3 Mit dem Begriff des ‚Feldes' vermag mit Bourdieu darauf verwiesen werden, dass auch in Bezug auf Mehr-Sprachigkeit die verschiedenen Felder oder Handlungsräume über ganz eigene Handlungslogiken verfügen, so wie es Bourdieu für das Feld der Politik darlegt (vgl. Bourdieu 2005, S. 13 f.; für erziehungswissenschaftliche Justierungen vgl. Neumann 2008).

gen, die sie auszusprechen erlaubt, aber auch aus jenen, die sie auszusprechen und zu denken verbietet, die aber auch von anderen Sprachsystemen wiederum zugelassen werden […]" (2005, S. 19 f.).

Im wissenschaftlichen Diskurs um Mehrsprachigkeit lassen sich zunächst zwei machtvolle Positionen aufzeigen: Zum einen die Annahme, „wonach Monolingualismus als Normalfall, Mehrsprachigkeit als Sonderfall zu betrachten sei", zum anderen die Perspektive, Sprachen als „voneinander klar abgrenzbare Einheiten zu sehen" (Busch 2013, S. 82). Während erstere in der Mehrsprachigkeitsforschung inzwischen seit geraumer Zeit kritisch reflektiert wird[4], und Brigitta Busch für letztere einen „Paradigmenwechsel" in der Mehrsprachigkeitsforschung konstatiert, sind beide Positionen im gegenwärtigen (bildungs)politischen Diskurs noch deutlich präsent. Eher als um Mehrsprachigkeit geht es allerdings in diesem Diskurs um ‚die' Sprache der in Bezug zur Mehrheitsgesellschaft als ‚anders' Geltenden. Schon hier wird deutlich, dass die Diskussion um Sprache(n) und Mehrsprachigkeit nicht bei ‚Techniken des korrekten Anwendens' und bei der Maximierung des ‚ökonomischen Wettbewerbsvorteil' stehen bleiben kann (vgl. Quehl/Mecheril 2008)[5]. Vielmehr werden sowohl über die Thematisierung von Sprache(n) als auch über sprachliche Praktiken immer auch Fragen des nationalstaatlichen Kontextes und der (nationalen) Zugehörigkeit und damit einhergehende machtvolle Zuschreibungen und Differenzsetzungen über symbolische Sprachgrenzen vorgenommen (vgl. Quehl/Mecheril 2008). Die Wirkmächtigkeit von Sprache setzt damit asymmetrische Verhältnisse fort, die unterschiedliche Bedingungen hervorrufen und zementieren. Dabei erregt Sprache nicht nur in ihrer expliziten Bedeutung als Medium der (non)verbalen Verständigung Aufmerksamkeit, sondern insbesondere und gerade als implizite Trägerin von machtvollen Zuschreibungs- und Strukturierungsprozessen. Entlang von Sprache(n) und Sprechen vollziehen sich sowohl Akte der Anerkennung als auch der Missachtung. Spricht jemand mit einem ‚fremden' oder ‚ungewohnten' Akzent, so wird immer wieder die Frage der ‚eigentlichen' Herkunft gestellt, die die Angesprochenen zugleich als Subjekte markiert, die ‚hier' nicht unhinterfragt hingehörten (vgl. Çiçek et al. 2014). Mithin sind Subjekte – als Angesprochene, Angerufene – aufgrund ihres Sprechens diskreditierbar, während gleichwohl auch Subjekte – als Sprechende, Anrufende – über Sprechakte diskreditieren. Zugleich sind es ebenfalls sprachliche Adressie-

4 Vgl. insbesondere die Ausführungen im Anschluss an Gogolin 1994.

5 Hartmut Esser etwa hat umfassende Studien zum Zusammenhang von Sprache und Integration in einer *rational-choice*-Tradition vorgelegt (vgl. z. B. Esser 2006; 2009).

rungen über die Subjekte im Sinne eines Aktes der Anerkennung wahrgenommen und sichtbar gemacht werden.

Welche Möglichkeiten ergeben sich – vor dem angedeuteten Verhältnis von Sprache, Macht und Handeln – den Begriff der ‚Mehrsprachigkeit' kritisch zu beleuchten, analytisch zu wenden und umzudeuten? Welche Relevanz kommt Mehrsprachigkeit als diskursive Praktik und als performativer Akt zu? Mit jenen Fragen lassen sich vielfältige theoretische Betrachtungs- und Herangehensweisen auf den Gegenstand ‚Mehr-Sprachigkeit und (Un)Gesagtes' eröffnen, welche im Folgenden angedeutet werden sollen[6]: zunächst wird auf Sprache als diskursiv-performativer Akt eingegangen, um daran anschließend das Verhältnis zwischen Sagbarem und Unsagbarem knapp zu diskutieren. In einem dritten Schritt werden historische sowie bildungs- und sprachpolitische Verortungen erfolgen, um abschließend den mit dem Sammelband verbundenen Vorschlag eines analytischen Blicks auf den Begriff ‚Mehr-Sprachigkeit' zu markieren.

Mehr-Sprachigkeit: diskursive Praktik und performativer Akt

Mit Pierre Bourdieu (1990) kann Sprache ihre Eigenschaft als ‚neutrales Medium' abgesprochen werden und mit Gutiérrez Rodríguez verliert die Annahme, dass Sprache „eine simple Beschreibungsformel" sei, „im Lichte des geografischen und historischen Kontextes ihrer Produktions- und Reproduktionsbedingungen den Anschein der Objektivität" (2003, S. 18). Sprache stellt insofern, mit Rodríguez gesprochen „ein Repräsentationssystem dar, auf dessen Grundlage Räume der Performativität und Akte der Intelligibilität initiiert und fundiert werden" (ebd.)[7]. Der Akt des Sprechens

6 Dies erfolgt mit Blick auf analytisch-theoretische Perspektivierungen und unterliegt dabei einer gewissen Unvollständigkeit. Die Skizzierungen sollen dazu dienen, den Blick zu öffnen für die vielfältigen Sichtweisen, die in diesem Sammelband in den einzelnen Beiträgen vertieft verfolgt werden.

7 Der Begriff der ‚Intelligibilität' führt auf Judtih Butler (2009) zurück. Die Konstitution des Subjektes ist in Butlers Theorie nicht unabhängig von gesellschaftlichen Normen denkbar. Vielmehr wirken diese innerhalb sozialer wie auch diskursiver Praktiken und „regieren die Intelligibilität" (Fritzsche 2012, S. 195). D.h. sie ermöglichen, dass bestimmte Handlungen als solche erkannt und Subjekte für sich als auch für andere anerkennbar werden (vgl. ebd.; auch Geipel et al. in diesem Band). Darüber hinaus beschreibt Bettina Fritzsche in ihrem Beitrag „Subjektivationsprozesse in Domänen des Sagens und Zeigens" im Anschluss an Judith Butler sowie erziehungswissenschaftlich-ethnographische Perspektivierungen, dass im ethnographischen Beschreiben von Szenen bestimmbare Subjekte konstituiert

und der Akt des Tuns oder des sich dazu Verhaltens der Akteure hängen unmittelbar miteinander zusammen (ebd.).

Vor dem Hintergrund der diskursiven Relevanz von ‚Sprache' – in der es keineswegs immer um Mehrsprachigkeit geht (vgl. Quehl/Mecheril 2008) – ließe sich insbesondere auf die bedeutsame Rolle von ‚Ideologien' und ‚Diskursen' hinweisen. Busch macht darauf aufmerksam, dass „es verhältnismäßig leicht fällt, sich sprechende Menschen und Orte, wo gesprochen wird, vorzustellen", wohingegen „Ideologien und Diskurse abstrakte Begriffe [sind], die nicht ohne weiteres zu ‚begreifen' sind, zumal sie ihre Macht nicht zuletzt dem Umstand verdanken, dass sie den Anschein von Offensichtlichkeit und Selbstverständnis erwecken" (Busch 2013, S. 82). Letzteres verweist auf einen nicht unbedeutsamen Aspekt von Mehrsprachigkeit als diskursive Praktik, wenn in etwa mit Andreas Reckwitz davon ausgegangen wird, dass jener machtvolle Diskurs „allein in einem bestimmten sozialen *Gebrauch,* als ein Aussagesystem [wirkt], das in bestimmten Kontexten rezipiert und produziert wird" (2003, S. 298; Herv. i.O.). Denn Sprache ließe sich eben gerade nicht ausschließlich auf „einen autonomen kulturellen Code mit immanenten ‚objektiven' Bedeutungen" (ebd.) reduzieren und als solcher empirisch rekonstruieren. Es ginge vielmehr um das Zusammendenken jener relationalen Dimensionen von Diskursen und Praktiken (vgl. ebd.). Die Relevanz von Diskursen um Sprache(n) und sprachliche Praktiken deutlich machend, rückt im Anschluss an Busch die Frage in den Mittelpunkt, „welche sprachlichen Praktiken für bestimmte soziale Räume charakteristisch sind und wie sprachliche Praktiken dazu beitragen, solche sprachlichen Räume zu schaffen" (Busch 2013, S. 81). In diesem Wechselverhältnis lässt sich ebenjene Logik einordnen, die regelt, was in welchem Kontext wie sag- oder eben unsagbar ist. Auf das Verhältnis von Sagbarem und Unsagbarem ließe sich mit Roth verweisen, wenn dieser im Anschluss an Michel Foucault[8] bemerkt, dass das „generelle Problem von Sprache und

---

werden würden, die mit Butler gesprochen auf ‚Domänen des Sagens und Zeigens' verweisen (Fritzsche 2012, S. 194). Für Subjektkonstitutionsmomente sei dabei gerade nicht nur bedeutsam „was gesagt, sondern auch, was durch das jeweils Gesprochene gezeigt und signalisiert werde, Sprache sei somit als Modus der Adressierung zu verstehen" (ebd.).

8 Das konstitutive Verhältnis von Sag- und Unsagbaren ist eine der zentralen Denkfiguren in Michel Foucaults frühem Werk „Wahnsinn und Gesellschaft" (Foucault 1993 [1961]). Für ihn ist der Wahnsinn eine Form des Sprechens, die „nicht auf Kommunikation ausgerichtet ist, sondern es [dieses Sprechen] widersetzt sich geradezu der rationalen Form des Sprechens, es stört den Ablauf des bürgerlichen Lebens" (Roth 2013, S. 24). Entsprechend handelt es sich um eine Form des Sprechens, die „nicht auf Verstehen und Verständigung ausgerichtet ist" (ebd.).

Schweigen [darin liegt], dass das Eigentliche nicht aussagbar ist. Es ist zwar präsent, kann also nicht verschwiegen werden, ist aber gleichzeitig nicht aussprechbar“ (2013, S. 26).

Nebst dem Wechselverhältnis dessen, was in gesellschaftlichen Diskursen gesprochen – nicht-gesprochen, gesagt – nicht-gesagt und – insbesondere – sagbar und eben nicht-sagbar ist, und sich in ein vermeintliches Schweigen hüllt[9], erscheint demnach eine nähere Betrachtung des Konzeptes von Mehr-Sprachigkeit als performativem Akt das konstitutive Verhältnis von Mehr-Sprachigkeit und (Un)Gesagtem sowie (Un)Sagbarem zu erhellen. Mehr-Sprachigkeit als performativen Akt zu betrachten liegt ein Verständnis zugrunde, das an sprachphilosophische Betrachtungsweisen anknüpft, wie sie unter anderem mit Rückgriff auf John L. Austin (1979) und Judith Butler (1997) diskutiert werden. In erkenntnistheoretischer Hinsicht lässt sich mit Petra Gehring darauf hinweisen, dass hinter die Deutung des Sprechens als Handlung, die gerade auch eine „körperliche Handlung“ (Butler 1997, S. 21) ist, „kein Weg zurückführt“ (Gehring 2007, S. 212[10]).

Dass mit Sprechen und der Veräußerung von Wörtern, Sätzen oder eben Sprache(n) nicht nur Vorstellungen, Wahrnehmungen, sprich soziale Welt beschrieben werden, sondern mit dem Sprechen auch Handlungen vollzogen werden, hat Austin (1979) dargelegt. Mit ‚performativen Akten‘ werden jene Äußerungen bezeichnet, die sich in, mit und durch Handlung(en) vollziehen, denn: „man faßt die Äußerung für gewöhnlich nicht als bloßes Sagen auf“ (Austin 1979, S. 30). Beispiele für solch „performative Äußerungen“ sind etwa Praktiken der Entschuldigung, oder das ‚Ja-Wort‘ im Zuge der kirchlichen Heirat, aber auch Praktiken der Ver-Anderung und Besonderung, wenn in etwa Fragen wie „Was ist deine Muttersprache?“

9 Für eine vertiefende Auseinandersetzung und machttheoretische Konzeptionalisierung des konstitutiven Verhältnisses von Macht/Ohnmacht, Sprache und Schweigen wird an dieser Stelle auf den Sammelband von Geiss/Magyar-Haas (i. E.) verwiesen.

10 An dieser Stelle setzt jedoch gleichzeitig Gehrings Kritik an Butler an, indem sie von der These ausgeht, dass Butler „das Sprechen überhaupt wie auch den verletzenden Sprechakt gerade *nicht* unter konsequenter Einbeziehung der Frage nach dem Körper“ (Gehring 2007, S. 212; Herv. i. O.) deute, sondern Körper „als Grenze und ‚Anderes‘ der Sprache“ (ebd.) positioniere. Als Gegenvorschlag sucht Gehring im Anschluss an phänomenologische Perspektivierungen die Rede von der „Körperkraft von Sprache“ (ebd., S. 213) zu plausibilisieren. In einer solchen Perspektive erscheint das Sprechen gerade nicht mehr als vom Körper losgelöste Sprachhandlung, nähere vielmehr sich „einer stummen Handlung“ (ebd.) an, in der nicht die Sprache und die sich mit ihr vollziehende Handlung als verletzend wirke, sondern „die Sprache als Ding“ fungiere (ebd.). Sprache wird „zu einer physischen Handlung der Person, die spricht“ (ebd.).

oder „Wieviele Sprachen sprichst du denn?" gestellt werden (vgl. auch Geipel et al. in diesem Band). Sprechen und Handeln – das Sagen und das Tun – ist hierbei nicht als Gegensatz zu verstehen, sondern vielmehr in einem konstitutivem Verhältnis zu betrachten: der Akt des Sprechens ist bereits der Vollzug einer Handlung ebenso wie eine Handlung auch ein Akt des Sprechens sein kann (Austin 1979; Herrmann/Kuch 2007). Dieses Verhältnis auch empirisch zu füllen und genauer in den Blick zu nehmen ist unter anderem Anliegen dieses Bandes (vgl. etwa Geipel et al. in diesem Band). So betrachtet beinhaltet ‚Sprechen' sowohl beschreibende – im Sinne einer symbolischen Kraft und Deutungsweise – als auch performative Dimensionen. Die Frage „Wo kommst Du her?" beinhaltet also die beschreibende Annahme, dass die Angesprochene woanders herzukommen scheint, und macht sie zugleich zu der ‚anderen', der eine ‚andere Herkunft' unterstellt wird. Oder anders formuliert: In der Herstellung sozialer Wirklichkeiten über und mit sprachlichen Be-deutungen werden über Ver-Sprachlichungen gerade eben auch Handlungen vollzogen und scheinbar bestimmbare soziale Wirklichkeiten hergestellt. Darauf, dass im selben Moment durch sprachliche Handlungen gesellschaftliche Strukturen (re)produziert werden und die jeweiligen Akteure – als Adressierte – auf unterschiedliche soziale Positionierungen im sozialen, politischen, ökonomischen Raum verwiesen werden, weisen in etwa Steffen Kitty Herrmann und Hannes Kuch (2007) im Anschluss an Austin und Bourdieu hin (vgl. hierfür auch Çiçek et al. 2014). Denn, so Herrmann und Kuch: „In all diesen Fällen werden durch sprachliche Handlungen nicht nur handfeste, materielle Effekte erzielt, sondern wird auch die soziale Stellung der adressierten Personen verändert […]" (Herrmann et al. 2007, S. 11 f.). In, mit und über Sprache wird, so ließe sich festhalten, soziale Wirklichkeit hergestellt und dabei gehen mit Sprachpraktiken machtvolle Praktiken der Differenzierung, des In-Differenz-gesetzt-werdens – also der Ver-Anderung (vgl. hierzu Thomauske in diesem Band) und mitunter auch der symbolischen, sich materialisierenden Verletzung(en) einher (Herrmann et al. 2007; Çiçek et al. 2014). Auf den Umstand, dass sprachliche Äußerungen dabei nicht nur Bedingungen dafür sind, dass sich der performative Akt und damit die performative Kraft von Sprache(n) entfalten kann, weist Butler (1998) hin und hebt die Möglichkeiten des Um-Deutens, des Um-Schreibens oder des ‚Ent-Schreibens' (Nancy 2007) des performativen Aktes hervor. D.h. Sprache(n), Sprechen und Machtbeziehungen sind – in den jeweiligen symbolisch-kulturellen Ordnungen – insofern konstitutiv aufeinander bezogen, als dass sich in, mit und über das Verhältnis von Äußerung und Handlung missachtende, diskreditierende ebenso wie wertschätzende und anerkennende Prozesse der Zuschreibung, Zuweisung und Markierung sozialer Positionierungen vollziehen können.

Dementsprechend ließe sich nicht nur die Frage nach der Reproduktion sozialer Ordnungen, nach dem legitimen und illegitimen Sprechen (vgl. Bourdieu 1990; Völker 2013) aufwerfen und verfolgen, sondern auch nach den Möglichkeiten wie auch Unmöglichkeiten des subversiven Potentials von mehr-sprachigen Akten. Inwiefern lassen sich Praktiken des Sprechens-Über, aber ebenso des Ungesprochenen, des Schweigsamen (statt der Beredsamkeit (Gehring 2007)) auch als ‚Ort des Widerstandes' begreifen? Vermag ein solches Verständnis in analytischer Absicht dazu beitragen, den Blick für das (Un)Sagbare und (Un)Gesagte sensibel zu machen? Relevant für weiterführende Konzeptionen des Verhältnisses von Sagbarem und Unsagbarem sind Überlegungen zu der Frage „Wer spricht hier über wen", wie sie unter anderem in den *Postcolonial Studies* aufgeworfen wurden. Sie sind geeignet, den Blick auf Mehr-Sprachigkeit und (Un)Gesagtes weiter zu öffnen.

Zum Verhältnis von Sagbarem und Unsagbarem – Gesprochenen und Ungesprochenen

Wie die angeführten Beispiele zeigen können, wird die performative Wirkmächtigkeit von Sprechakten unter anderem in ethnisierenden und rassifizierenden Zuschreibungen – häufig auch über den Körper – deutlich, die in migrationsgesellschaftlichen Kontexten die Konstruktion des ‚Anderen' konstituieren (vgl. auch Mecheril 2003). Solche Zuschreibungen finden nicht nur in alltagsweltlichen Zusammenhängen statt, sondern stellen auch eine Schwierigkeit wissenschaftlichen Schreibens und Sprechens dar (vgl. hierzu Terhart in diesem Band). Diese Überlegungen können allerdings nicht darin münden, sich bei der Betrachtung von Machtbeziehungen und Machtverhältnissen ‚in Schweigen zu hüllen' und eine „Kultur des Schweigens" (Freire 1973) zu zementieren. Mit der ‚Kultur des Schweigens', wie Paulo Freire den Zusammenhang von Sprache und Machtbeziehungen fasst, kritisiert er die Subjekt-Objekt-Verhältnisse im lateinamerikanischen Bildungssystem, in dem durch die Forcierung einer „Kunstsprache der ‚Gebildeten'" (Lange 1973, S. 12) einer „schweigenden Mehrheit" (Lange 1973) auf Grund der Tradierung von Machtbeziehungen „die Sprache" fehle.[11] Eine so ausgelegte

11 Die „Kultur des Schweigens" ist für Paulo Freire eine historisch entstandene ‚Kultur der Abhängigkeit', „in der die Beherrschten, die unterdrückte Klasse nicht aussprechen lassen" (2007, S. 93). Bedeutsam ist an dieser Stelle, dass Freire auf „Bildung als eine Praxis der Herrschaft" (1973, S. 63) verweist und in seiner Auseinandersetzung einen emanzipatorischen Bildungsentwurf macht. Zwar sind Freires Überlegungen im Kontext der Kritik an der lateinamerikanischen, genauer der

bildungstheoretische Kritik vermag auf die Strukturierungsprozesse verweisen, die mit der ‚legitimen' Bildungssprache einhergehen, und auf die herrschenden Machtbeziehungen, die eng an die Beherrschung der hegemonialen (Bildungs)Sprache gebunden sind. Auf solch hegemoniale Strukturen und die „Illusion der Chancengleichheit" verweisen auch Bourdieu und Passeron bereits Mitte der Sechziger Jahre mit Bezug auf das europäische Bildungssystem (vgl. Bourdieu/Passeron 1971).

Wer spricht wie über wen? Wer gilt als legitime Sprecher*in? sind dabei zentrale Fragen, die das Verhältnis von Sprache, Macht und der Herstellung sozialer Wirklichkeiten beleuchten. So lässt sich beim Nachdenken über Sprache(n) und Sprechen, Akte des Versprachlichens und des Ungesprochenen an Überlegungen zu Repräsentationsverhältnissen anschliessen, wie sie gegenwärtig u.a. in den *Cultural Studies* (vgl. u.a. Hörning/Winter; Hall 2000)[12], aber auch in den *Postcolonial Studies* (vgl. u.a. Spivak 2008; Rodriguéz 2003; Reuter/Villa 2010) verhandelt werden. Im Kontext von rassismuskritischen Auseinandersetzungen wird dabei vermehrt der Versuch unternommen, die eigene privilegierte Stellung – als ‚weiße' Angehörige der Mittelschicht und Wissenschaftler*in – dafür zu nutzen „jenen das Wort zu geben, die ansonsten sprachlos bleiben" (Bourdieu 2005, S. 14).[13] Damit geht jedoch ein dilemmatisches Moment einher, das unausweichlicher nicht sein kann: In welchem Moment avancieren der Akt des Sprechens und die Sprache(n) an sich zu einer sprachlichen Hegemonie?[14]

---

brasilianischen Verhältnisse entstanden. Dabei richtet sich Freires Konzept einer emanzipatorischen pädagogischen Praxis und eines dialogischen Erziehungsprinzip jedoch nicht ausschließlich gegen von Armut geprägte Verhältnisse, sondern fordert ebenso ein sich als westlich-libertär verstehendes Bildungssystem heraus.

12 Für den Zusammenhang von *Cultural Studies* und Erziehungswissenschaft vgl. Mecheril/Witsch 2006.

13 Es bleibt an dieser Stelle eine Vermutung, ob Bourdieu mit seiner Kritik an der Rolle der Expert*innen (vgl. Bourdieu 2005 [zuerst 1992]) die entsprechende Kritik postkolonialer Theoretiker*innen aufnimmt. Denn bereits 1988 kritisierten sowohl Edward Said als auch Spivak, dass der Akt des „Für-Sprechens" ein hegemonialer Akt sei, der denen, für die gesprochen wird, zugleich die soziale Position zuweise, gegen deren Zuweisung sich das „Für-Sprechen" richte (vgl. Said 2010; Spivak 1988).

14 Mit Carsten Bünger und Felix Trautmann lässt sich an dieser Stelle kritisch darauf hinweisen, dass es jedoch keineswegs darum gehen kann „(noch) eine paternalistische Pädagogik zu entwickeln" (2012, S. 412), sondern vielmehr den Blick – in dem hier spezifischen Fall – auf hegemoniale Sprachpraktiken zu legen und diese „als Hinweise für eine kritische Pädagogik der Privilegierten [zu] lesen" (ebd.; vgl. auch Spivak 2007; Maggio 2007).

Als prominente Vertreterin der *Postcolonial Studies* argumentiert Gayatari Chakravorty Spivak in ihrem zuerst 1988 erschienenen, seither viel und kontrovers diskutierten Essay „Can the subaltern speak?“ (2008)[15], dass es weniger darum gehe, dass sich subalterne Akteure[16] nicht zu Wort meldeten oder nicht mitteilen könnten, sondern dass sie vielmehr durch bestimmte Techniken der Repräsentation ‚nicht gehört werden‘. Dabei erfasse die Rede von Repräsentation sowohl die Ebene der Darstellung als auch der Vertretung (vgl. auch Terhart in diesem Band). Ausgehend von dieser doppelten Funktionsbestimmung von Repräsentation wirft Spivak die Frage danach auf, wie in jenen Prozessen der Repräsentation Konstruktionen ‚der Anderen‘ vollzogen werden. Entsprechend lassen sich Repräsentationssysteme aus einer repräsentationskritischen und differenztheoretischen Perspektive mit Anne Broden und Paul Mecheril als Beschreibungspraxen kennzeichnen, „durch die Andere erst zu Anderen werden, also als ‚andere Subjekte‘ in die Welt kommen“ (2007, S. 10).

Den Zusammenhang zwischen der Konstruktion von Zugehörigkeiten und der Markierung von Differenzen, die mit diesen Re-Präsentationen einhergehen, sowie dem Sprechen und dem Gehörtwerden formuliert auch Rodríguez in deutlicher Weise:

> „Die Fragen danach, wer wie spricht, was gesehen und wie etwas gesehen wird, berühren daher nicht nur die Ebene der Darstellung im Sinne der Sichtbarmachung, sondern auch die des Sprechens und des Gehörtwerdens.“ (Rodríguez 2003, S. 18)

---

15 In der Ausgabe von 2008 des zuerst im Jahr 1988 erschienenen und später von der Autorin umfassend überarbeiteten Textes liegt erstmals eine Übersetzung in die deutsche Sprache vor, die mit einer Einleitung von Hito Steyerl und einem Interview mit der Autorin zur Diskussionsgeschichte ihres Textes gelungen flankiert wird. In ihrem Essay „Can the subaltern speak?“ fragt Spivak (1988; dt. 2008) in einer kritischen Auseinandersetzung mit Foucault und Deleuze nach dem Zusammenhang hegemonialer Formen der Repräsentation und ‚Subalternität‘. ‚Subalternität‘ bezeichnet dabei die Unterwerfung und Unterordnung sozialer Akteure bzw. sozialer Gruppen durch die hegemonialen Gruppen (vgl. Rodriguez 2003). Durch hegemoniale Repräsentationssysteme, die sowohl die Dimension der Darstellung als auch der Vertretung beinhalten, werden subalterne Gruppen des Redens und Sprechens entmächtigt. Daran anschließende Überlegungen zur Be- wie auch Selbstermächtigung lassen sich in kritischer Auseinandersetzung mit und zum Dilemma von Empowerment-Konzepten skizzieren (vgl. hierfür Heite in Geiss/Magyar-Haas i. E.).

16 Der Begriff der ‚Subalternen‘ geht nach Steyerl auf Antonio Gramsci zurück und bedeutet „von minderem Rang“ (vgl. hierzu Steyerl 2008, S. 8–12).

Hito Steyerl geht mit Bezug auf Spivak sogar noch weiter und bestreitet, dass das ‚Sprechen *für*' jemals „eine Rekonstruktion der Stimme der Subalternen" sein kann. Diese sei „prinzipiell nicht möglich [...]" (Steyerl 2008, S. 12), denn „[d]ie Ordnung der Diskurse erlaubt die Artikulation bestimmter Sachverhalte nicht, da sie selbst auf diesem Schweigen beruht" (ebd.). So gesehen ist Spivaks – wie auch Bourdieus – Kritik der Rolle der Expert*innen, von großer Bedeutung, wenn sie darauf hinweisen, dass so mancher wohlgemeinte Umstand des ‚Für-sich-selbst-Sprechen-lassens' (Steyerl 2008, S. 15) der Subalternen über die Stimme von Expert*innen in einer Repräsentation ‚der Anderen' und damit ‚der Subalternen' mündet (vgl. auch Geiss/Magyar-Haas i.E.). Dennoch möchte der vorliegende Sammelband diesem ‚Schweigen' Analysen entgegensetzen und zumindest Teilaspekte des Verhältnisses von Mehr-Sprachigkeit und migrationsgesellschaftlichen Machtbeziehungen zur Sprache bringen.

Mehr-Sprachigkeit: historische und sprachpolitische Verortungsmöglichkeiten

Sprechen und Schreiben über Mehr-Sprachigkeit ist in der Migrationsgesellschaft auch ein Sprechen über eine Vielzahl von Sprache(n). „Dass Mehrsprachigkeit Normalität war", ließe sich historisch mit Hans Joachim Roth (2013, S. 16) betrachten[17], dahingegen scheint sie im gegenwärtigen Diskurs immer wieder entweder als ‚Sonder- und Problemfall' oder in Bezug auf bestimmte Sprachen als erstrebenswertes – ökonomisch verwertbares und gefordertes – Bildungsideal markiert.

Mit der Herausbildung der National- wie auch Territorialstaaten im 19. Jahrhundert hat sich eine zunehmende Tendenz der Vereinheitlichung und Standardisierung einer Einheitssprache als Kommunikationsmedium und nationalstaatliche Identifikationsfigur etabliert, die bis heute anhält und insbesondere migrations- und sprachpolitische Implikationen mit sich bringt (vgl. Roth 2013, S. 22; Kuhn/Diehm in diesem Band[18]). Denn „Sprachenpolitik und Sprachideologien wurden immer dazu gebraucht und

---

17 Auch im europäischen Raum gab es, so zeigt Roth auf, schon immer verschiedene und damit eine Vielfalt an Sprachen, sei dies in Form von Dialekten, soziokulturellen Registern, Fach- und Geheimsprachen als auch von gestischen und mimischen Sprachen (vgl. Roth 2013, S. 19), wie etwa der Gebärdensprache(n) – die im Übrigen kaum zur Sprache kommen.

18 Melanie Kuhn und Isabell Diehm gehen in diesem Band weiterführend auf das Verhältnis von „Vaterland" und „Muttersprache" sowie die Zunahme an nationalistischen und biopolitischen Argumentationsweisen im Diskurs ein.

missbraucht, um Differenz zu konstruieren und ethnische und nationale Abgrenzungen zu legitimieren," so Busch (2013, S. 102). Es geht also auch um Fragen danach, wie eine nationalstaatlich organisierte Gesellschaft ihre vor allem über Sprache(n) definierten und imaginierten symbolischen Grenzen festlegt, die diese Differenzen konstituieren (Quehl/Mecheril 2008; Mecheril et al. 2010). In der Legitimierung von Abgrenzung werden Zugehörigkeiten wie Nicht-Zugehörigkeiten konstruiert, markiert und auf ihr relationales Verhalten von Brüchig-sein, Schwach-sein einerseits und Stärkung und Sicherung andererseits zueinander hin befragt. In jenen Be-Fragungen und Be-Antwortungen vollzieht und konstituiert sich ein „imaginäres Wir" in Abgrenzung zu einem scheinbar „realen Anderen" (vgl. Mecheril 2010)[19]. Mit einem „Sprechen der Sprache(n)" (Quehl/Mecheril 2008) geht insofern unmittelbar auch ein Sprechen und Nachdenken über Konstruktionen des ‚Eigenen am Anderen' (Dietze 2009) einher – oder anders formuliert: es ist unmittelbar auch ein Sprechen-über ein machtvolles ‚Wir' (vgl. auch Terhart und Thomauske in diesem Band).

Aus der Idee der nationalstaatlich organisierten sprachlichen Einheit ergibt sich in Bezug auf die meisten europäischen Nationalstaaten eine durchaus ungesicherte, häufig nur vermeintliche, aber immer wirkmächtige Homogenität von Sprache und Kultur[20] (vgl. Roth 2013, S. 22). Diese ließe sich mit dem Begriff des „monolingualen Habitus" (Gogolin 1994) bzw. des „monolingualen Selbstverständisses" (Gogolin 2010, S. 534–537) fassen, dem jedoch eine vielsprachige soziale Wirklichkeit entgegen zu setzen wäre (vgl. u.a. Busch 2013; S. 7; Roth 2013, S. 22).[21] Gleichwohl wird jenes ‚mo-

19 Migrationsverhältnisse bewirken dabei „die Thematisierung und Problematisierung von Grenzen zwischen ‚Innen' und ‚Außen' und zwischen ‚Wir' und ‚Nicht-Wir' […] und damit die Infragestellung einer fundamentalen Unterscheidung gesellschaftlicher Ordnung als auch ihre Stärkung vornimmt" (Mecheril et al. 2010, S. 12 f.).

20 Luxemburg scheint eine Ausnahme zu bilden (vgl. dazu Seele in diesem Band), doch auch die Situation in der Schweiz kann in diesem Sinne verstanden werden (vgl. hierzu Schnitzer in diesem Band).

21 Roth verweist neben einer Vielfalt an ‚Nationalsprachen' auf eine grosse Diversität an Sozio- und Ethnolekten (vgl. Roth 2013, S. 22; hierzu auch Keim 2008; 2012, S. 121–127). In ethnografisch angelegten soziolinguistischen Untersuchungen zeigt Inken Keim auf, „dass ethnolektale Formen nur einen Teilbereich des Sprachrepertoires ausmachen und dass sie zu diskursiv-rethorischen Zwecken ebenso wie zum Ausdruck sozialer Identität eingesetzt werden" (Keim 2012, S. 124). So greift bspw. eine Mädchengruppe, die sich selbst als die „türkischen Powergirls" bezeichnet, je nach Situationen und Kommunikationspartner*innen – ob bewusst oder unbewusst – auf verschiedene sprachliche Varietäten zurück. Mit dem Einsatz von Standard- und ethnolektalen Formen bespielen die Jugendlichen sprachliche Ordnungen. In Interaktion mit pädagogischen Fachkräften setzen sie, die Ordnungen subversiv unterlaufend, zum Beispiel ethnolektale Formen ein, um ihre Interessen durchzusetzen.

nolinguale Selbstverständnis' nicht aufgehoben, sondern unterliegt vielmehr einer machtvollen Differenzierung von legitimen und illegitimen Sprachen, mit der hegemoniale und dominierte Sprachen und Sprechweisen markiert werden (vgl. hierzu Völker 2013). Vor dem skizzierten Hintergrund werden entsprechend Sprecher*innen im sozialen Gefüge positioniert, indem bestimmten Sprachen eine hegemoniale und dominante Rolle zugeschrieben wird. Dass Sprache kein ‚neutrales Medium', sondern ein ‚umkämpfter' Schauplatz von Machtbeziehungen ist und damit als machterhaltendes, machtverteilendes Instrument in Erscheinung tritt, hat Bourdieu (1990) in seinem Werk „Was heißt Sprechen? Die Ökonomie des sprachlichen Tausches" dargelegt (vgl. auch Bourdieu 2005; Del Percio/Duchêne in diesem Band; Roth 2013). Ein ‚umkämpfter' Schauplatz insofern, als dass es auch „um den Versuch der herrschenden Macht [geht], ihre Herrschaft zu sichern, indem sie zwischen legitimem und illegitimem Sprechen unterscheidet" (Roth 2013, S. 39). Insbesondere dann, wenn „Dialekte, Einwanderersprachen und kulturelle Sprachvarietäten [...] als illegitime Sprachen bzw. Codes markiert" werden, um, so Roth weiter, „sie aus dem Bereich des legitimen Sprechens – und damit auch des partizipatorischen demokratischen Handelns – herauszuhalten, damit die gesellschaftlichen Machtverhältnisse nicht gefährdet werden" (ebd.). Insofern scheint vielmehr aktuell die *Ein-Sprachigkeit* einer diskursiv hervorgebrachten Normalisierung zu unterliegen. Jene Tendenz der ‚Normalisierung' ließe sich exemplarisch an dem Diskurs um ‚das kompetente Sprechen-können' von mehreren Sprachen, im Sinne einer ökonomischen Verwertungslogik, oder/und das integrationspolitische Beharren auf dem ‚korrekten Sprechenkönnen' der jeweiligen Nationalsprachen im Fokus bildungspolitischer Programmatiken aufzeigen. Dies kann nicht zuletzt an der Implementierung von ‚Integrationsdeutschkursen' als Voraussetzung für Staatsangehörigkeit oder Sprachstandserhebungstests im (früh)pädagogischen Bereich illustriert werden (vgl. Kuhn/Diehm in diesem Band; Kelle 2010). Auch die kritische Diskussion des Konzepts des ‚Förderns und Forderns' in den vermehrt eingeführten „Integrationsvereinbarungen", die von zuweisenden

---

Die Verwendung des Ethnolekts lässt sich dabei keineswegs durch mangelnde Kompetenzen des Standarddeutschen bzw. des für die Stadt typischen Dialekts begründen (vgl. u.a. Keim 2008, S. 440–447; S. 453–462). Was allerdings in dieser Deutung der ethnolektalen Formen als Möglichkeiten des subversiven Widerstands wenig zum Tragen kommt, ist, dass gerade mit der Herausbildung und Konstitution von Bildungsinstitutionen, aber auch Verwaltungsapparaten eine legitime Sprache, die sich in der Regel an einer Nationalsprache als Einheitssprache orientiert, ihre Wirkmächtigkeit entfaltet und die Subversivität der sprachlichen Praktiken der Jugendlichen in einem Verhältnis dazu zu bestimmen wäre.

staatlichen Stellen mit ‚Migrantinnen' und ‚Migranten' geschlossen werden, lässt sich hier einordnen (vgl. Hentges 2010; 2013 für Deutschland; Piñeiro/Eser Davolio/Tov 2010 und Eser Davolio 2013 für die Schweiz). So gesehen geraten vermehrt soziale Akteure ‚unter Beobachtung' (Kelle 2010), jedoch gehen mit jenen ‚Förderpraktiken' gerade immer auch machtvolle Praktiken der Besonderung und der Normierung einher. Es liesse sich also verdeutlichen, dass sprachliche Praktiken einer ausserordentlichen Wirkmächtigkeit des Diskurses unterliegen (Quehl/Mecheril 2008; Duchêne 2011; Busch 2013), wie sie in Zugehörigkeitspositionierungen, Ein- und Ausschluss[22], aber auch Markierungen, Differenzierungen und Klassifizierungen der jeweiligen legitimen und/oder illegitimen Sprache(n) deutlich wird, die diesen Diskurs wiederum mit strukturieren, konstituieren und soziale Akteur*innen positionieren.

‚Mehr-Sprachigkeit' und (Un)Gesagtes

Im vorliegendem Sammelband geht es demnach nicht nur um die gesprochene Sprache, und somit das Ausgesprochene, sondern um das ‚*Mehr*' der Sprache, also um ‚*Mehr-Sprachigkeit*' in einem *weit* verstandenen Sinne. Den Begriff der ‚Mehrsprachigkeit' kritisch beleuchtend, weist etwa Busch darauf hin, dass Sprachen nicht als getrennte Systeme betrachtet werden können, zwischen denen sich Sprecherinnen und Sprecher bewegen (vgl. Busch 2013, S. 8–11). Vielmehr plädiert sie im Anschluss an Michail Bachtin dafür, diesen durch den der Heteroglossie zu ersetzen: „Der Begriff der Heteroglossie bezeichnet die vielschichtige und facettenreiche Differenzierung, die lebendiger Sprache innewohnt" (Busch 2013, S. 10; vgl. auch in diesem Band). Um aber nationalstaatlichen Implikationen sowie bildungsprogrammatischen Diskursen in kritischer Hinsicht Rechnung zu tragen, erscheint es plausibel, an dem Begriff der ‚Mehrsprachigkeit' festzuhalten, dies jedoch in analytischer Absicht. Das Sprechen und Schreiben über ‚*Mehr-Sprachigkeit*'[23] bietet die Möglichkeit, den analytischen Blick auf das konstitutive Verhältnis von Sprache(n), Sprechen und Macht, von Unsagbarem und Sagbarem, von Ungesagtem und Gesagtem zu richten und damit

22 Vgl. auch Krompàk in diesem Band.

23 Der Bindestrich soll dabei eine Form der Möglichkeit des Umdeutens des ‚klassischen' Verständnisses von Mehrsprachigkeit darlegen und mag auf das Dynamische von Sprache(n) und Sprechen in ihrer Vieldeutigkeit hinweisen. Darüber hinaus lässt die Schreibweise möglicherweise eine Kritik an dem Primat des Sprachlichen und der Grenzziehung zwischen ‚Körper' und ‚Sprache' zu (vgl. hierzu auch Gehring 2007).

eben auch auf soziale Positionierungen und soziales Positioniert-werden hinzuweisen. Wenn vorliegend von Mehr-Sprachigkeit die Rede ist, dann wird damit ein ‚weites' Verständnis assoziiert um ‚Mehr-Sprachigkeit' in analytischer Hinsicht zu konzeptualisieren. Mehr-Sprachigkeit soll in ihren vielfältigen Erscheinungsweisen fassbar werden, etwa im Sinne der Verwendung verschiedener (National-)Sprachen, aber auch innerhalb der jeweiligen Sprache(n) in Form von Dia-, Sozio- und Ethnolekten (vgl. hierzu z. B. Keim 2008) sowie als die permanente Gleichzeitigkeit von explizierten und nicht-explizierten, intentionalen und nicht-intentionalen Bedeutungsinhalten. Mit dem Sprechen über Mehr-Sprachigkeit ist daher keinesfalls ausschließlich das gesprochene Wort, die gesprochene Sprache und somit das Ausgesprochene gemeint. Vielmehr verweist Mehr-Sprachigkeit im vorgeschlagenen Sinne zudem ebenso auf die Dimension des ‚Unsagbaren', ‚Ungesagten', ‚Ungesprochenen' und des ‚Unausprechlichen' (vgl. hierfür Kuhn/Diehm in diesem Band; für weitere Ausführungen zu Formen des ‚Ungesprochenen' Geiss/Magyar-Haas i. E.). Damit können abseits der alleinigen Fokussierung auf das Verbalisierbare, und damit die scheinbar sagbaren auch körperleibliche Phänomene in den Blick genommen werden. So ließe sich eine Sicht auf Sprache verfolgen, die sich nicht allein in der Tradition der Verknüpfung von Sprache und Ratio sieht, sondern gerade eben auch die nicht-intentionalen Aspekte von Sprache, wie Gestik, Mimik oder aber die Evozierung von Gefühlen theoretisch und empirisch reflektiert. Eine solche Sicht wird mit dem „Konzept des Spracherlebens" von Busch u. a. im Anschluss an phänomenologische Überlegungen diskutiert und plausibilisiert (vgl. 2013; in diesem Band).

Zu Be-Fragendes – Überleitung zu den einzelnen Beiträgen

Über Mehr-Sprachigkeit zu sprechen oder gar zu schreiben – wie es Anliegen dieses Buches ist – vermag eine diffizile Angelegenheit sein. Wie in den einleitenden Skizzierungen deutlich werden sollte, ergeben sich für eine Beschäftigung mit dem Thema ‚Mehr-Sprachigkeit und (Un)Gesagtes' zahlreiche theoretische Bezugspunkte und Überlegungen, die im vorliegenden Buch Raum haben sollen. So wie Bourdieu für die Aufdeckung der „verborgenen Mechanismen der Macht" (vgl. Bourdieu 2005) plädiert, ist es Ziel dieses Buches, vor verschiedenen theoretischen Hintergründen aufzuzeigen, wie viel Ungesagtes über Sprache gesagt wird. Dieser Sammelband thematisiert in den vertretenen Beiträgen unter anderem folgende Fragen: Wie wird Mehr-Sprachigkeit im Allgemeinen und in pädagogischen Feldern im Besonderen sowohl als *diskursive* als auch *soziale* Praxis verhandelt? Wie eignen sich Akteurinnen und Akteure individuelle Sprachpraxen an? Wie positionieren sie sich im sprachpraktischen Diskurs? Inwiefern werden in, mit und über Sprache soziale Zugehörigkeiten und Positionierungen zugewiesen, markiert oder aber unterlaufen? Was ist zu welchem Zeitpunkt wie sagbar oder bleibt ungesagt, weil es nicht sagbar scheint und sich damit ‚in Schweigen hüllt'? Wann und wie wird Sprache als sprachliche Hegemonie geprägt? Welche Macht entfaltet sich vor dem Hintergrund von Praxen des Ein- und Ausschliessens in, mit und über Sprache? Wo und in welcher Form zeigen sich Grenzen dessen auf, was – bspw. bezogen auf körperleibliche Perspektivierungen – gesagt und/oder beschrieben werden kann, ohne dabei Logiken der Reifizierung zu verfallen? Oder anders formuliert: Wo lassen sich Grenzen, aber auch Möglichkeiten der Versprachlichung (Hirschauer 2001) aufzeigen?

Jene Fragen werden von den Autor*innen dieses Bandes in verschiedenen theoretischen Betrachtungsweisen aufgegriffen und alle Beiträge verfolgen unterschiedliche Verhältnisbestimmungen von Mehr-Sprachigkeit und (Un)Gesagtem. Dabei geht es insbesondere um empirisch-analytische Bestimmungen zum Verhältnis von Mehr-Sprachigkeit und (Un)Gesagtem/(Un)Sagbaren in verschiedenen (pädagoischen) Feldern der Migrationsgesellschaft.

Karen Geipel, Christiane Micus-Loos und Melanie Plößer gehen dem Verhältnis von Gesagtem und Ungesagtem im Anschluss an performative Ansätze nach und betrachten in ihrem Beitrag symbolische Ordnungen und die Macht des (Un)Gesagten in migrationsgesellschaftlichen Kontexten. Wie werden im ‚Sprechen-über' Zugehörigkeiten zu- oder abgesprochen? Welche Wirkmächtigkeiten entwickelt dabei das ‚Ungesagte'? sind Fragen die im Mittelpunkt ihrer Betrachtung stehen.

Im Anschluss an die Annahme Michail Bachtins, dass niemand ‚einsprachig' sei, stellt *Brigitta Busch* in ihrem Beitrag folgende Fragen in den Fokus: wie werden Sprecher*innen durch Diskurse über Sprache und Sprechweisen die den Raum prägen, positioniert und wie positionieren sie sich selbst gegenüber diesen Diskursen? Mit welchen Gefühlen und körperlichen Empfindungen erleben sie sich – durch die Augen der anderen – in solchen Situationen selbst als Sprecher oder Sprecherin? Diese Fragen werden im Anschluss an postmarxistische, poststrukturalistische und phänomenologische Perspektiven beleuchtet, um das ‚Konzept des Spracherlebens' fruchtbar zu machen.

Welche Konstruktionen des ‚Anderen' im ‚Sprechen-über', insbesondere im wissenschaftlichen Sprechen und Schreiben, hervorgebracht werden, ist Mittelpunkt des Beitrages von *Henrike Terhart*. Dabei verfolgt sie aus einer bild- und körperleibtheoretischen Perspektive u.a. folgende Fragen: Welche (sprachlichen) Herausforderungen gehen mit einem Sprechen-über ‚migrantisierte Körper' einher? Welche Möglichkeiten der Thematisierung von

Ungleichheiten und Differenzen entlang des Körpers können verfolgt werden, ohne dabei ethnisierende und rassifizierende Markierungen zu (re)produzieren?

Ausgehend von einer postkolonialen hegemoniekritischen Perspektive betrachtet *Nathalie Thomauske* Sprachpolitiken und -praktiken in der frühkindlichen Bildung. Auf welche Diskurse oder Sprachideologien beziehen sich Eltern und pädagogische Fachkräfte, um hegemoniale Sprachordnungen zu (de)legitimieren? Wie werden bestimmte Gruppen von Sprecherinnen und Sprechern ‚sprachlos' gemacht? Wie wird eine einsprachige Norm diskursiv immer wieder neu hervorgebracht und durchgesetzt? Diese Fragen werden auf Basis von Fokusgruppengesprächen mit Eltern und pädagogischen Fachkräften kritisch beleuchtet und analysiert.

Melanie Kuhn und *Isabell Diehm* gehen in ihrem Beitrag Thematisierungs- und Problematisierungsweisen ‚ungesprochener' Mehrsprachigkeit im elementarpädagogischen Feld nach. Aus praxeologischer Perspektive (Reckwitz) geraten in dem Beitrag Praktiken des Sprechens Erwachsener *über* die Sprachpraxen der Kinder in den Blick: Inwiefern werden dabei Kinder – in ihrer re-präsentierten Abwesenheit und somit im Sprechen über sie – entlang ihrer mehrsprachigen Kompetenzen im zugleich widerständigen und subversiven performativen Vollzug (fremd)positioniert? Und wie positionieren sich Erwachsene – Eltern und Erzieher*innen – selbst in einem monolingual geprägten Diskurs?

Selbst- und Fremdpositionierungen sind auch Gegenstand des Beitrags von *Anna Schnitzer*. Wie positionieren sich Jugendliche in Bezug auf ihre Mehrsprachigkeit und in welcher Weise werden sie von anderen positioniert? Im Mittelpunkt der Betrachtungsweise stehen das Sprechen jugendlicher Schülerinnen einer bilingualen Gymnasialklasse im deutsch-französischen Grenzgebiet der Schweiz im sprachbiographischem Interview. Fragen nach der Markierung von Differenzen und Zugehörigkeiten über sprachliche Darstellungen, aber auch die im sprachbiographischen Interview erzählten sprachlichen Praktiken stehen im Mittelpunkt der Betrachtungen.

Ausgehend von einem kritisch-soziolinguistischen Verständnis von Sprache und Mehrsprachigkeit geht *Claudia Seele* der Frage nach, wie im Alltag frühkindlicher Betreuungseinrichtungen mit sprachlicher Diversität umgegangen wird und welche Differenzen dabei aufgegriffen und erzeugt werden. Die Autorin bezieht sich in ihrem Beitrag auf eine ethnographische Studie, die sie in Kindertagesstätten in Luxemburg durchgeführt hat.

Edina Krompàk nähert sich in ihrem Beitrag der sprachlichen Realität mehrsprachig aufwachsender Kinder in der Schweiz. Über ethnographische Beobachtungen verfolgt sie Fragen nach den Alltagspraktiken beim Spielen und Lernen der Kinder und untersucht, in welcher Weise die Kinder auf ihre Familiensprachen, aber auch die hegemoniale Umgebungssprache zurückgreifen, wenn sie mit anderen Kindern ins Spiel vertieft sind. Dabei werden Ausschlusserfahrungen in den Blick genommen, die mit bestimmten sprachlichen Praktiken einhergehen.

In ihrem Beitrag stellen *Alfonso Del Percio* und *Alexandre Duchêne* ebenfalls Ausschlusserfahrungen, aber auch ausschliessende Strukturen ins Zentrum ihrer Überlegungen. Unter Bezugnahme auf Theoriebezüge von Bourdieu analysieren sie in ihrer Studie das Verhältnis von Sprache und Ausschlussprozessen im Zuge des schulischen Berufsintegrationsprozesses jugendlicher Migrantinnen und Migranten in der Schweiz, die über einen längeren Zeitraum ethnographisch begleitet wurden. Sie fragen danach, inwiefern sich Sprache als kulturelle Ressource konzeptualisieren lässt, über die der Zugang zu sozialem und ökonomischem Kapital geregelt wird.

Dank

Die Entstehung des vorliegenden Band wurde erst durch die Unterstützung verschiedener Kolleginnen und Kollegen möglich. Zunächst einmal möchten wir allen danken, die an der Tagung mitgewirkt haben, die diesem Band vorausging und die im Frühjahr 2013 am Lehrstuhl Ausserschulische Bildung und Erziehung der Universität Zürich durchgeführt worden ist. In diesem Band mit einem Beitrag leider nicht vertreten sind Inken Keim und İnci Dirim, aber auch sie haben diese Tagung mit einem Vortrag und Diskussionsbeiträgen bereichert. Zudem möchten wir allen Autorinnen und Autoren danken für den anregenden Austauschprozess, dass sie offen waren für unsere Rückmeldungen und Vorschläge zu ihren Beiträgen und sich bereitwillig auf unser mitunter enges Zeitbudget eingelassen haben.

Großer Dank gilt Peter Rieker, der sowohl die Durchführung der Tagung als auch die Publikation dieses Bandes unterstützt und damit erst ermöglicht hat. In besonderer Weise möchten wir Daniel Werner danken, der sämtliche Beiträge hervorragend lektoriert und die Manuskripterstellung des Bandes unterstützt hat.

Literatur

Anastasopoulos, Charis (2013): Korrekte Sprache. In: Roth, Hans-Joachim/Terhart, Henrike/ders. (Hrsg.): Sprache und Sprechen im Kontext von Migration. Worüber man Sprechen kann und worüber man (nicht) sprechen soll. Wiesbaden: VS Verlag für Sozialwissenschaften, S. 61–82.

Austin, John L. (1979 [1962]): Zur Theorie der Sprechakte. Stuttgart: Reclam.

Bourdieu, Pierre (1990 [1982]): Was heißt Sprechen? Die Ökonomie des sprachlichen Tausches. Wien: Braumüller.

Bourdieu, Pierre (2005 [1992]): Politik, Bildung und Sprache. In: Ders.: Die verborgenen Mechanismen der Macht. Schriften zu Politik und Kultur 1. Herausgegeben von Margareta Steinrücke. Hamburg: VSA, S. 13–30.

Bourdieu, Pierre/Passeron, Jean-Claude (1971 [1964]): Die Illusion der Chancengleichheit. Stuttgart: Klett.

Brisić, Katharina (2007): Das geheime Leben der Sprachen. Gesprochene und verschwiegene Sprachen und ihr Einfluss auf den Spracherwerb in der Migration. Münster/New York: Waxmann.

Broden, Anne/Mecheril, Paul (2007): Migrationsgesellschaftliche Re-Präsentationen. Eine Einführung. In: Dies./ders. (Hrsg.): Re-Präsentationen. Dynamiken der Migrationsgesellschaft. Düsseldorf: IDA-NRW, S. 7–28.

Butler, Judith (1997): Hass spricht. Zur Politik des Performativen. Frankfurt a. M.: Suhrkamp.

Butler, Judith (2009): Die Macht der Geschlechternormen und die Grenzen des Menschlichen. Frankfurt a. M.: Suhrkamp.

Busch, Brigitta (2013): Mehrsprachigkeit. Wien: facultas.wuv (UTB Sprachwissenschaft).

Bünger, Carsten/Trautmann, Felix (2012): „Demokratie der Sinne“. Judith Butlers Kritik der Gewalt als politische Bildung der Empfänglichkeit. In: Ricken, Norbert/Balzer, Nicole (Hrsg.): Judith Butler: Pädagogische Lektüre. Wiesbaden: VS Verlag für Sozialwissenschaften, S. 399–413.

Çiçek, Arzu/Heinemann, Alisha/Mecheril, Paul (2014): Warum Rede, die direkt oder indirekt rassistische Unterscheidungen aufruft, verletzen kann. In: Hentges, Gudrun/Nottbohm, Kristina/Jansen, Mechtild M./Adamou, Jamila (Hrsg.): Sprache – Macht – Rassismus. Berlin: Metropol, S. 309–326.

Dietze, Gabriele (2009): Okzidentalismuskritik. Möglichkeiten und Grenzen einer Forschungsperspektivierung. In: Dies./Brunner, Claudia/Wenzel, Edith (Hrsg.): Kritik des Okzidentalismus. Transdisziplinäre Beiträge zu (Neo)Orientalismus und Geschlecht. Bielefeld: transcript, S. 23–43.

Duchêne, Alexandre (2011): Néolibéralisme, inégalité sociales et plurilinguisme: l'exploitation des ressources langagières et des locuteurs. In: Langage et société (136), S. 81–106.

Eser Davolio, Miryam (2013): Mit Zuckerbrot und Peitsche – Integrationsförderung nach dem Prinzip des Fördern und Fordern. In: Rieker, Peter/Huber, Sven/Schnitzer, Anna/Brauchli, Simone: Hilfe! Strafe! Reflexionen zu einem Spannungsverhältnis professionellen Handelns. Weinheim Basel: Beltz Juventa, S. 183–199.

Esser, Hartmut (2006): Sprache und Integration. Die sozialen Bedingungen und Folgen des Spracherwerbs von Migranten. Frankfurt a. M.: Campus.

Esser, Hartmut (2009): Der Streit um die Zweisprachigkeit: Was bringt Bilingualität? In: Gogolin, Ingrid/Neumann, Ursula (Hrsg.): Streitfall Zweisprachigkeit. The bilingualism controversy. Wiesbaden: VS Verlag für Sozialwissenschaften, S. 69–88.

Freire, Paulo (1973): Pädagogik der Unterdrückten. Bildung als Praxis der Freiheit. Reinbek bei Hamburg: RoRoRo.

Freire, Paulo (2007): Unterdrückung und Befreiung. Münster/New York: Waxmann.

Fritzsche, Bettina (2012): Subjektivationsprozesse in Domänen des Sagens und Zeigens. Butlers Theorie als Inspiration für qualitative Untersuchungen des Heranwachsens von Kindern und Jugendlichen. In: Ricken, Norbert/Balzer, Nicole (Hrsg.): Judith Butler: pädagogische Lektüren. Wiesbaden: VS Verlag für Sozialwissenschaften, S. 181–205.

Gehring, Petra (2007): Über die Körperkraft von Sprache. In: Herrmann, Steffen K./Krämer, Sybille/Kuch, Hannes (Hrsg.): Verletzende Worte: Die Grammatik sprachlicher Missachtung. Bielefeld: transcript, S. 211–228.

Geiss, Michael/Magyar-Haas, Veronika (Hrsg.): Zum Schweigen. Macht und Ohnmacht in Erziehung, Bildung und gesellschaftlichen Verhältnissen (im Erscheinen).

Gogolin, Ingrid (1994): Der monolinguale Habitus der multilingualen Schule. Münster/New York: Waxmann.

Gogolin, Ingrid (2010): Stichwort: Mehrsprachigkeit. In: Zeitschrift für Erziehungswissenschaft 13 (4), S. 529–547.

Gutiérrez Rodríguez, Encarnación (2003): Repräsentation, Subalternität und postkoloniale Kritik. In: Steyerl, Hito/dies. (Hrsg.): Spricht die Subalterne deutsch? Migration und postkoloniale Kritik. Münster: Unrast, S. 17–37.

Hall, Stuart (2000): Das theoretische Vermächtnis der Cultural Studies. In: Ders. (Hrsg.): Cultural Studies. Ein politisches Theorieprojekt. Hamburg: Argument, S. 34–51.

Hörning, Karl/Winter, Rainer (1999) (Hrsg.): Widerspenstige Kulturen. Cultural Studies als Herausforderung. Frankfurt a. M.: Suhrkamp.

Hentges, Gudrun (2010): Integrations- und Orientierungskurse. Konzepte – Kontroversen – Erfahrungen. In: Hentges, Gudrun/Hinnenkamp, Volker/Zwengel, Almut (Hrsg.): Migrations- und Integrationsforschung in der Diskussion. Biografie, Sprache und Bildung als zentrale Bezugspunkte (2., aktualisierte Aufl.). Wiesbaden: VS Verlag für Sozialwissenschaften, S. 23–77.

Hentges, Gudrun (2013): Integrationskurse – Im Spannungsfeld zwischen Freiwilligkeit und Repression. In: Rieker, Peter/Huber, Sven/Schnitzer, Anna/Brauchli, Simone: Hilfe! Strafe! Reflexionen zu einem Spannungsverhältnis professionellen Handelns. Weinheim Basel: Beltz Juventa, S. 158–182.

Herrmann, Steffen K./Krämer, Sybille/Kuch, Hannes (2007) (Hrsg.): Verletzende Worte: Die Grammatik sprachlicher Missachtung. Bielefeld: transcript

Herrmann, Steffen K./Kuch, Hannes (2007): Verletzende Worte. Eine Einleitung. In: Ders./Krämer, Sybille/ders. (Hrsg.): Verletzende Worte: Die Grammatik sprachlicher Missachtung. Bielefeld: transcript, S. 7–30.

Hirschauer, Stefan (2001): Ethnografisches Schreiben und die Schweigsamkeit des Sozialen. Zu einer Methodologie der Beschreibung. In: Zeitschrift für Soziologie 30 (6), S.429–451.

Keim, Inken (2008): Die „türkischen Powergirls". Lebenswelt und kommunikativer Stil einer Migrantengruppe in Mannheim. Tübingen: Narr.

Keim, Inken (2012): Mehrsprachige Lebenswelten. Sprechen und Schreiben der türkischstämmigen Kinder und Jugendlichen. Tübingen: Narr.

Kelle, Helga (2010): Verfahren der Überprüfung von Sprachkompetenzen im Kontext medizinischer Früherkennung und Schuleingangsdiagnostik. In: Dies. (Hrsg.): Kinder unter Beobachtung. Kulturanalytische Studien zur pädiatrischen Entwicklungsdiagnostik. Barbara Budrich, S. 207–254.

Lange, Ernst (1973): Einführung. In: Freire, Paulo: Pädagogik der Unterdrückten. Bildung als Praxis der Freiheit. Reinbek bei Hamburg: RoRoRo.

Maggio, J. (2007): „Can the subaltern be heard?“: Political Theory, Translation, Representation, and Gayatri Chakravorty Spivak. In: Global, Local, Political 32 (4), S. 419–443.

Mecheril, Paul (2003): Prekäre Verhältnisse. Über natio-ethno-kulturelle (Mehrfach-) Zugehörigkeit. Münster/New York: Waxmann.

Mecheril, Paul/Witsch, Monika (2006) (Hrsg.): Cultural Studies und Pädagogik. Kritische Artikulationen. Bielefeld: transcript.

Mecheril, Paul/Castro Varela, María do Mar/Dirim, Inci/Kalpaka, Anita/Melter, Claus (2010): BACHELOR/MASTER: Migrationspädagogik. Weinheim: Beltz.

Nancy, Jean- Luc (2007): corpus. Zürich: diaphanes.

Neumann, Sascha (2008): Kritik der sozialpädagogischen Vernunft. Feldtheoretische Studien. Weilerswist: Velbrück Wissenschaft.

Piñeiro, Esteban/Eser Davolio, Miryam/Tov, Eva (2010): Die „toten Winkel“ der Integrationsvereinbarung. Ungleichheitseffekte der schweizerischen Chancengleichheitspolitik. In: Migration und Soziale Arbeit 32 (3/4), S. 203–209.

Quehl, Thomas/Mecheril, Paul (2008): Unsere Sprache(n) sprechen. Offizielle Sprach- und Zugehörigkeitspolitiken in der Migrationsgesellschaft. Online verfügbar unter http://heimatkunde.boell.de/2008/03/01/unsere-sprachen-sprechen-offizielle-sprach-und-zugehoerigkeitspolitiken-der [03.06.2014].

Reckwitz, Andreas (2003): Grundelemente einer Theorie sozialer Praktiken. Eine sozialtheoretische Perspektive. In: Zeitschrift für Soziologie 32 (4), S. 282–301.

Reuter, Julia/Villa, Paula-Irene (2010) (Hrsg.): Postkoloniale Soziologie. Empirische Befunde, theoretische Anschlüsse, politische Intervention. Bielefeld: transcript.

Roth, Hans-Joachim (2013): Sprache – Sprechen – Schweigen. Historische und theoretische Positionen zum Verhältnis des Sprechens über sprachliche Vielfalt. In: Ders./Terhart, Henrike/Anastasopoulos, Charis (Hrsg.): Sprache und Sprechen im Kontext von Migration. Worüber man Sprechen kann und worüber man (nicht) sprechen soll. Wiesbaden: VS Verlag für Sozialwissenschaften, S. 13–41.

Said, Edward (2010): Orientalismus. Frankfurt a. M.: Fischer.

Spivak, Gayatari Chakravorty (1988): Can the subaltern speak? In: Nelson, Cary/Grossberg, Lawrence (Hrsg.): Marxism and the Interpretation of Culture? Wien: TURIA+KANT, S. 17–118.

Spivak, Gayatari Chakravorty (2008 [1988]): Can the subaltern speak? In: Spivak, Gayatari Chakravorty (Hrsg.): Can the subaltern speak? Houndmills: Macmillan Education, S. 271–313.

Steyerl, Hito (2008): Die Gegenwart der Subalternen. Einleitung. In: Spivak, Gayatari Chakravorty (Hrsg.): Can the subaltern speak? Wien: TURIA+KANT, S. 5–16.

Völker, Susanne (2013): Legitimes und illegitimes Sprechen – Klassifikationen und Praktiken der Desidentifikation. In: Roth, Hans-Joachim/Terhart, Henrike/Anastasopoulos, Charis (Hrsg.): Sprache und Sprechen im Kontext von Migration. Worüber man Sprechen kann und worüber man (nicht) sprechen soll. Wiesbaden: VS Verlag für Sozialwissenschaften, S. 61–82.

Karen Geipel, Christiane Micus-Loos, Melanie Plößer

„Afrika ist ein Kontinent, Schatz."

Symbolische Ordnungen und die Macht des (Un-)Gesagten in migrationsgesellschaftlichen Kontexten

1. Einleitung

Der Verweis auf die Macht symbolischer Ordnungen, die festlegen, was in einer Gesellschaft als (un-)sagbar gilt und Einfluss darauf nehmen, was in konkreten Situationen gesagt wird oder ungesagt bleibt, erweist sich als zentraler Angelpunkt der sprachphilosophischen Arbeiten Judith Butlers. So macht Butler (1993, 1997) mit Bezug auf Überlegungen Michel Foucaults und Louis Althussers deutlich, wie durch sprachliche Anrufungen gleichzeitig anerkennbare Subjektpositionen sowie auch Ausschlüsse, mithin nicht-anerkennbare Identitäten produziert werden. Dass das (Un-)Gesagte wirkmächtig ist und Effekte zeitigen kann, liegt – so Butler – daran, dass in dem Gesagten Normen widerhallen, die den Bereich des (Un-)Sagbaren abstecken und ihrerseits „ihre Kraft durch *sedimentierte Wiederholbarkeit* gewonnen haben" (Butler 1993, S. 124).

Insofern sich die Schweiz und Deutschland als Migrationsgesellschaften erweisen, in denen „Zugehörigkeitsunterschiede und Zugehörigkeitsunterscheidungen" (Mecheril 2010, S. 13) und damit Phänomene der Thematisierung und Problematisierung von „Grenzen zwischen ‚Innen' und ‚Außen' und zwischen ‚Wir' und ‚Nicht-Wir'" (ebd.) bedeutsam sind, stellt sich die Frage, wie in diesen „Ordnungen des Unterschieds und Unterscheidens […] immer auch Phänomene der Hierarchisierung und der machtvollen Unterscheidung und Hervorbringung der Differenz zwischen ‚Anderen' und ‚Nicht-Anderen'" (ebd., S. 16) durch das, was in sprachlichen Praxen (nicht) gesagt wird, produziert und bearbeitet werden. Vor diesem Hintergrund soll im Rahmen dieses Beitrags mit Bezug auf Butlers Überlegungen zur Macht und Produktivität des (Un-)Gesagten aus einer für migrationsgesellschaftliche Phänomene sensibilisierten Perspektive diskutiert werden, wie durch das Gesagte aber auch durch das Ungesagte die Differenz zwischen ‚Migrationsanderen' und ‚Nicht-Migrationsanderen'[1] reproduziert wird und damit identitäre Positionierungen machtvoll zugewiesen wie auch abgesprochen werden: Welche Anrufungen erfolgen in migrationsgesellschaftlichen Kontexten? Und welche Rolle spielt hier das Verhältnis von Gesagtem und Ungesagtem?

Um Antworten auf diese Fragen zu geben, möchten wir zunächst Butlers theoretische Konzeption von Sprache – und damit den konstitutiven Zusammenhang von *(Un-)Sagbarem* und *(Un-)Gesagtem* – beleuchten, um so deren Bedeutsamkeit für die Hervorbringung von sozial (an)erkennbaren Subjekten zu verstehen. In den daran anschließenden Ausführungen zeichnen wir dieses spezifische Verhältnis anhand empirischer Ausschnitte aus Gruppendiskussionen mit Jugendlichen im Kontext einer migrationsgesellschaftlichen Realität nach, innerhalb derer mittels Gesagtem und Ungesagtem „natio-ethno-kulturelle" (Mecheril 2003) Zuschreibungen transportiert und Zugehörigkeiten markiert, abgesprochen aber auch in Frage zu stellen gesucht werden.

2. Macht und Produktivität von Sprache – Zum konstitutiven Zusammenhang von (Un-)Sagbarem und (Un-)Gesagtem

Butlers Auseinandersetzung mit (Un-)Sagbarem und (Un-)Gesagtem ist eng mit subjekttheoretischen Fragen verbunden, die sich im Kontext poststrukturalistischer Arbeiten verorten lassen. Mit ihren Überlegungen zum Subjekt sind grundlegende Annahmen von Sprache und Diskurs verbunden, die wir im Folgenden kurz skizzieren möchten, um den Zusammenhang von *Sagbarem* und *Unsagbarem* sowie von *Gesagtem* und *Ungesagtem* in seiner subjektkonstitutiven Bedeutsamkeit zu verstehen. Sprache als etwas in konkreten Sprechakten Gesagtes ist in diesem poststrukturalistischen Verständnis weder als technisches Mittel zur Bezeichnung und Repräsentation vorgängiger, dem bezeichneten Objekt bereits innewohnender Bedeutung zu verstehen, noch ist Butler allein an Sprache als Mittel der Kommunikation interessiert. Vielmehr versteht sie unter Bezugnahme auf Konzepte von Ferdinand de Saussure, Jacques Lacan und Michel Foucault Sprache als

---

1 „‚Migrationsandere' ist ein Wort, das zum Ausdruck bringt, dass es ‚Migrant/innen' und ‚Ausländer/innen' und komplementär ‚Nicht-Migrant/innen' und ‚Nicht-Ausländer/innen' nicht an sich, sondern nur als *relationale Phänomene* gibt. [...] ‚Migrationsandere' ist ein Werkzeug der Konzentration, Typisierung und Stilisierung, das auf Kontexte, Strukturen und Prozesse der Herstellung der *in einer Migrationsgesellschaft als Andere geltenden Personen* verweist" (Mecheril 2010, S. 17).

eine dem Subjekt immer bereits vorgängige, symbolische Ordnung, die bestimmt und rahmt, was als (un-)sagbar und als sozial anerkanntes Sagen gilt. Ausgehend von und in kritischer Auseinandersetzung mit Annahmen der strukturalistischen Linguistik nach Ferdinand de Saussure (1967) und dem Begriff der *symbolischen Ordnung* nach Jacques Lacan (1978) zeichnet Butler nach, dass keine notwendige und natürliche Beziehung zwischen dem sprachlichen Symbol als Bezeichnendes (Signifikant) und dem, was bezeichnet und mit Bedeutung versehen wird (Signifikat), besteht. Vielmehr geschieht die Bedeutungskonstitution einzelner Zeichen erst innerhalb des sprachlichen Systems über die Differenz zu anderen Zeichen. Mit Lacan ist „das Symbolische als die Ordnung der Signifikanten [zu verstehen], die die universellen Gesetze *des Sagbaren* bildet. Die kommunikative Funktion von Sprache ist Lacan zufolge nicht darin begründet, dass sie auf Dinge in der Welt verweist; vielmehr wird Kommunikation durch einen regelhaften Verweisungszusammenhang möglich, innerhalb dessen Bedeutung hergestellt wird" (Meißner 2012, S. 20; Herv. d. A.). Wenngleich in poststrukturalistischen Reformulierungen der strukturalistischen Linguistik nach de Saussure die Offenheit, Instabilität und Kontingenz dieser symbolischen Ordnung akzentuiert wird, folgt Butler dennoch dem Argument der Bedeutungskonstitution von Zeichen allein in deren Relation und Differenz zueinander innerhalb dieser Ordnung. Für Butler ist „[d]as Gesetz der symbolischen Ordnung […] in diesem Sinne eine linguistische Struktur, die eine Grenze markiert, die das Intelligible vom Nichtintelligiblen trennt und auf diese Weise das, was sich in Sprache ausdrücken lässt, regelt" (ebd., S. 27).

Damit gilt Butlers (2001, 2005) zentrale Aufmerksamkeit der Bedeutung des Symbolischen. Sie zeichnet die Bedeutung von Sprache als soziale Praxis in ihrer Wirksamkeit für die Bildung von Subjekten nach und argumentiert dabei die existenzielle Bedeutung symbolischer Normen für Individuen. Nur durch die Unterwerfung unter Normen wird das Individuum überhaupt als Subjekt für sich und andere (an-)erkennbar, d.h. intelligibel. In ihrem Rekurs auf Foucault wird deutlich, dass Sprache als symbolische Ordnung immer in spezifische kulturelle und historische Machtverhältnisse eingelassen ist. Denn Foucault rückt Diskurse als zutiefst gesellschaftliche und produktive Praktiken in den Blick: „Ein Diskurs stellt nicht einfach vorhandene Praktiken und Beziehungen dar, sondern er tritt in ihre Ausdrucksformen ein und ist in diesem Sinne produktiv" (Butler 1995a, S. 129). Eines der Hauptanliegen Foucaults ist es, dem repressiven, monolithischen Machtbegriff die produktiv wirkende Macht entgegenzusetzen. Butler ist demgegenüber nun genauer an der juridischen Macht von Diskursen interessiert, durch die bestimmte Subjekte erst als (an-)erkennbare und handlungsfähige Subjekte ermöglicht bzw. erzeugt werden. Innerhalb dieser juridischen Machtverhältnisse werden durch Normen und Regeln Bereiche des Symbolischen als Sagbares abgesteckt, welche die Möglichkeiten und Bedingungen von Intelligibilität schaffen (vgl. Butler 2001, S. 8) – wodurch zugleich auch Bereiche des Unsagbaren mit erzeugt werden. So wird nach Foucault zum einen „in jeder Gesellschaft die Produktion des Diskurses zugleich kontrolliert, selektiert, organisiert und kanalisiert" (Foucault 2012, S. 11), zum anderen beschreibt der Diskurs eine Ordnung, in der „Prozeduren der *Ausschließung*" (ebd.) vorherrschen:

> Man weiß, dass man nicht das Recht hat, alles zu sagen, dass man nicht bei jeder Gelegenheit von allem sprechen kann, dass schließlich nicht jeder beliebige über alles beliebige reden kann. Tabu des Gegenstandes, Ritual der Umstände, bevorzugtes oder ausschließliches Recht des sprechenden Subjekts. (ebd.)

Das bedeutet, dass erst die Begriffe dieser diskursiven Ordnung unseren Zugang zu sowie unsere Wahrnehmung von Wirklichkeit überhaupt ermöglichen und zugleich grundlegend strukturieren.

> Diskurse sind also nicht (nur) gesprochene Sprache. Sie sind mehr als das: Diskurse sind Systeme des Denkens und Sprechens, die das, was wir von der Welt wahrnehmen, konstituieren, indem sie die Art und Weise der Wahrnehmung prägen. (Villa 2003, S. 20)

Damit rückt Sprache als Diskurs in den Blick, der *gesellschaftliche Normen* transportiert und den produktiven Rahmen bildet, in dem bestimmte Formen des Subjekts hervorgebracht und andere Formen der Subjekthaftigkeit dagegen als nicht-anerkennbar qualifiziert werden (vgl. Butler 2003, S. 48 ff.). Hierin kommt der konstitutive Zusammenhang von *Sagbarem* und *Unsagbarem* im Zusammenhang der Bildung von Subjekten zum Ausdruck.

> Indem sie [die Sprache] intelligible Lebensformen benennt, schafft sie zugleich spezifische Ausschlüsse und Domänen des [Unsag- und damit] Undenkbaren und beschränkt damit die Möglichkeiten des körperlichen Lebens. (Meißner 2012, S. 19)

Das bedeutet, dass in einem bestimmten historischen und zeitlichen Kontext über Normen ein *Rahmen des Sagbaren* gespannt wird, während in der Abgrenzung dazu zugleich *Bereiche des Unsagbaren* geschaffen werden. Das Unsagbare kann dabei sowohl im Sinne von Ausschlüssen nicht-anerkannter und von der dominanten Differenzordnung abweichender Existenzweisen begriffen werden, als auch im Sinne bislang undenkbarer Möglichkeiten des Lebens überhaupt. Deutlich zu machen, dass „[d]ie Wahrheit und Wirklichkeit bestimmter Subjekte [...] immer um den Preis der Verwerfung und Entwirklichung anderer möglicher Subjektivitäten erlangt [wird]“ (ebd., S. 23), ist ein zentrales Anliegen, das Butler in ihren Arbeiten verfolgt. Dabei markiert sie, dass die Ordnung, über die die „Grenzen des Menschlichen“ (Butler 2005, S. 154 f.) festgelegt werden, nicht universell und statisch, sondern Gegenstand und Terrain stetiger symbolischer Kämpfe im Verhältnis von Normalität und Verworfenem ist.

Hat Foucault in seinen Arbeiten deutlich gemacht, dass Individuen durch diskursive Machtformationen als Subjekte hervorgebracht werden, geht es Butler in ihren Arbeiten darum, Foucaults eher allgemein gehaltene Thesen zur diskursiven Erzeugung von Subjekten zu konkretisieren. Ihr Anliegen ist es, herauszuarbeiten, *wie* durch die herrschende symbolische Ordnung Subjekte hervorgebracht werden, *wie* das Verhältnis von Gesagtem und Ungesagtem, von Ein- und Ausschluss, als existenzielle und zugleich paradoxe Figur, im Prozess der Subjektkonstitution wirken. Hierzu stellt Butler mit Bezugnahme auf das vom Sprachphilosophen John L. Austin (1972) entwickelte Konzept der *Performativität* die Produktivität von Sprache in ihrer Wirklichkeit erzeugenden Wirkung heraus. Für Butler ist „[e]ine performative Handlung [...] eine solche, die das, was sie benennt, hervorruft oder in Szene setzt und so die konstitutive oder produktive Macht der Rede unterstreicht“ (Butler 1995a, S. 123). Performativität bezeichnet somit ein Sprechen, welches das Gesagte zugleich als soziale Bedeutung sozial hervorbringt.

Diese Materialisierung der symbolischen Ordnung in Sprachpraxen verdeutlicht Butler mit dem Konzept der Anrufung im Anschluss an ideologietheoretische Arbeiten von Louis Althusser (1977). In Szenen der sprachlichen Anrufung – *Interpellationen* nach Althusser – werden Individuen als Subjekte erzeugt und dadurch gewissermaßen ins Leben gerufen. Anrufungen kommt dabei ein doppeltes Moment zu. Als bedeutsame *Akte der (An-)Erkennung* lassen sie Individuen als Subjekte durch Sprache für sich und andere intelligibel werden. Das bedeutet, dass Subjekte als Effekte diskursiver Praktiken in ihrem sozialen Dasein auf die durch Anrufungen transportierte symbolische Ordnung, auf Normen und Gesetze angewiesen sind, die darin zugleich reproduziert und stabilisiert werden. Butler (1997) verdeutlicht diese Wirkmacht von Sprache am Beispiel der Erzeugung von Geschlechtsidentitäten. Mit dem Ausruf der Hebamme „Es ist ein Mädchen“ bei der Geburt eines Kindes setze ein performativer Prozess der Erzeugung einer Geschlechtsidentität ein, im Zuge derer das Kind zum Mädchen wird. Das bedeutet, dass der Ausspruch nicht einfach eine Feststellung ist, sondern für das Subjekt einen normativen Aufforderungscharakter besitzt: „Werde ein Mädchen“. Die performative Äußerung ist deshalb für Butler „*ein* Bereich, in dem die Macht *als* Diskurs agiert“ (ebd., S. 309). Entsprechend kann Sprache „verwunden" (ebd., S. 10), „kränken" (ebd.), festschreiben, lähmen, erniedrigen aber auch ermächtigen (vgl. ebd.). Sprachliche Anrufungsprozesse können Menschen an Orte der Anerkennung verweisen, ihnen aber genau diese Anerkennung verweigern. Die Anrede selbst, so Butler, „konstituiert das Subjekt innerhalb des möglichen Kreislaufs der Anerkennung oder umgekehrt, außerhalb dieses Kreislaufs, in der Verworfenheit" (1998, S. 15). Letzteres ist nicht nur eine verbale Beleidigung oder Kränkung, sondern entzieht den Menschen ihre Daseinsberechtigung, und bedeutet, „dass man Kontext verliert" (ebd., S. 13), dass der „Körper [...] bedroht wird" (ebd., S. 14)[2].

So gesehen führen Anrufungen Individuen in die symbolische Ordnung – und damit in den Bereich des Sagbaren – ein, insofern sie dazu auffordern, soziale Titel bzw. Bezeichnungen wie etwa ‚Mädchen', ‚Ausländer_in', ‚Afrikaner_in' etc. anzunehmen, die sie zu Subjekten werden lassen (Subjektivierung). Ausgeschlossen und ungesagt bleiben im Moment der sprachlichen Anrufung gleichzeitig andere Möglichkeiten des Seins. Das heißt, die mit den Interpellationen verbundene „zeitweilige Totalisierung" (Butler 1993, S. 49) subjektbezogener Identitätskategorien führt gleichzeitig zu einer gewaltvollen Produktion und Unsichtbarmachung temporärer Ausschlüsse – von Ungesagtem aber auch Unsagbarem. Diese Ausschlüsse erzeugen zugleich in Differenz zueinander stehende Identitäten innerhalb des Raums der anerkannten Identitäten (etwa Jungen und Mädchen) und eine binäre Ordnung, in der nur zwei scharf voneinander getrennte Identitätspositionen denk- bzw. sagbar sind und alle anderen Formen der Existenz unsagbar bleiben.

Doch genau diese Gleichzeitigkeit von Gesagtem und Ungesagtem im Moment der Identifizierung ermöglicht Subjekten erst zu dem zu werden, was sie sind und als das sie durch Andere angerufen werden – wenngleich dieses „Sein" nicht von Dauer ist, sondern in performativen Akten immer wieder hergestellt und wiederholt werden muss. Aus Butlers Perspektive ist genau das konstitutive Außen – das im Moment der totalisierenden Identifizierung Ausgeschlossene und damit Ungesagte – grundlegender Bestandteil der Subjektkonstitution (vgl. Butler 2001, S. 125 ff.).

An der oben angeführten Bezeichnung „Es ist ein Mädchen" soll das *Verhältnis von (Un-)Sagbarem* auf der einen und *(Un-)Gesagtem* auf der anderen Seite noch einmal konkretisiert werden. Im Rahmen der heterosexuellen Matrix als konstitutive Ordnung des modernen Geschlechterverhältnisses sieht der *Bereich des Sagbaren* genau zwei Möglichkeiten der vergeschlechtlichten Bezeichnung von Menschen bei der Geburt vor: Mädchen oder Junge. Beide Bezeichnungen liegen prinzipiell im Bereich des

2 Vgl. hierzu weiterführend Busch in diesem Band.

Sagbaren und erhalten ihre Bedeutung erst in Differenz zur jeweils anderen Bezeichnung. Wenn also gesagt wird, „es ist ein Mädchen“, läuft immer ungesagt mit „es ist kein Junge“ und umgekehrt. Zugleich bleibt die Möglichkeit, dass ein neugeborener Mensch weder Junge noch Mädchen ist, in dieser binären Ordnung ausgeschlossen. Diese Möglichkeit fällt in den Bereich des Unsagbaren – mit der Konsequenz, dass etwa gewaltvolle und unter Zwang erfolgende operative Vereindeutigungen von Geschlechtszugehörigkeit vorgenommen werden. Festzuhalten ist somit, dass sich in dem Bereich des Sagbaren das befindet, was im gegenwärtigen historisch-kulturellen Kontext als normativ anerkannt gilt und prinzipiell gesagt werden kann. Demgegenüber liegt im *Bereich des Unsagbaren* einerseits all das, wofür es zwar Begriffe gibt, was aber dennoch als nicht-anerkannt bzw. intelligibel gilt (etwa Formen der Geschlechtlichkeit wie Inter- und Transsexualität). Andererseits gehören zum Unsagbaren aber auch bislang undenkbare Möglichkeiten des Lebens, die noch gar nicht gesagt oder gedacht werden können, insofern es (noch) gar keine symbolische Repräsentation für sie gibt. Dass diese nicht-sagbaren und damit nicht-symbolisch repräsentierten (Geschlechts-)Identifizierungen aber gar nicht als Verlust „eingestanden und *nicht* betrauert werden“ (Butler 2001, S. 127) dürfen und können, weil sie als Verlust nicht anerkannt werden, beschreibt Butler in Rückgriff auf Freud mit dem Begriff der Melancholie.

Das Verhältnis von Sagbarem und Unsagbarem ist aber nicht dauerhaft stabil und festgelegt. Vielmehr muss es im jeweils aktuell *Gesagten* beständig wiederholt und performativ hervorgebracht werden. Nur so reproduziert sich die symbolische Ordnung[3]. Jedes *Gesagte* steht dabei in unmittelbarem Verhältnis zum aktuell *Ungesagten*. Dieses umfasst einerseits das, was innerhalb der symbolischen Ordnung prinzipiell sagbar wäre, aber als das „konstitutive Außen“ (Meißner 2012, S. 30) immer implizit in Differenz zum Gesagten mitgeführt wird. Andererseits umfasst das Ungesagte aber auch all das, was sich im *Bereich des Unsagbaren* versammelt und im Rahmen von binären Differenzordnungen als nicht-anerkannt gilt.

Das bedeutet, dass es sich bei Sprache, wie bereits eingangs angesprochen, um mehr als ein technisches Mittel handelt. Mit sprachlichen Praxen der Anrufung geht es in ganz grundsätzlicher Weise um Identitäten und Zugehörigkeiten. Über sie werden soziale Unterscheidungen vollzogen und dominante Differenzordnungen (re-)produziert sowie zeitlich stabilisiert. Identitäten, die sich nicht einer legitimen Position innerhalb dieser Diffe-

3 Hier öffnen sich auch Möglichkeiten der Veränderung der symbolischen Ordnung. Denn in jedem performativen Akt kann es auch zu Infragestellungen und Verschiebungen kommen.

renzordnung(en) zuordnen lassen, bleiben ausgeschlossen. Mit diesen hier aufgerufenen Überlegungen zur Macht und Produktivität von Sprache setzen wir uns im Folgenden mit Passagen aus Gruppendiskussionen[4] auseinander, in denen Fragen nach „natio-ethno-kultureller Zugehörigkeit" (Mecheril 2003) (un-)gesagt thematisch werden.

3. Empirische Analysen

Die ausgewählten Passagen verdeutlichen, wie durch das (Un-)Gesagte normative Effekte für das Subjekt entfaltet werden und in den performativen Anrufungen, in der Gleichzeitigkeit von Gesagtem und Ungesagtem, bestimmte Subjektpositionen produziert und abgesprochen werden. Vor dem Hintergrund der Butlerschen Annahmen zur Subjektbildung im Rahmen des Symbolischen ist es neben dem Blick auf das in Anrufungspraxen Gesagte ebenso bedeutsam, danach zu fragen, was im Moment der totalisierenden Identifizierung ausgeschlossen und damit ungesagt bleibt. Nur so sind Prozesse der Subjektivierung im migrationsgesellschaftlichen Kontext angemessen zu verstehen (vgl. dazu Rose 2012).

Dabei können gerade Gruppendiskussionen als Orte verstanden werden, an denen Aushandlungsprozesse über legitime Lebens- und Subjektentwürfe zum Ausdruck kommen. Neben vergeschlechtlichten ‚Zugehörigkeitsordnungen', die im Fokus von Butlers Überlegungen stehen, gilt dies auch für natio-ethno-kulturelle Zugehörigkeiten. Dies wird an den Ausschnitten deutlich. Die interviewten Jugendlichen greifen in den Gruppendiskussionen auf ein (Alltags-)Wissen zurück, das – im Sinne Butlers – nicht losgelöst von vorgängigen, kollektiv geteilten Normen und wirkmächtigen Anrufungen zu betrachten ist (vgl. Butler 1997, 2001, 2005).

---

4 Diese Datensequenzen sind dem Forschungsprojekt „*AN(N)O 2015* – Aktuelle Normative Orientierungen, Geschlechteridentitäten und Berufswahlentscheidungen junger Frauen" entnommen. In dem vom Bundesministerium für Bildung und Forschung und aus Mitteln des Sozialfonds der EU geförderten Forschungsprojekt (Förderkennzeichen 01FP1187 und 01FP1118), das an der Fachhochschule Kiel verortet ist, geht es um die Erforschung aktueller normativer Orientierungen, die in den Berufs- und Studienwahlen der Subjekte relevant werden. Im Rahmen der qualitativ angelegten Studie sind bundesweit Gruppendiskussionen zu Zukunftsentwürfen und Berufsvorstellungen mit Schüler_innen im Alter von 14 bis 19 Jahren in geschlechtshomogenen sowie -heterogenen Gruppen an Schulen mit gymnasialer Oberstufe durchgeführt worden. Die Gruppendiskussionen werden vor dem Hintergrund einer intersektionalen Perspektive entsprechend daraufhin analysiert, auf welche Differenzkategorien sich die Schüler_innen im Rahmen ihres Sprechens über ihre Berufs- und Zukunftsvorstellungen beziehen und *wie* sie dieses tun.

Gesagtes – Performative Anrufungen

In dem folgenden Auszug erzählen die Schüler_innen von ihren Plänen nach dem Abitur:

Kaya[5]: Nee, aber ich dachte, erst mal nach der Schule mach ich en freiwilliges, soziales Jahr.
Chris: Ist ja immerhin schon mal etwas, als, äh Kindergärtner?
Kaya: Nee, nee, ich wollt das in Südafrika machen bei UNICEF.
Bülent: Äh, also machst du das jetzt irgendwie, weil du den Leuten da helfen willst oder einfach nur, weil's dann, also als Abwechslung, weil du nicht weißt, was du danach machen willst oder weil's dann in deinem Führungszeugnis steht.
Kaya: Beides.
Bülent: Äh, Führungszeugnis.
Gesa: (hustet)
Bülent: Bullshit.
Kaya: Es, es macht sich gut im Lebenslauf.
Bülent: Ja, danke.
Kaya: Ich, äh, ist auch echt so und, ähm, ich dachte, nein, ich hab mir, hm, die, ähm, Dokumentation und so angeguckt, ich fand das voll interessant und da mal hinzugehen, zu gucken, was die so…
Gesa: Ist ja auch dein, hm, Mutterland.
Kaya: MUTTERLAND, Afrika ist ein Kontinent Schatz.
Bülent (lacht)
(mehrere lachen)
Alex: Oh man.
Gesa: Du wolltest doch nach Ghana.
(mehrere lachen)

---

5 Bei den Namen der Sprecher_innen handelt es sich um von uns anonymisierte und mithin veränderte Namen. Die Auswahl dieser ‚anderen' Namen ist ein Versuch, die mögliche Herkunft und Bedeutung der Namen der Diskussionsteilnehmer_innen zu berücksichtigen und zugleich eine Entscheidung, durch die Namen auch unsere Vorstellungen in Bezug auf mögliche Zugehörigkeiten zu transportieren. Diese Entscheidung basiert auf der Annahme, dass wir Namen als identitätsstiftend verstehen und entlang von Namen Zuordnungen von Zugehörigkeiten vorgenommen und Erfahrungen von (Nicht-)Zugehörigkeit gemacht werden. Diesen möglichen Zuordnungserfahrungen wollen wir Rechnung tragen. Gleichzeitig ist uns bewusst, dass wir durch die Markierung spezifischer Differenzkategorien ebendiese zu (re-) produzieren drohen.

Bülent: Gesa ist schlimmer als ich.
Kaya: Nach Südafrika. (lacht)
Gesa: (lacht)
Chris: Was?
Gesa: Ach. Meinst du nicht Ghana?
Kaya: Nein.
Alex: Ah, Südafrika ist ja ein Land.
Kaya: Ja, aber sie sagt, Dings, ähm, Afrika.
Chris: Ja, Dings.
Bülent: Dings.
Gesa: Dings. [...], egal, wir wissen, was ich mein.
Bülent: Genau.
(mehrere lachen)

In dem Diskussionsausschnitt spricht Kaya über ihr Vorhaben, nach der Schule ein freiwilliges soziales Jahr zu machen. Auf diese Mitteilung hin erwidert Chris, dass das „ja immerhin schon mal etwas" ist, gefolgt von der Frage „als [...] Kindergärtner?". Der Plan eines freiwilligen, sozialen Jahres wird von Chris bewertend kommentiert. Daran anschließend versucht er eine konkrete Einordnung der Vorstellungen Kayas vorzunehmen, indem er sie fragt, ob sie im Rahmen des sozialen Jahres als „Kindergärtner" arbeitet. Wenngleich Chris hier eine männliche Berufsbezeichnung („Kindergärtner") wählt, folgt die berufspraktische Zuordnung von Kayas Perspektive entlang aktueller Geschlechterordnungen, insofern es sich bei der beruflichen Praxis der Kindergärtnerin um ein als weiblich codiertes Berufsfeld handelt.

In Folge der Verneinung dieser Vermutung und Kayas klärendem Hinweis, dass sie das freiwillige Jahr bei UNICEF in Südafrika machen will, wird Kaya nicht nach der Bedeutung ihres Vorhabens für sie selber gefragt, sondern Bülent steckt mit seiner Nennung von drei Beweggründen – erstens *helfen* zu wollen, zweitens als Abwechslung bzw. weil man sonst *nicht weiß*, was man machen will, oder drittens damit es im *Führungszeugnis* steht – die Motivation von Kaya ab und fordert sie auf, zu dem von ihm Vorgegebenen Stellung zu beziehen. An dieser Aktions-Reaktions-Sequenz wird deutlich, dass der Sprechakt Bülents drei begrenzte Wahlmöglichkeiten der Motivation zur Verfügung stellt und Kaya in ihrer Reaktion daraus auszuwählen hat. Sie antwortet auf die drei Möglichkeiten mit „beides" – womit ihre Auswahl unklar bleibt –, woraufhin Bülent sein Motiv des „Führungszeugnisses" wiederholt, es mit dieser Wiederholung und Herausstellung als Kayas primäre Motivation unterstellt, um diese Motivation dann einen Satz später als „Bullshit" abzutun. Kaya räumt daraufhin ein, „dass es sich gut im Lebenslauf" macht, woraufhin Bülent sie mit den Worten „Ja, danke" unterbricht, und Kaya erst danach fortfahren kann, dass dies aber nicht ihre primäre Motivation ist, nach Südafrika zu gehen. Bülents Intervention („Ja") zeigt, dass die Schüler_innen meinen, um reale bzw. vermeintliche Erwartungen an ihre Biographie- und Lebenslaufplanung zu wissen (es scheint wichtig, dass es dokumentiert wird). Kaya scheint verunsichert („äh, ähm, ähm"), vielleicht fühlt sie sich von Bülents Interventionen in die Defensive gedrängt und antwortet dann, dass sie sich bereits Dokumentationen der Arbeit von UNICEF angeschaut hat und das „voll interessant" fand und sich nun gerne vor Ort anschauen möchte, wie die Leute arbeiten.

Diese, für die Gruppe unerwartete Antwort, die auch jenseits der von Bülent aufgezeigten drei Motivationen liegt, wird durch Gesas Formulierung „Ist ja auch dein, hm, Mutterland" zu erklären bzw. zu legitimieren versucht. Kann Gesas Einwurf zum einen als ein Versuch gelesen werden, ein weiteres Motiv für Kayas Interesse zu finden, ein freiwilliges soziales Jahr in Südafrika zu machen, geht mit diesem Sprechakt zum zweiten eine Markierung von natio-ethno-kultureller Differenz einher: Kayas Mutterland – das macht Gesas Anrufung deutlich – ist nicht Deutschland, es ist Südafrika. Gesa nimmt damit nach Chris und Bülent eine weitere Zuordnung von Kayas Zukunftsplanungen vor, indem ihr Wunsch, nach dem Abitur nach Südafrika zu gehen, mit einer Differenzmarkierung, nämlich der Zugehörigkeit, verknüpft wird: Benannt wird die Differenz zwischen ‚Wir' und ‚den Anderen' (deren Mutterland Südafrika ist). Das heißt, Kayas Vorhaben wird nicht allein als individuelle Entscheidung verstanden, sondern ihre Zukunftsplanung wird mit einer Zuschreibung bzgl. ihrer vermeintlichen Herkunft begründet. Ihre natio-ethno-kulturelle Zugehörigkeit wird markiert. Kaya wird mit dieser Zuordnung als ‚Südafrikanerin' adressiert. Gleichzeitig wird ihr damit eine eindeutige Zugehörigkeit zu Deutschland abgesprochen. Mit Butler kann in diesem Zusammenhang von der „Abhängigkeit von der Anrede des anderen" (1998, S. 15) gesprochen werden. Die Anrede wirkt wie ein Identitätsregime, zu dem sich das Individuum verhalten muss und in Folge dessen die Anrufung aufgreifen, annehmen oder wenden muss. „Ohne die Annahme solcher Titel keine soziale Existenz und ohne die Auseinandersetzung mit diesen Titeln keine Identität" (Villa 2006, S. 229)

Die Anrufungen, das zum Subjekt Gesagte, erweisen sich damit zugleich als produktiv und nützlich, indem die Individuen als Subjekte an-erkennbar werden, wie auch als homogenisierend und ausschließend – wie im Fall der Anrufung von Kaya als ‚Südafrikanerin'. So erweist sich das Gesagte für Kaya als homogenisierend, weil durch die Anrufung andere Teile von Kayas Identität – wie beispielsweise (Mit-)Schülerin, Tochter, Schwester, Deutsche etc. – ausgeblendet und ihre Wahl als Folge einer vermeintlichen Zugehörigkeit zu einem anderen Kontinent begründet und damit essentialisiert wird. Und das Gesagte erweist sich als ausschließend, weil durch die sprachliche Anrufung, das Gesagte, andere Möglichkeiten des Seins (Mitschülerin, an internationaler Kinderhilfe Interessierte, Deutsche) ungesagt bleiben – mit der Folge, dass Kaya andere identitäre Positionierungen abgesprochen werden und ihre Subjektposition in Differenz zu denen ihrer Mitschüler_innen gesetzt wird. Somit sensibilisiert erst der Blick auf das denkbare Andere für die unsichtbaren, weil nicht markierten, Identifizierungen. Wie Butler deutlich macht, „liegt bereits darin, angesprochen zu werden, einen Namen zu erhalten, einer Reihe von Zumutungen unterworfen zu sein, auf eine fordernde Alterität reagieren zu müssen, eine gewisse Gewalt. Niemand überprüft die Ausdrücke, mit denen man angesprochen wird, zumindest nicht in der grundsätzlichen Weise. Angesprochen zu werden heißt, von Anfang an seines Willens beraubt zu werden" (Butler 2005, S. 165 f.). Kaya erfährt gewaltförmige Anrufungen, indem zunächst Chris vermutet, sie wolle Kindergärtnerin werden (obwohl sie zu UNICEF will), ihr daraufhin von Bülent vermittelt wird, es gehe ihr vor allem um ihr Führungszeugnis und ihr weiterhin von Gesa unterstellt wird, dass ihre Wahl nach Südafrika zu gehen, dadurch begründet sei, dass dort ihre Heimat sei. Viele andere Optionen im Rahmen des Möglichen – wie z.B. Soziales Jahr im Bereich von Fahrdiensten für caritative Einrichtungen, andere Menschen kennenlernen, Erfahrungen in einem anderen Land sammeln, die Sprache lernen etc. – bleiben ungesagt, werden nicht markiert.

Diese stereotypen Zuschreibungen und ‚Zumutungen' („Kindergärtner", es gehe ihr ums „Führungszeugnis", „Mutterland"), die Kaya erfährt, sind wirkmächtig und verweisen sie auf einen Platz (vgl. Butler 1998, S. 13), ohne dass diese Platzierung von Kaya gewollt ist. „Im Augenblick der verletzenden Anrede wird gerade die Fähigkeit gefährdet, die Situation des Sprechaktes abzugrenzen. Auf verletzende Weise angesprochen zu werden bedeutet nicht nur, einer unbekannten Zukunft ausgesetzt zu sein, sondern weder die Zeit noch den Ort der Verletzung selbst zu kennen und diese Desorientierung über die eigene Situation als Effekt dieses Sprechens zu erleiden. In diesem vernichtenden Augenblick wird gerade die Unbeständigkeit des eigenen ‚Ortes' innerhalb der Gemeinschaft der Sprecher sichtbar. Anders gesagt: Man kann durch dieses Sprechen, ‚auf seinen Platz verwiesen' werden, der aber möglicherweise gar keiner ist" (ebd.).

Die Platzierung an einen Ort, der möglicherweise Anerkennung und Intelligibilität verwehrt, erfolgt „zuallererst gegen unseren Willen, oder vielleicht passender formuliert, noch vor der Ausbildung unseres Willens" (Butler 2005, S. 153). So erfolgt auch die Anrede Kayas als ‚Kindergärtner_in‘ oder als eigentlich ‚Südafrikanerin‘ gegen ihren Willen, noch bevor sie ihre eigenen Vorstellungen und Motive äußern kann.

In der Folge versucht Kaya nun aber eine Infragestellung der Anrufung, indem sie deren homogenisierende und ausschließende Machteffekte mit einer Gegenantwort aufzudecken sucht. Ihre Antwort „MUTTERLAND, Afrika ist ein Kontinent Schatz“ kann als Versuch verstanden werden, den totalisierenden und ausschließenden Blick ihrer Mitschülerin zu entlarven. Dabei fällt auf, dass Kaya hierfür nun Gesa kontrafaktisch unterstellt, dass diese allgemein von Afrika als Kontinent und nicht von Südafrika als Land gesprochen und damit einen Kategorienfehler begangen habe, durch den ein homogenisierender Blick auf den heterogenen Kontinent Afrika deutlich wird. Eine mögliche Lesart dessen, weshalb es hier zu diesem, durch das zuvor Gesagte eigentlich nicht gedeckten Anschluss kommt, wäre, dass Kaya vor dem Hintergrund ihrer Erfahrungen an das in Gesas Äußerung zum „Mutterland“ implizierte Ungesagte anschließt. Dabei ist weiterhin auffällig, dass Kayas Replik auf Gesas Äußerung in der Folge nicht widersprochen wird, die Schüler_innen also möglicherweise um die Relevanz einer solchen dominanten Lesart wissen. So kann Kayas Replik auch als Versuch verstanden werden, sich „nicht derartig, im Namen dieser Prinzipien da, zu solchen Zwecken und mit solchen Verfahren“ (Foucault 1992, S. 11) auf den von Gesa zugewiesenen Ort verweisen zu lassen und über die Darlegung ihres Wissens ihre Position gegenüber ihrer Mitschülerin zu behaupten. Mit ihrer Antwort macht Kaya deutlich, dass Subjekte den sprachlichen Anrufungen nicht hilflos ausgeliefert sind. So stellt auch für Butler (1995b) das Prinzip der Performativität genau den Ort dar, an dem Handlungsfähigkeit und Widerstand möglich sind. Da die Bedeutungen des Gesagten und die ihnen inhärenten Normen nämlich nicht einfach da sind, sondern auf die Wiederholung durch die Subjekte angewiesen sind, eröffnet sich genau hier die Möglichkeit einer alternativen oder auch widerständigen Wiederholung.

„Von Sprache konstituiert zu sein, heißt hervorgebracht werden, und zwar innerhalb eines gegebenen Macht- und Diskursgeflechtes, das für Umdeutung, Wiederentfaltung und subversive Zitate von innen und für Unterbrechungen und unerwartete Übereinstimmungen mit anderen Netzwerken offen ist. Die ‚Fähigkeit‘ der Handlung befindet sich genau an solchen Schnittpunkten, wo der Diskurs sich erneuert“ (ebd., S. 125). Der performative Prozess der Subjektkonstitution bietet also neben der Unterwerfung von Subjekten – dadurch, dass diese gezwungen sind, die diskursiven Normen zu wiederholen – zugleich einen Spielraum für Handlungsfähigkeit, indem die Bedeutungen und Normen anders wiederholt werden. Allerdings erweist sich der Spielraum, den Kaya hier zu Verfügung hat, als begrenzt. Ihr wiederholter Versuch, ihren Standpunkt mit dem Satz „Ja, aber sie sagt, Dings, ähm, Afrika“ klar zu machen, wird von Chris, Gesa und

Bülent über die betonte Wiederholung und dreimalige Hervorhebung des von Kaya benutzten Begriffs „Dings“ auszuhebeln gesucht. Das heißt, ihre vormalige Differenzierung, die sie in Bezug auf die Verwendung des Begriffs „Afrika“ vorgenommen hatte, wird wieder geschwächt. Darüber hinaus negiert Gesa Kayas als Einwand vorgenommene Differenzierung, indem sie darauf hinweist, dass eine begriffliche Differenzierung „egal“ sei, denn „wir wissen, was ich mein“. Der Versuch von Kaya, die von Gesa vorgenommene Zuordnung zu irritieren, wird mit Rückgriff auf ein verallgemeinerndes „wir“ und dem Hinweis „wir wissen, was ich mein“ zu beenden versucht. Durch die erneute Markierung der Zugehörigkeit zu unterschiedlichen Kollektiven („Wir“ versus „Du“) wird die normative und ausschließende Ordnung wieder hergestellt. So rekurriert Gesa auf Normen, die in den Begriffen widerhallen und die andere wissen lassen, was sie meint, nämlich dass Kaya eine andere Herkunft hat und dass spätere Lebensplanungen von dieser Andersheit abhängen können. Deutlich wird damit, dass es aus Gesas Position heraus nicht notwendig scheint, genauer zu explizieren, was sie meint, weil die Normen und symbolischen Bilder, die in dem Gesagten aufgerufen werden und in diesem widerhallen, so wirkmächtig sind.

Für Butler (1997) stellen diese Normen die Voraussetzung dafür dar, dass das Gesagte wirklich wirkt und produktiv ist. Um wirken und produktiv sein zu können, kann die Äußerung nicht als einzelne und einmalige Sprechhandlung auftreten, sondern sie muss wiederholbar und durch einen rituellen Rahmen legitimiert sein. Genau durch diese Wiederholungen und die Konventionalität verdichten sich die zitierten Bedeutungen zu sozialen Normen, die in der Anrufung widerhallen und so deren Wirkmacht verstärken (vgl. Butler 1995a, S. 123). Anrufungen als ‚Mädchen‘, als ‚Ausländerin‘ oder als ‚Afrikanerin‘ sind vor allem deshalb wirkungsvoll, weil mit diesen eine Kette von Wiederholungen mobilisiert wird, die „von den verschiedensten Autoritäten und über diverse Zeitabschnitte hinweg immer aufs neue wiederholt [werden], um die naturalisierte Wirkung zu verstärken oder anzufechten“ (Butler 1997, S. 29) und sich so zu gesellschaftlichen Normen verdichten, die den Bereich des (Un-)Sagbaren festlegen. In Folge dessen muss gar nicht gesagt und ausgeführt werden, was Gesa meint, muss das Wissen um die jeweiligen Zugehörigkeitsordnungen, müssen die Vorstellungen, was sich hinter der Zuordnung von Kaya zum „Mutterland“ verbirgt, gar nicht expliziert werden, weil sich die Sprecher_innen in dieser Situation genau auf die Normen und ihre naturalisierenden Wirkungen berufen können. Oder wie Paul Mecheril (2007, S. 7) deutlich macht, sind „[s]olche Dialoge […] nur möglich aufgrund unterstellter Normalitätsvorstellungen. Solche Dialoge sind nur möglich, weil ein imaginäres Wissen über Zugehörigkeit und Identität existiert“.

4. Ungesagtes – Die Macht der Normen

Die obigen Ausführungen haben gezeigt, dass Prozesse der Subjektivierung eine Berücksichtigung von Gesagtem und Ungesagtem notwendig machen, um zu verdeutlichen, wie (Un-)Gesagtes bestimmte Identitäten festlegt und andere Möglichkeiten des Seins ausschließt. Daran anknüpfend wird in der folgenden Sequenz auch deutlich, dass die Jugendlichen über ein Wissen um die komplexen Verhältnisse von Sag- und Unsagbarem und damit auch von Gesagtem und Ungesagtem verfügen, die die „Grenzen zwischen ‚Innen' und ‚Außen' und zwischen ‚Wir' und ‚Nicht-Wir'" (Mecheril 2010, S. 13) strukturieren.

Interviewerin:	Ich hab grad noch mal ne Nachfrage, ihr habt ja grad gesagt, äh, man kann, also eigentlich scheint es so, als könnte man alles studieren, aber das ist nicht so einfach, wovon hängt das ab?
Pelin:	Äh, vom, vom Abschluss her und, ähm
Nesrin:	Vom Geschlecht und von der Herkunft.
Pelin:	Ja, ich glaub, äh, aber aus, äh, als Ausländerin dürfte man, glaub ich, hier alles studieren oder? Wenn man aus dem Ausland kommt.
Elmira:	Nee, also es kommt drauf
Malika:	Es kommt drauf an.
Elmira:	Es kommt drauf an, wenn du, sagen wir mal, die deutsche Staatsangehörigkeit hast
Nesrin:	(räuspert sich)
Elmira:	und in der Türkei deine
Nesrin:	(unv.) mit EU, da ist ja schon
Elmira:	angefangen hast, Grundschule und so was zu machen.
Malika:	Es ist
Nesrin:	oder
Malika:	Nein, es ist auch WIE in, in, in einer Ausbildung.
Elmira:	Ja, Dankeschön.
Malika:	Bitteschön, aber es ist wie in einer Ausbildung. Ich glaub, es, es ist einfach so, ich versteh nicht WARUM, ich finde, es, es gibt keinen großen Unterschied zwischen Deutsche und Ausländer, es, es kommt auf die Person an, aber es ist [zumindest wird's] so gesagt.
Elmira:	Natürlich.
Malika:	Ich weiß nicht, ob es so ist. NEIN, ich finde nicht.
Elmira:	Gibt, ja, gibt es auch nicht, aber das, Leute machen Unterschiede.

Malika: Ja, natürlich eben, das ist das Problem, auch Auszubildende sagen, nee, du bist zum Beispiel Türke, zum Bei-, ne, und, nee, du kriegst den Platz nicht, ihr Türken seid asozial zum Beispiel, sagen die.

Elmira: Das hat nicht, das sagt doch niemand so direkt, aber das hat auch

Nesrin: Nein.

Malika: Ja, aber (unv.) nein, es sagt halt

Pelin: Das, das sagt auch niemand direkt.

Conni: Sie sagt das doch nur als Beispiel.

Malika: niemand direkt, aber hinterm Rücken wird´s

Elmira: Ach so

Malika: gesagt

Elmira: Ich glaub auch nicht.

Malika: nicht zu dem direkt, aber, äh, die werden meist-, es wird Arbeitgeber sagen, nee, wir wollen hier keine Türken einstellen.

Elmira: Ich hätte

Malika: Was, was, ich find das FRECH, aber das hat doch nichts mit Nationalität zu tun, wie gut der ist.

Elmira: Ich glaub, das hat, das hat auch was, das hat auch f-, mit der, das hat nicht immer was mit den Personen zu tun, es gibt auch Menschen, die MERKEN das gar nicht, dass sie's MACHEN, das hat was mit em, mit der Psyche zu tun, die merken nicht, dass sie

Conni: Unterbewusst.

Elmira: Vorurteile haben, das merken die gar nicht.

Malika: Ja. Das ist mal schlimm.

Pelin: Das, das liegt aber auch am Staat.

Elmira: Die denken im Kopf, das ist ganz normal, das ist, das hat mit den Medien zu tun, einfach.

Paula: Das liegt, es liegt an der Aufklärung.

In dem Ausschnitt fragt die interviewende Person, was die jungen Frauen damit meinen, wenn sie sagen, dass es so scheine, als könne man „alles studieren", dieses aber dann doch nicht „so einfach" sei. Ihre Nachfrage gilt den Bedingungen und Einflüssen, die die Studienwahl nach Einsicht der jungen Frauen einschränken oder erschweren könnten. Pelin nennt den „Abschluss" und Nesrin ergänzt die Aspekte „Geschlecht" und „Herkunft" als aus ihrer Sicht zentrale Auswahlkriterien, die über Zugangsmöglichkeiten zum Studium entscheiden – zumindest nennen sie keine weiteren. Die weitere Diskussion kreist um das Kriterium der „Herkunft". Pelin fragt in die Runde, ob man „als Ausländerin (…) hier alles studieren“ kann. Die zweimalige Wiederholung der Formulierung „ich glaub“ deutet daraufhin, dass sie sich nicht ganz sicher ist. Malika und Elmira merken an, dass es Umstände gibt, in denen „Herkunft“ eine Zugangsbarriere darstellen kann („es kommt drauf an“): Es scheint einfacher zu sein, „als Ausländerin“ in Deutschland zu studieren, wenn man beispielsweise „die deutsche Staatsangehörigkeit“ hat oder im Herkunftsland – hier wird die „Türkei“ genannt – bereits gewisse Bildungsabschlüsse vorweisen kann („Grundschule“). Malika wendet nun die Frage nach den Zugangsbarrieren eines Studiums hin zu denen der Ausbildung. Durch ihre zweimalige Wiederholung („wie in einer Ausbildung“) bekräftigt sie ihre These, dass natio-ethno-kulturelle Zugehörigkeit nicht nur am Übergang zum Studium, sondern auch beim Einstieg in eine Ausbildung eine Rolle spielt und dass sich diese Übergänge vergleichen lassen. Elmira stimmt ihr zu („Ja, Dankeschön“).

Dass Herkunft als Zugangsbarriere für Studium wie Ausbildung eine Bedeutung zukommt, scheint ein Faktum („es ist einfach so“), auch wenn Malika nicht wirklich versteht, warum dies so ist. Denn für sie gibt es „keine großen Unterschiede zwischen Deutsche[n] und Ausländer[n]“, vielmehr kommt es aus ihrer Sicht „auf die [einzelne] Person“ an, auch wenn „gesagt“ wird, dass es große Unterschiede gibt. Malika erlebt und versucht, zu beschreiben, wie gesamtgesellschaftlich natio-ethno-kulturelle Differenz markiert wird und differente Zuschreibungen im Hinblick auf Herkunft erfolgen, während sie selber diese Differenzen als nicht bedeutsam erachtet, weil es ihr um die Person geht, und die natio-ethno-kulturelle Zugehörigkeit nicht von primärer Bedeutung ist. Elmira stimmt ihr erneut zu („natürlich“). Dennoch scheint sie die gesellschaftliche Ordnung des Unterscheidens und auch Hierarchisierens temporär zu verunsichern („weiß nicht“), bevor sie dann zu ihrer These zurückkehrt, sie erneut bekräftigt („NEIN, ich finde nicht“), um von Elmira erneut in ihrer Positionierung Unterstützung zu erfahren („gibt es auch nicht“). Während Malika und Elmira natio-ethno-kulturelle Andersheit und Zugehörigkeitsordnungen für sich nicht als relevant ansehen, gibt es „Leute“, die „Unterschiede“ machen, so Elmira. Als Beispiel nennt Malika „Auszubildende“, die natio-ethno-kulturelle Zugehörigkeit (hier wird die „Türkei“ genannt) als Ausschlusskriterium für einen Ausbildungsplatz benennen. Dabei werden die natio-ethno-kulturellen Zuordnungen als mit sozialen und diskriminierenden Zuschreibungen („ihr Türken seid asozial“) verknüpft erkannt. Es entsteht ein lebhafter Austausch fast aller Anwesenden darüber, dass diese natio-ethno-kulturellen Zuschreibungen, um deren Bedeutung und Wirkmächtigkeit Malika, Elmira, Pelin und Conni wissen, nicht „direkt“ (viermalige Wiederholung) artikuliert werden, aber sie dennoch bzw. vielleicht gerade deshalb eine Bedeutung und Wirkmächtigkeit entfalten („aber das hat auch“, „es sagt halt“). Hier wird von den Beteiligten ein Wissen über Ungesagtes expliziert: ein Wissen darum, dass bestimmte Dinge in bestimmten Kontexten nicht gesagt werden. Dass natio-ethno-kulturelle Zugehörigkeit ein Ausschlusskriterium für einen Ausbildungsplatz sein kann, wird von denjenigen, die die Auswahl vornehmen, nicht explizit als Kriterium benannt, sondern bleibt ungesagt und damit in der konkreten Situation sprachlich im Verborgenen. Dieses Nicht-Gesagte geht aber nicht verloren, sondern entfaltet seine Wirkmächtigkeit, weil es bei den jungen Frauen ein Wissen um das Nicht-Gesagte gib. Nicht nur das Gesagte, sondern auch ihr Wissen um Nicht-Gesagtes strukturiert ihren Alltag und ihre Erfahrungen.

Mit Foucault handelt es sich hier um „Prozeduren der Ausschließung“ (Foucault 2012, S. 11). *Zum ersten* liegt ein „Tabu des Gegenstandes“ (ebd.) vor: Natio-ethno-kulturelle Zugehörigkeit darf als Ausschlusskriterium nicht explizit benannt werden („niemand direkt, aber hinterm Rücken“), es bleibt ungesagt und andere Aspekte, die nicht mit einem „Tabu des Gegenstandes“ (ebd.) belegt sind – wie beispielsweise Abschlüsse, Auslandserfahrungen etc. – werden gesagt und benannt. Es gilt nach Foucault *zum zweiten* auch das „Ritual der Umstände“ (ebd., S. 11): Es gibt Umstände, gemeint sind Orte, Kontexte oder auch Strukturen, die darüber bestimmen, was wie gesagt oder auch nicht gesagt werden darf. Diese Umstände, in diesem Beispiel wären es Bewerbungs- und Einstellungsgespräche, verbieten es, offen und direkt natio-ethno-kulturelle Zugehörigkeit als Ausschlusskriterium für einen Ausbildungsplatz zu benennen. Aber auch wenn auf der „Vorderbühne“ (Goffman 1959, S. 19) natio-ethno-kulturelle Zugehörigkeit als Ausschlusskriterium für einen Ausbildungsplatz nicht benannt wird, spielt sie auf der „Hinterbühne“ (ebd.) durchaus eine Rolle und entfaltet Wirkmächtigkeit[6]. In ‚eigenen‘ Kreisen, zwischen privilegierten Mehrheitsangehörigen kann das auf der „Vorderbühne“ Nicht-Gesagte zum Gesagten werden, das sprachlich Verborgene zum Ausdruck kommen. *Zum dritten* nennt Foucault (2012) „bevorzugtes oder ausschließliches Recht des sprechenden Subjekts“ (S. 11): Was wie und wo gesagt oder auch nicht gesagt wird, hängt von der gesellschaftlichen Positionierung der Beteiligten im Sprechen ab.

Im Anschluss an die Diskussion um das Ungesagte, das „niemand „direkt, aber hinterm Rücken“ thematisiert, macht Malika deutlich, wie „frech“ sie das findet, weil aus ihrer Sicht gute Arbeit nicht an „Nationalität“ geknüpft ist. Elmira ergänzt, dass es aber auch Menschen gibt, die „gar nicht“

---

6 Allerdings bedeutet das nicht, dass in Bewerbungsgesprächen keine rassistischen Diskriminierungen im Hinblick auf natio-ethno-kulturelle Zugehörigkeiten stattfinden und mithin auch ‚gesagt‘ werden.

merken, dass sie „Vorurteile“ haben. Hier geht es nun nicht mehr um Ungesagtes, das einem „Verbot“ (Foucault 2012, S. 11) unterliegt und seine Wirkmächtigkeit entfaltet, sondern um menschliche Vorurteile, die auch unbewusst – in den Worten Connis sogar „unterbewusst“ – und präreflexiv sein können. Es gebe Menschen, so die jungen Frauen, die nicht merken, dass sie Vorurteile gegenüber Anderen hegen und dass diese Vorurteile ihr Handeln und ihre Wahrnehmung beeinflussen. Sie denken, ihre Einschätzungen seien „ganz normal“. Die jungen Frauen sehen die Gründe für das Bestehen unbewusster Vorurteile und stereotyper Zuschreibungen in der Institution des Staates und der „Medien“ sowie der mangelhaften „Aufklärung“ durch beide Institutionen. Sie distanzieren sich damit nicht nur von „Leuten“, die „Unterschiede“ im Hinblick auf natio-ethno-kulturelle Zugehörigkeiten machen und dies aber nicht explizit zum Ausdruck bringen (im ersten Teil der Sequenz), sondern ebenso von Menschen, die Vorurteile gegenüber Anderen haben und sich derer gar nicht bewusst sind und sogar denken, dass das „ganz normal“ sei (im zweiten Teil der Sequenz).

Die jungen Frauen formulieren damit eine widerständige Position gegenüber den geltenden Ordnungen des Sag- und Unsagbarem, gegenüber dem, was nicht gesagt wird, was aber als implizites Wissen in der migrationsgesellschaftlichen Realität den Alltag und die Deutungen der Subjekte strukturiert und leitet. Deutlich wird damit einmal mehr, dass die Ordnungen (des Sagbaren und Unsagbaren) nicht statisch und unveränderbar, sondern umkämpft sind.

Und während sich Kaya in der ersten Datensequenz gegen das Gesagte und Ungesagte in der konkreten Anrufung zur Wehr zu setzen sucht, indem sie die Unangemessenheit der Kategorie „Afrika“ hervorhebt, zeigen sich die jungen Frauen in dieser zweiten Passage als widerständig gegenüber der von ihnen als machtvoll erlebten gesellschaftlichen Differenzierungspraxis und der mit ihr einhergehenden gesellschaftlichen Gewalt des Gesagten und Ungesagten, indem sie in ihrem Sagen selber wieder eine Differenzierung und eine Bewertung vornehmen. So wird sich zum einen differenzierend gegenüber solchen Positionen abgesetzt, die eine Einordnung der Arbeitsleistung entlang der Kategorie „Nationalität“ vornehmen. Zum anderen wird sich gegenüber solchen „Leuten“ abgegrenzt, die Vorurteile haben, die ihnen aber gar nicht bewusst sind.

5. Schluss

Deutlich wird durch das Verhältnis von Gesagten und Ungesagtem, von Sag- und Unsagbarem, dass gesellschaftliche Differenzordnungen „eine im Innenraum von Realität angesiedelte, projizierte und wirkende Macht darstellen, die dort, also intern Sinn schaffen. […] Erfahren, begriffen und verstanden wird mit Hilfe von Differenzordnungen gesellschaftliche Realität und die eigene Position in ihr" (Mecheril 2008, o.S.).

So machen die beiden Sequenzen der Gruppendiskussionen darauf aufmerksam, wie sehr das, was gesagt und das was nicht gesagt werden muss oder darf, von diesen normativen Differenzordnungen abhängt – Ordnungen, durch die die Unterscheidungen zwischen ‚Migrationsanderen' und ‚Nicht-Migrationsanderen' reproduziert und identitäre Positionierungen machtvoll zugewiesen wie auch andere Möglichkeiten der Positionierung verweigert und ausgeschlossen werden. Die Analyse der Zusammenhänge von (Un-)Sagbarem und (Un-)Gesagtem sensibilisiert damit zugleich für das, was in Anrufungsprozessen markiert wird bzw. unmarkiert bleibt. Was wird nicht gesagt, was wird verschwiegen und nicht erkannt, weil es beispielsweise den intelligiblen und anerkennbaren Normen nicht entspricht? Es wird deutlich, wie mit dem (Un-)Gesagten Identitätszumutungen und Anforderungen an die Subjekte einhergehen, Kohärenz und Intelligibilität zu präsentieren und sich zur eindeutigen Identität einzufinden (vgl. Micus-Loos 2013; Plößer 2013). Erkennbar wird damit die Macht der Normen, die in dem je Gesagten und Ungesagten widerhallen und die „das Leben einschränken oder ermöglichen, wie sie im Vorhinein kennzeichnen, was eine lebenswerte Existenz darstellt und was nicht" (Butler 2002, S. 6).

Die Analyse zeigt aber auch, wie die Subjekte darum ringen (müssen), innerhalb des Verhältnisses von Gesagtem und Ungesagtem, im Rahmen von konkreten machtvollen Anrufungen aber auch in der Auseinandersetzung mit den im gesellschaftlichen Alltag erfahrenen dominanten Differenzordnungen eine anerkennbare Position zu finden und zu behaupten. Wie Nadine Rose erläutert, wird „durch die in dieser Migrationsgesellschaft praktizierten Zuschreibungen gegenüber Migrationsanderen [eine] Bildungsherausforderung für Anrufende und Angerufene [deutlich], die insbesondere die Anrufenden in die Pflicht für eine veränderte (Sprach-)Praxis" (2012, S. 418) nimmt. Insofern nämlich mit dem (Un-)Gesagten Zugehörigkeiten an- und aberkannt werden können, soziale Positionen eröffnet und verwehrt werden und so die symbolischen und machtvollen Ordnungen des (Un-)Sagbaren in migrationsgesellschaftlichen Kontexten reproduziert und stabilisiert zu werden drohen. Im Gegensatz dazu scheint es – die Butlerschen Verweise auf die Macht des Gesagten wie des Ungesagten ernst nehmend – erforderlich, „daß wir neue Kontexte eröffnen, auf Weisen sprechen, die noch niemals legitimiert wurden, und damit neue und zukünftige Formen der Legitimation hervorbringen" (Butler 1998, S. 71).

Literatur

Althusser, Louis (1977): Ideologie und ideologische Staatsapparate. Aufsätze zur marxistischen Theorie. Hamburg: VSA.

Austin, John L. (1972): Zur Theorie der Sprechakte (How to Do Things with Words). Stuttgart: Reclam.

Butler, Judith (1993): Das Unbehagen der Geschlechter. Frankfurt a. M.: Suhrkamp.

Butler, Judith (1995a): Für ein sorgfältiges Lesen. In: Benhabib, Seyla/Butler, Judith/Cornell, Drucilla/Fraser, Nancy (Hrsg.): Der Streit um Differenz. Feminismus und Postmoderne in der Gegenwart. Frankfurt a. M.: Fischer, S. 122–132.

Butler, Judith (1995b): Kontingente Grundlagen. Der Feminismus und die Frage der Postmoderne. In: Benhabib, Seyla/Butler, Judith/Cornell, Drucilla/Fraser, Nancy (Hrsg): Der Streit um Differenz. Feminismus und Postmoderne in der Gegenwart. Frankfurt a. M.: Fischer, S. 31–58.

Butler, Judith (1997): Körper von Gewicht. Frankfurt a. M.: Suhrkamp.

Butler, Judith (1998): Haß spricht. Zur Politik des Performativen. Berlin: Berlin Verlag.

Butler, Judith (2001): Psyche der Macht. Das Subjekt der Unterwerfung. Frankfurt a. M.: Suhrkamp.

Butler, Judith (2002): Zwischen den Geschlechtern. Eine Kritik der Gendernormen. In: Aus Politik und Zeitgeschichte 33–34, S. 6–8.

Butler, Judith (2003): Kritik der ethischen Gewalt. Frankfurt a. M.: Suhrkamp.

Butler, Judith (2005): Gefährdetes Leben. Politische Essays. Frankfurt a. M.: Suhrkamp.

De Saussure, Ferdinand (1967): Grundfragen der Allgemeinen Sprachwissenschaft. Berlin: Walter de Gruyter.

Foucault, Michel (1992): Was ist Kritik? Berlin: Merve.

Foucault, Michel (2012): Die Ordnung des Diskurses (12. Aufl.). Frankfurt a. M.: Fischer.

Goffman, Erving (1959): Wir alle spielen Theater. München: Piper.

Lacan, Jacques (1978): Das Seminar. Die vier Grundbegriffe der Psychoanalyse. Olten: Walter.

Mecheril, Paul (2003). Prekäre Verhältnisse. Über natio-ethno-kulturelle (Mehrfach-) Zugehörigkeit. Münster/New York. Waxmann.

Mecheril, Paul (2007): Die Normalität des Rassismus. In: Tagungsdokumentation des Fachgesprächs zur „Normalität und Alltäglichkeit des Rassismus“, 14./15. September 2007. CJD Bonn. http://www.ida-nrw.de/cms/upload/PDF_tagungsberichte/Tagungsdoku_Alltagsrassismus.pdf, S. 4–16 [02.01.2014].

Mecheril, Paul (2008): „Diversity“. Differenzordnungen und Modi ihrer Verknüpfung. In: Dossier „Politics of Diversity“ der Heinrich Böll Stiftung. http://www.migration-boell.de/web/diversity/48_1761.asp [02.01.2014].

Mecheril, Paul (2010): Migrationspädagogik. Hinführung zu einer Perspektive. In: Mecheril, Paul/Castro Varela, María do Mar/Dirim, İnci/Kalpaka, Annita/Melter, Claus (Hrsg.): BACHELOR|MASTER: Migrationspädagogik. Weinheim: Beltz, S. 7–22.

Meißner, Hanna (2012): Butler: Grundwissen Philosophie. Leipzig: Reclam.

Micus-Loos, Christiane (2013): Herausforderungen genderbezogener Sozialer Arbeit. In: Sabla, Kim-Patrick/Plößer, Melanie (Hrsg.): Gendertheorien und Theorien Sozialer Arbeit. Bezüge, Lücken und Herausforderungen. Opladen/Berlin/Toronto: Barbara Budrich, S. 179–198.

Plößer, Melanie (2013): Die Macht der (Geschlechter-)Norm. Überlegungen zur Bedeutung von Judith Butlers dekonstruktiver Gendertheorie für die Soziale Arbeit. In: Sabla, Kim-Patrick/Plößer, Melanie (Hrsg.): Gendertheorien und Theorien Sozialer

Arbeit. Bezüge, Lücken und Herausforderungen. Opladen/Berlin/Toronto: Barbara Budrich, S. 199–216.
Rose, Nadine (2012): Migration als Bildungsherausforderung. Subjektivierung und Diskriminierung im Spiegel von Migrationsbiographien. Bielefeld: transcript.
Villa, Paula-Irene (2006): Scheitern – Ein produktives Konzept zur Neuorientierung in der Sozialisationsforschung. In: Bilden, Helga/Dausien, Bettina (Hrsg.): Sozialisation und Geschlecht: Theoretische und methodische Aspekte. Opladen: Barbara Budrich, S. 219–238.
Villa, Paula-Irene (2003): Judith Butler. Frankfurt a. M.: Campus.

Brigitta Busch

Zwischen Fremd- und Selbstwahrnehmung

Zum Konzept des Spracherlebens[1]

1. Einleitung

Jede Verlagerung des Lebensmittelpunktes – ob innerhalb eines Landes oder von einem Land oder Kontinent in einen anderen – ist mit einem Wechsel der Lebenswelt verbunden, an der man sich orientiert, und gleichzeitig mit einem Wechsel des sprachlichen Umfelds, mit dessen Praktiken, Diskursen und Regeln man vertraut ist. Unter günstigen Voraussetzungen kann ein solcher Wechsel als Herausforderung erfahren werden, durch die sich neue Horizonte auftun, neue Möglichkeiten, sich als Sprecher oder Sprecherin zu entwerfen. Orts- und Sprachwechsel können unter ungünstigeren Bedingungen aber auch als Belastung oder anhaltender emotionaler Stress erlebt werden – bis hin zur Traumatisierung oder zum erneuten Aufbrechen eines früheren Traumas. Dies kann besonders dann der Fall sein, wenn es sich um eine ungewollte Emigration handelt und wenn die Situation nach der Emigration weiter als prekär, ungewiss oder gar feindselig erlebt wird (Kogan 2005). Die zugrundeliegende Erfahrung, dass das eigene, ‚mitgebrachte' sprachliche Repertoire nicht mehr ‚passt', so der Leitgedanke dieses Beitrags, ist eine, die – wenn auch in sehr abgeschwächter Form – von allen Sprecher_innen geteilt wird.

Der biographische Zugang in der Mehrsprachigkeitsforschung, an dem sich dieser Beitrag orientiert, nimmt nicht einzelne Sprachen oder Varietäten als Ausgangspunkt, sondern die Erlebensperspektive mehrsprachiger Menschen. Im Vordergrund steht dabei nicht die Frage, über wie viele und über welche Sprachen oder Varietäten Sprecher_innen verfügen oder wie ‚kompetent' sie in ihrer L_1, L_2 oder L_n sind. Vielmehr geht es darum, dass

1 Dieser Beitrag stützt sich z. T. auf frühere Veröffentlichungen, insbesondere auf *Das sprachliche Repertoire oder Niemand ist einsprachig* (2012) und *Mehrsprachigkeit* (2013).

die Vorstellung von einer Polarität Erstsprache–Zielsprache zu kurz greift und darum, wie sprachliche Variation dazu dienen kann, Zugehörigkeit oder Differenz zu konstruieren und vor allem, wie solche Konstruktionen als sprachliche Aus- und Einschlüsse erlebt werden. Dieser Ansatz wurde im Zuge einer Reihe von Forschungsprojekten rund um das Thema Mehrsprachigkeit und Schule bzw. Mehrsprachigkeit und Migration[2] entwickelt, darunter im Projekt „When Plurilingual Speakers Encounter Unilingual Environments"[3] und in der interdisziplinären Pilotstudie „Mehrsprachigkeit und Resilienz"[4]. Theoretisch stützt sich dieser Beitrag auf Bachtins Konzepte von Dialogismus und Heteroglossie sowie auf poststrukturalistische und phänomenologische Zugänge.

Heteroglossie

Das Konzept der Heteroglossie, das der russische Literatur- und Sprachwissenschaftler Michail Bachtin in den 1930er-Jahren entwickelte, stellte die Vorstellung in Frage, wonach Sprachen als in sich geschlossene, einheitliche Systeme zu betrachten seien. Die einheitliche Sprache, sagt Bachtin (1979, S. 164), ist nicht etwas Gegebenes (*dan*), sondern etwas, das im Sinne politischer Vereinheitlichung als Ziel vorgegeben wird (*zadan*), und sie steht immer im Gegensatz zur Realität der Heteroglossie, zur „tatsächlichen Redevielfalt".

Der Begriff Heteroglossie bezeichnet die vielschichtige und facettenreiche Differenzierung, die lebendiger Sprache innewohnt. In der Beschäftigung mit sprachlichen Praxen in multilingualen Kontexten ist es sinnvoll, den Begriff, Bachtin folgend, in drei Richtungen zu differenzieren (Todorov 1984, S. 56): Multidiskursivität (*raznorečie*) meint, dass in jedem Sprechen Verweise auf verschiedene Räume und Zeiten enthalten sind, die auf unterschiedliche Weise sozialideologisch konstituiert sind. Jede dieser Zeiten – seien es Epochen, Perioden oder Tage – und jeder dieser Räume – seien es Staaten, Altersgruppen, Familien oder kulturelle Szenen – ist verbunden mit spezifischen Weltsichten und Diskursen. Vielstimmigkeit (*raznogolosie*) meint, dass wir uns im Sprechen gegenüber diesen Welten, Weltsichten und Diskursen positionieren, dass wir uns dafür die Stimmen anderer sozusagen

2 Vgl. www.heteroglossia.net [25.06.2014].

3 Finanziert aus Mitteln des Wiener Wissenschafts-, Forschungs- und Technologiefonds (WWTF), 2011–2013.

4 Mit Luise Reddemann und Martin Aigner, durchgeführt am Landesklinikum Tulln, 2012–2014.

‚ausborgen' und als Stil zu eigen machen. Sprachenvielfalt (*raznojazyčie*) meint, dass sich Spuren soziokultureller Differenzierung in der Sprache selbst auffinden lassen. Durch unterschiedliche Positionierungen bilden sich unterschiedliche Arten des Sprechens heraus. Man hat es nicht mit einer Sprache, sondern mit Sprachenvielfalt zu tun, mit einem „Dialog von Sprachen" (Bachtin 1979, S. 186), egal ob sich dieser Dialog innerhalb dessen abspielt, was man als *eine* Sprache bezeichnet, oder zwischen verschiedenen Sprachen, die „zueinander Kontakt aufgenommen und einander erkannt haben" (ebd.). Damit ist sowohl das Bündel an Varietäten, Registern oder Jargons gemeint, das man traditionellerweise mit dem Begriff ‚innersprachliche Mehrsprachigkeit' fasst, als auch die Vielfalt an Varietäten, Codes oder sprachlichen Praktiken, die in gegenseitiger sprachlicher Durchdringung entstehen können.

Mit Bachtin gehe ich weiter davon aus, dass sprechen (genauso wie schreiben) immer dialogisch und intertextuell ist: Bedeutung entsteht erst im wechselseitigen Prozess von Äußerung und „antwortendem Verstehen". Mit jeder Äußerung nehmen wir auf bereits Gesagtes Bezug – zustimmend, widersprechend oder aufgreifend und weiterentwickelnd – und nehmen mögliche Antworten antizipierend vorweg. Die Sprache, schreibt Bachtin (1979, S. 185) bewegt sich „auf der Grenze zwischen dem Eigenen und dem Fremden. Das Wort der Sprache ist ein halbfremdes Wort. Es wird zum ‚eigenen', wenn der Sprecher es mit seiner Intention, mit seinem Akzent besetzt, wenn er sich das Wort aneignet." Sprache ist kein Neutrum, sie ist „mit fremden Intentionen besetzt, ja überbesetzt" (ebd.), sie ist ideologisch akzentuiert und daher immer Gegenstand der Auseinandersetzung.

Das Betreten eines Raums, dessen Regeln man nicht kennt

Dass niemand ‚einsprachig' ist, erläutert Michail Bachtin, indem er einen des Lesens unkundigen russischen Bauern weitab von jedem städtischen Zentrum heraufbeschwört, dessen sprachliches Repertoire dennoch durch Redevielfalt geprägt ist, da es auf unterschiedliche Welten verweist, von denen jede auf ihre Weise sprachlich und ideologisch verfasst ist: die vertraute der Familie, die altkirchenslavische der Orthodoxie, die papiersprachene der Bürokratie oder die städtische des Arbeiters, der zu Besuch in das Dorf seiner Herkunft kommt. Über diesen imaginären Bauern schreibt Bachtin:

> Im Grunde genommen ist es ja so, daß ein solcher Mensch es nicht mit einer Sprache, sondern mit Sprachen zu tun hat, doch ist der Platz jeder dieser Sprachen festgelegt und unstrittig, das Übergehen von der einen

> in die andere ist vorherbestimmt und geschieht unbewußt, wie der Gang von einem Zimmer ins andere. Diese Sprachen treffen in seinem Bewußtsein nicht aufeinander; er versucht nicht sie aufeinander zu beziehen, versucht nicht, eine seiner Sprachen mit den Augen einer anderen zu betrachten. (1979, S. 187)

Die Frage, der ich nachgehen will, ist, welche Irritationen hervorgerufen werden können, wenn man statt in einem gewohnten Zimmer unvermittelt und orientierungslos in einem unbekannten Raum steht und sich dessen gewahr wird, dass das mitgebrachte sprachliche Repertoire nicht oder nicht ganz ‚passt'. Ich greife dazu bewusst ein Beispiel heraus, das nicht von Mehrsprachigkeit im klassischen Sinn handelt. Verfasst wurde der Text, um den es geht, im Rahmen einer Lehrveranstaltung von einer Studentin, die zunächst davon ausging, ihre Sprachbiographie sei eher ‚langweilig', da sie einsprachig aufgewachsen sei. Ich greife daraus eine Stelle heraus, in der die Studentin sich an ihre Kindheit erinnert und den Moment des Schulwechsels vom Dorf in das in der Landeshauptstadt gelegene Gymnasium als jenen schildert, wo sie sich zum ersten Mal bewusst als sprachlich nicht zugehörig erlebt:

> Es war eine sehr hierarchisch strukturierte Klasse, die meisten Schülerinnen kamen aus eher ‚höheren Schichten' und gegenüber manchem ‚landeshauptstädtischen Hochdeutsch' kam ich mir mit meiner ländlichen Umgangssprache sehr unsicher und ein wenig defizitär vor.

Sprecher_innen haben in unterschiedlichen Lebensabschnitten, in unterschiedlichen Momenten ihres Alltags oder (etwa unter Zuhilfenahme digitaler Kommunikationsmittel) auch simultan an mehreren Räumen teil, die sozial und sprachlich unterschiedlich verfasst sind – im Fall der Schülerin sind das unter anderem das Dorf, die Stadt, die Familie, die Schule. In jedem dieser Räume gelten andere Regeln und Gewohnheiten des Sprachgebrauchs, sie werden durch unterschiedliche Sprachregime konstituiert. Die Frage, um die es uns geht, lautet demnach: Was passiert, wenn Sprecher_innen aus einem Raum, mit dessen sozialen Regeln und mit dessen ‚Sprache' sie vertraut sind, in einen Raum eintreten, in dem dies nicht der Fall ist? Wir wollen uns dieser Frage in drei Schritten annähern: Erstens, wie ist ihr sprachliches Repertoire konstituiert, welches sprachliche ‚Gepäck' bringen sie als Sprecher_innen mit, wenn sie den Raum betreten? Zweitens, wie werden Sprecher_innen durch Diskurse über Sprache und Sprechweisen bzw. durch Sprachideologien, die den Raum prägen, positioniert und wie positionieren sie sich selbst gegenüber diesen Diskursen? Und drittens, mit welchen Gefühlen und körperlichen Empfindungen erleben sie sich – durch die Augen der anderen – in solchen Situationen selbst als Sprecher oder Sprecherin? Im Folgenden wird weitgehend am Beispiel der Schülerin festgehalten, um nacheinander drei im biographischen Zugang grundlegende Konzepte zu entwickeln und miteinander in Verbindung zu setzen: Sprachrepertoire, Sprachideologien und Spracherleben.

2. Das sprachliche Repertoire

Dass sie so etwas wie ein sprachliches Repertoire haben, wird Sprecher_innen meist erst dann bewusst, wenn ihnen vermittelt wird, dass sie von ihrer Umgebung als ‚anderssprachig' wahrgenommen werden – in unserem Beispiel die Schülerin mit ihrer „ländlichen Umgangssprache" im städtischen Umfeld des Gymnasiums. Im gewohnten Alltag gibt das Repertoire habitualisierte sprachliche Verhaltensmuster vor, deren sich die Betreffenden selbst kaum bewusst werden.

Das Konzept des sprachlichen Repertoires geht auf den Anthropologen und Linguisten John Gumperz zurück. Gumperz (1964) entwickelt diesen Begriff auf der Grundlage seiner Forschung in zwei ländlichen Gemeinden mittlerer Größe, die eine in Indien, die andere in Norwegen. Als Rahmen für seine Analyse nimmt Gumperz die Sprechgemeinschaft, die er nicht essentialistisch definiert, sondern als eine, die sich durch regelmäßige Interaktion über einen längeren Zeitraum konstituiert.

Das sprachliche Repertoire, sagt Gumperz (1964, S. 138), „contains all the accepted ways of formulating messages. It provides the weapons of everyday communication. Speakers choose among this arsenal in accordance with the meanings they wish to convey." Das Repertoire wird als ein Ganzes begriffen, das jene Sprachen, Dialekte, Stile, Register, Codes und Routinen einschließt, die die Interaktion im Alltag charakterisieren. Gumperz zufolge obliegt es den einzelnen Sprecher_innen, eine Entscheidung in Bezug auf den Einsatz sprachlicher Mittel zu treffen, aber diese Wahlfreiheit ist sowohl grammatikalischen als auch sozialen Zwängen unterworfen. Sie ist begrenzt durch allgemein anerkannte Konventionen, die dazu dienen, Arten des Ausdrucks als informell, technisch, literarisch, humorvoll usw. zu klassifizieren. „The social etiquette of language choice is learned along with grammatical rules and once internalized it becomes a part of our linguistic equipment" (ebd.). Gumperz ging in seiner Konzeption des Sprachrepertoires in den 1960er-Jahren davon aus, dass die einzelnen Sprecher_innen an relativ stabilen Sprechgemeinschaften teilhaben, fügt aber hinzu: „[S]tylistic choice becomes a problem when we are away from our accustomed social surroundings" (ebd.). Ihm selbst, der 1939 aus Deutschland in die USA emigrieren musste, war die Erfahrung des sprachlichen *displacement* keineswegs fremd.

Im Gegensatz zu traditionelleren soziolinguistischen Vorstellungen, wonach bestimmte Sprechweisen auf die Zugehörigkeit zu bestimmten regionalen oder sozialen Gruppen wie ein Signifikant auf ein Signifikat verweisen, bricht Gumperz' Konzept mit solchen Gleichsetzungen. Obwohl internalisiert und keineswegs beliebig, wird das sprachliche Repertoire als prinzipiell offen verstanden, als Möglichkeit zur Positionierung, die Sprecher_innen in situierten Interaktionen vornehmen. Dies erklärt neben der Vorstellung, dass das Repertoire über einzelne Sprachen oder Dialekte hinweg ein Ganzes bildet, aus dem die Sprecher_innen situativ schöpfen, auch, warum in der aktuellen Soziolinguistik wieder vermehrt auf das Repertoirekonzept zurückgegriffen wird. Dies ist besonders der Fall, wenn es um die Analyse sprachlicher Praktiken wie *language crossing* (Rampton 1995) oder *translanguaging* (García 2009; Blackledge/Creese 2010; Wei 2011) geht, in denen Sprecher_innen als Mittel der Stilisierung auf heteroglossische Ressourcen zurückgreifen. Einige Autor_innen weisen auf die Notwendigkeit hin, das Gumperz'sche Repertoirekonzept angesichts der durch Mobilität, Migration und transnationale Netzwerke charakterisierten Globalisierungsprozesse zu aktualisieren (Pennycook 2009; Blackledge/Creese 2010; Wei 2011). Jan Blommaert (2008) führt am Beispiel eines Flüchtlings aus Ruanda aus, dass sprachliche Repertoires nicht nur raum-, sondern auch zeitbezogen sind, also nicht primär über den Geburtsort einer Person Auskunft geben, sondern über ihren Lebensweg, nicht über einen als beständig gedachten geographischen Raum, sondern über soziopolitische Veränderungen und Brüche, die den Raum umgestalten: „The fact is, however, that someone's linguistic repertoire reflects a life, and not just birth, and it is a life that is lived in a real sociocultural, historical and political space" (ebd., S. 17).

Gumperz' bis heute maßgebliche Konzeption des sprachlichen Repertoires ist in der *linguistic anthropolgy* und der interaktionalen Linguistik verankert, d. h. sie stützt sich auf die Beobachtung sprachlicher Interaktion. Aus der Außenperspektive des Forschers steht das beobachtbare sprachliche Verhalten im Vordergrund, der Fokus liegt auf Regeln und Konventionen kommunikativer Interaktion, die erlernt, befolgt und gelegentlich durchbrochen werden. Dass Gumperz das Sprachrepertoire eher in einer Sprechgemeinschaft verortet als im sprechenden Subjekt, lässt sich zum Teil damit erklären, dass aus interaktionaler Sicht das Subjekt keine stabile Kategorie bildet, sondern in der Interaktion mit und im Verhältnis zu anderen ständig von Neuem (ko-)konstruiert wird. Gumperz (2001, S. 37) selbst räumte später allerdings ein, dass er in seinen früheren Arbeiten die Rolle von Sprachideologien und deren Einfluss auf internalisiertes Hintergrundwissen und sprachliche Interaktionsprozesse unterschätzt hat. Ich möchte im Folgenden darlegen, dass der auf Beobachtung begründete interaktionale Zugang – so wichtig er ist – nicht ausreicht, um das sprachliche Repertoire, mit dessen Hilfe sich eine Person in Bezug zu ihrer sozialen Umwelt setzt, in seiner Komplexität zu fassen, und dass das Repertoirekonzept zumindest um zwei Dimensionen zu erweitern wäre: jene der Sprachideologien und jene des Spracherlebens.

3. Sprachideologien oder Diskurse über Sprache und Sprechen

Erinnern wir uns erneut an die Schilderung des Übertritts der Schülerin von der ländlichen Schule ins städtische Gymnasium. Aufgrund ihrer Sprechweise, so erzählt die Verfasserin, wurde sie als Schülerin von jenen Mitschüler_innen aus höheren Schichten, die in der Klasse den Ton angaben, als nicht ihrer Gruppe zugehörig identifiziert und gewissermaßen der Kategorie der Anderen, jener mit einer ländlichen Sprache, zugeschlagen. Sie erinnert sich, dass sie sich nun selbst als „ein wenig defizitär" vorkam. Die Verfasserin nimmt die Klasse im Rückblick als „sehr hierarchisch strukturiert" wahr. Der Mechanismus, mit dem die Schülerinnen aus „höheren Schichten" offenbar ihre Stellung festigen, ist ein doppelter: Einerseits über Diskurse, indem sie „ländliche" oder anderweitig ‚unangemessene' Sprachpraktiken ihrer Mitschülerinnen abwerten, andererseits mittels sprachlicher Distinktion, d.h. durch Verwendung eines „landeshauptstädtischen Hochdeutschs".

Zwei Dinge werden an diesem Beispiel deutlich: Erstens hat die sprachideologische Identifizierung der Schülerin durch andere zur Folge, dass sie sich nun selbst als einer bestimmten Kategorie zugehörig wahrnimmt, erst dadurch ‚erfährt' sie, dass sie ‚eine vom Land' ist. Unterschiede in der Aussprache werden im Sinne eines Shibboleth[5] zum Kriterium für Zugehörigkeit oder Ausschluss. Und zweitens beeinflusst die (negative) Bewertung ihrer sprachlichen Ressourcen durch andere ihre eigene Selbstwahrnehmung als eine „defizitäre" Sprecherin.

Damit, wie soziale Distinktion mittels Sprache im Zuge der Sozialisation erlernt wird und sich in den Körper bzw. in den Habitus einer Person einschreibt, hat sich Pierre Bourdieu (1990) beschäftigt. Er zeigt, auf welche

5 In der Sprachwissenschaft versteht man unter Shibboleth eine sprachliche Differenz, die nicht bedeutungstragend ist, aber durch die jemand einer bestimmten sozialen Gruppe oder Region zugeordnet wird. Der Begriff Shibboleth, das hebräische Wort für Getreideähre, bezieht sich auf das alttestamentarische Buch der Richter (12, 5–6), in dem erzählt wird, wie dieses Wort als Kennwort verwendet wurde: Wer es als ‚Sibboleth' aussprach, wurde als flüchtender Ephraimit identifiziert und getötet; passieren durfte nur, wer das ‚Sch' aussprechen konnte.

Weise soziale und politische Machtbeziehungen mit Hilfe von sprachlicher Distinktion und Sprachideologien produziert und reproduziert werden. Entscheidend für die Wirksamkeit solcher Mechanismen ist, dass sie nicht nur von außen auf die Einzelnen einwirken, sondern von diesen verinnerlicht werden, sodass die Unterordnung unter Vorstellungen, wie die Welt beschaffen ist und wie Kategorien des Denkens oder Fühlens gebildet werden, quasi unbemerkt und freiwillig erfolgt und diese als natürlich und selbstverständlich aufgefasst werden.

Als Erklärung, wie es zu solcher freiwilligen Unterordnung kommt, wird in postmarxistisch und poststrukturalistisch orientierten Ansätzen, wie sie etwa von Louis Althusser oder Michel Foucault vertreten wurden, postuliert, dass das Subjekt nicht gegeben ist, sondern durch gesellschaftliche Diskurse konstituiert wird, die ihm sagen wer es ist, wie es denkt, fühlt und spricht. Diesem Ansatz folgt auch Judith Butler, die in ihren Arbeiten zu Gender, Diskriminierung, Macht und Performativität von der Ambiguität des Subjektbegriffs ausgeht, der zufolge das Subjekt nicht primär ein handelndes ist, sondern ein unterworfenes, wobei die Unterwerfung unter die Macht bereits vorhandener Diskurse, bereits gesprochener Sprache, dem Agieren vorangeht. Subjekt wird man durch die stets wiederholte Zuordnung zu vorgegebenen identitären Kategorien. Jede solche Anerkennung ist zugleich ein Verkennen, weil sie Heterogenes und Uneindeutiges auf Entweder-oder-Kategorien reduziert. Die Konstitution des Subjekts durch die diskursive, performative Macht der Sprache prägt Butler zufolge das Denken, das Sprechen, das Fühlen und sogar die Körperlichkeit. Butler (2006, S. 206 f.) hebt besonders den normativen Aspekt von Sprache hervor, dem sie eine performative Macht zuschreibt: Der Eintritt in das System der Sprache übt, wie Butler in Anlehnung an Foucault sagt, eine „produktive“ Zensur aus, die sowohl das Subjekt konstituiert als auch die legitimen Grenzen des Sprechens. Diese primäre Zensur, der Eintritt des Subjekts in die Normativität von Sprache, wird, so fügt sie hinzu, „erneut im Politischen aufgerufen, wenn die Fähigkeit zu sprechen erneut zur Überlebensbedingung für das Subjekt wird“ (ebd., S. 207).

Die ursprüngliche Konstitution des Subjekts in der Sprache, so könnte man dies verstehen, erfolgt gewissermaßen ‚unbemerkt‘, indem das Kind die (grammatikalischen und diskursiven) Regeln der Sprache übernimmt und die von ihnen ausgeübte ‚Zensur‘ internalisiert. Als krisenhaft wird diese Zensur dann erfahren, wenn die Existenzbedingungen des Subjekts in Frage gestellt werden, wenn man darum fürchten muss, dass einem die Subjektqualität aberkannt und die Fähigkeit zu sprechen abgesprochen wird. Butler führt das am Beispiel einer Regelung in der US-Armee aus, der zufolge Homosexualität zwar nicht verboten war, wohl aber das Bekenntnis zur Homosexualität. Eine Verweigerung des Status als Subjekt kommt letztlich in fast allen Situationen von Rechtlosigkeit, Diskriminierung, Herabsetzung, Zugangsverweigerung und Prekarität zum Tragen. Eine solcherart als Krise erlebte Situation kann beispielsweise auch eintreten, wenn (mit unterschiedlichen Sprachen verbundene) Diskurse, die einem sagen, wer man ist und wie man zu sprechen hat, miteinander in Widerstreit geraten und jede dieser Ideologien für sich Loyalität beansprucht. Das wird von Betroffenen nicht selten als Angst geschildert, eine Sprache zugunsten der anderen zu verraten (Busch/Busch 2013).

So problematisch Kategorisierungen sind, weil sie immer auf Ausschlüssen und auf einem diskursiv konstituierten Entweder-Oder beruhen, so kommt man ohne Kategorien nicht aus. Wer zum Beispiel von einer unbekannten Person angerufen wird, nimmt aufgrund der Sprache unwillkürlich eine ganze Serie von Kategorisierungen vor – Geschlecht, Alter, Herkunft, Bildung, sozialer Status usw. Diese Identifizierung *in situ* beeinflusst, meist ohne dass man es merkt, auch die eigene Sprachwahl. Aber Kategorisierungen sind nie unschuldig. Über Sprachideologien werden soziale, ethnische, nationale und andere Zugehörigkeiten und Ausschlüsse konstruiert. Sie haben wesentlich Einfluss darauf, ob man sich in einer Sprache, die man spricht, anerkannt fühlt, ob man sie vor anderen zu verbergen oder sich ihrer gar zu entledigen trachtet. Persönliche Spracheinstellungen werden maßgeblich dadurch bestimmt, welcher Wert einer Sprache oder einer Varietät in einem bestimmten sozialen Raum zugemessen wird. In Bezug auf das sprachliche Repertoire bedeutet dies, dass die als einschränkend oder ausgrenzend erlebte Macht sprachlicher Kategorisierungen besonders dann wahrgenommen wird, wenn Sprache nicht wie selbstverständlich zur Verfügung steht, wenn Menschen zum Beispiel nicht als legitime Sprecher_innen einer bestimmten Sprache oder Sprechweise anerkannt werden oder sich selbst nicht als solche wahrnehmen. Das kann nicht nur dann der Fall sein, wenn sie – wie im Fall der oben zitierten Schülerin – einen sozialen Raum betreten, mit dessen sprachlichen Praktiken und Regeln sie nicht vertraut sind, sondern auch dann, wenn Räume, die ihnen vertraut waren, neu konfiguriert werden und damit einhergehend innerhalb kurzer Zeit ihr sprachliches Regime verändern. Solche Situationen können eintreten, wenn es, wie zum Beispiel nach Vereinigung der DDR mit der Bundesrepublik Deutschland, nach dem Zerfall des ehemaligen Jugoslawien oder nach dem Ende der Apartheid in Südafrika, zu neuen Grenzziehungen oder politischen Umbrüchen kommt, die mit einer Umwertung von Sprachideologien verbunden sind. So führte im Raum des früheren Jugoslawien der Zerfall der Föderation Anfang der 1990er-Jahre nicht nur zur Entstehung neuer Nationalstaaten, sondern auch zu einer sprachenpolitischen Umorientierung, wobei anstelle der bis dahin gemeinsamen serbokroatischen Sprache eine Reihe neuer Nationalsprachen proklamiert wurden – Bosnisch, Kroatisch, Serbisch und Montenegrinisch. Mit Hilfe neuer Wörterbücher und präskriptiver Diskurse über richtigen Sprachgebrauch versuchte man, Differenzen zwischen den neu proklamierten Sprachen zu betonen und zu verfestigen. Solche Veränderungen zwingen Sprecher_innen, sich gegenüber den veränderten sprachlichen Kategorisierungen neu zu positionieren, umso mehr wenn ihnen ein Bekenntnis zu einer ‚neuen Muttersprache' als Loyalitätsbeweis abverlangt wird (Busch 2010).

Bezogen auf das Sprachrepertoire ermöglicht der postmarxistische oder poststrukturalistische Blickwinkel ein Verständnis dafür, welche Macht bereits etablierte diskursive Kategorisierungen auf das sprechende Subjekt ausüben: Erst durch Diskurse, die uns in der zweiten Person ‚ansprechen', die uns sagen, wer wir sind und wie wir uns von anderen unterscheiden, werden wir als sprechende Subjekte konstituiert. Um zu verstehen, wie Sprachideologien beziehungsweise Diskurse über Sprache und Sprechen internalisiert oder ‚einverleibt' werden, wie sie zu persönlichen Spracheinstellungen gerinnen, bedarf es eines nochmaligen Blickwechsels hin zur Erlebensperspektive in der ersten Person – ein Blickwechsel, der im Folgenden mit Hilfe eines phänomenologischen Ansatzes unternommen werden soll.

4. Das Konzept des Spracherlebens

Die Subjektperspektive ermöglicht es, die biographische Dimension des sprachlichen Repertoires in den Blick zu nehmen, also nachzuvollziehen, wie das Repertoire sich prozesshaft von Kindheit an entlang des Lebenswegs entwickelt und verändert. Was uns hier interessiert, ist weniger, wie entlang der Zeitachse sprachliche Kompetenzen erworben und aneinandergereiht werden, als nachzeichnen zu können, wie sich einschneidende oder sich wiederholende Situationen der Interaktion mit anderen über das emotionale und körperliche Erleben in Form von expliziten und impliziten sprachlichen Einstellungen und habitualisierten Handlungsmustern im Repertoire verankern. Erst wenn wir Sprache nicht auf ihre kognitive und instrumentale Dimension reduzieren, sondern ihrem essenziell intersubjektiven, sozialen Charakter und ihrer leiblich-emotionalen Dimension Rechnung tragen, können Fragen nach persönlichen Sprachattitüden adäquat gestellt werden, also zum Beispiel warum Menschen eine Sprache, die ihnen geläufig war, in einer bestimmten Lebenssituation aufgeben, warum sie bestimmte Sprachen oder Sprechweisen begehren, andere ablehnen, wieder anderen gleichgültig begegnen.

Das hier vorgestellte Konzept des Spracherlebens greift maßgeblich auf die Phänomenologie der Wahrnehmung zurück, wie sie der französische Philosoph Maurice Merleau-Ponty in den 1940er-Jahren entwickelt hat, weil diese den Blick auf die oft vernachlässigte körperliche und emotionale Dimension des Erlebens und des Sprechens öffnet. In Anlehnung an Husserl sieht Merleau-Ponty (2009, S. 120) die Grundlegung des Subjekts im leiblichen Sein. Unser Leib, sagt er, ist immer mit uns da. Er situiert und verortet das Subjekt in der Welt. Merleau-Ponty unterscheidet dabei begrifflich zwischen dem Körper (*corps physique*) als einem Objekt, das beobachtbar und messbar ist, und dem Leib (*corps vivant*) als Subjekt des Wahrnehmens, Fühlens, Erlebens, Agierens und Interagierens. Die Ambiguität des Leib-Körpers als ein zugleich Beobachtender und Beobachteter, als ein Berührender und Berührter veranschaulicht er am Beispiel der linken Subjekt-Hand, die die rechte Objekt-Hand ertastet.

Interessanterweise finden wir diese Ambiguität auch in der Erzählung der eingangs vorgestellten Studentin wieder, die vom Spracherleben in ihrer Kindheit berichtet. Im Bestreben, den Erwartungen der neuen Umgebung entgegenzukommen, habe sie sich bemüht „Hochdeutsch" zu sprechen. „Ich erinnere mich noch heute", schreibt sie, „wie ich mir quasi selbst von außen beim Reden zuhörte und mich wie eine Schauspielerin fühlte, so unecht kam mir mein Reden vor." In dieser Situation erlebt sie sich durch die Augen oder die Ohren der anderen als eine Beobachtete, als ein Objekt. Die sprachliche Anpassungsleistung, die die Schülerin in der Hoffnung erbringt, in den Augen dieser anderen nicht mehr als anders wahrgenommen zu werden, hat zur Folge, dass sie sich nun selbst als eine andere, als Fremde wahrnimmt.

Die Bewegung des Leibes ist Merleau-Ponty zufolge die Basis des Vermögens, sich in Bezug zur Welt zu setzen, sich auf sie einzulassen. Die Hand, die nach einem Gegenstand greift, ‚weiß', wonach und wohin sie greift, auch ohne dass das Bewusstsein die Punkte, die die Hand durchläuft, in einem Raum-Zeit-Diagramm berechnen müsste. Eine Bewegung wird erlernt, indem der Leib sie „kapiert", indem er sie sich einverleibt. Nicht das „ich denke" (*je pense*) steht Merleau-Ponty zufolge am Anfang unseres Zur Welt-Seins, sondern ein „ich vermag" (*je peux*) (Merleau-Ponty 2009, S. 171).

Die Relevanz dieses Ansatzes für das Verständnis des sprachlichen Repertoires ergibt sich daraus, dass auch das Sprechen wie Merleau-Ponty (ebd., S. 214 ff.) ausführt, zunächst leiblich begründet ist. Wie die Gestik und wie die Emotion ist Sprache zuerst und vor allem ein Sich-in-Bezug-Setzen, eine Projektion hin zum Anderen – erst dann auch ein kognitiver Akt von Repräsentation und Symbolisierung. Die leiblich-gestische Dimension des Sprechens, die Merleau-Ponty (ebd., S. 238) mit dem Begriff *parole parlante* [sprechende Sprache] fasst, geht dem voraus, was er als *parole parlée* [gesprochenen Sprache] bezeichnet und worunter er sprachliche Konventionen und Sedimentierung versteht. „Sprache und Worte tragen also in sich eine erste Bedeutungsschicht, die ihnen unmittelbar anhängt, den Gedanken aber nicht so als begriffliche Aussage, sondern als Stil, als affektiven Wert, als existentielle Gebärde mitteilt" (Merleau-Ponty 1966, S. 216). Sprache ist ihm zufolge in der leiblich-emotionalen Gestik verankert, sie ist Teil der Intersubjektivität, also der Projektion von einem Ich zu einem Du, und gehört damit zu dem Bereich, den Merleau-Ponty als den der Zwischenleiblichkeit bezeichnet.

Bezogen auf das sprachliche Repertoire ist im Besonderen auch das Konzept des Leibgedächtnisses von Interesse, wie es, auf Merlau-Ponty aufbauend, von Thomas Fuchs (2011, S. 91) weiterentwickelt wird, der sich mit den phänomenologischen Grundlagen der Psychopathologie und Psychotherapie auseinandersetzt. Fuchs führt aus, wie im Leibgedächtnis die in der Vergangenheit erlebten Situationen und Handlungen miteinander verschmelzen und durch Wiederholung und Überlagerung eine Struktur, einen Stil herausbilden, die dem Subjekt anhaften – meist ohne dass dieses selbst sich dessen gewahr wird. Das Leibgedächtnis bildet Fuchs zufolge ein Ensemble an Prädispositionen und Potenzialen, die Welt wahrzunehmen, zu handeln, zu begehren, zu kommunizieren. Es fungiert als intersubjektives System, in dem von Kindheit an, leibliche Interaktionsmuster etabliert und ständig fortgeschrieben werden. Wenn man Sprache als Teil eines solchen Leibgedächtnisses auffasst, dann wird es möglich, das Repertoire in einer biographischen Dimension zu verstehen, als eine Struktur, in der vergangenes Erleben spezifischer Interaktionssituationen ebenso wie daraus abgeleitete sprachliche Alltagspraktiken ihre Spuren hinterlassen haben, eine Struktur, die im gegenwärtigen sprachlichen Fühlen, Interpretieren und Handeln ständig mit präsent und zugleich nach vorn gerichtet ist, auf das was bevorsteht und worauf man sich einstellt.

Zentral in diesem Prozess des Einschreibens in das Leibgedächtnis ist also das emotional besetzte Erleben von Situationen der Interaktion mit anderen. Typischerweise geht es um Situationen die irritieren, weil die sprachlichen Ressourcen – gewissermaßen das linguistische Kapital – der Beteiligten als ungleich wahrgenommen werden. Das kann, wie aus zahlreichen sprachbiographischen Texten hervorgeht (Busch/Busch 2008), insbesondere dann der Fall sein, wenn Selbstwahrnehmung und Fremdwahrnehmung nicht als kongruent erlebt werden, wenn man sich aufgrund einer Sprache bzw. einer bestimmter Sprechweise als einer Gruppe zugehörig oder als von ihr ausgeschlossen erlebt oder wenn eigenes sprachliches Handeln mit dem Erleben von Macht oder von Ohnmacht verbunden ist. Diese drei Formen des Erlebens sprachlicher Ungleichheit, die man als Schlüsselerfahrungen von Mehrsprachigkeit oder, besser noch, von Heteroglossie bezeichnen könnte, lassen sich im Übrigen auch in der Geschichte des Schulwechsels vom Land in die Stadt ausmachen, die uns als Beispiel dient.

‚Falsche Sprache' und Scham

Ein Gefühl, das im Zusammenhang mit Mehrsprachigkeit in Biographien nicht selten erwähnt wird, ist jenes der Scham, die aufkommt, weil man ein ‚falsches' Wort, einen ‚falschen' Ton erwischt hat, mit einem ‚falschen', einem deplatzierten Akzent spricht. Beschrieben wird dies oft als Gefühl, alle Blicke auf sich zu ziehen, oder als Wunsch, in den Boden zu versinken. Es resultiert in einer Lähmung, die die eigene Handlungsmöglichkeit jäh unterbricht. Das Gefühl der Scham tritt überfallartig auf und wird in aller Heftigkeit leiblich erfahren. Nähert man sich einer Analyse des Schamgefühls Demmerling und Landweer (2007, S. 219 ff.) folgend aus einer intersubjektiven Perspektive, so ist der Normverstoß, der dem Gefühl zugrunde liegt, zentral. Man schämt sich für die Übertretung oder Missachtung einer Norm, eines Standards, eines Ideals, man schämt sich vor jemandem oder, weil man sich die Normen bereits zu Eigen gemacht hat, auch ‚nur' vor sich selbst. Der Begriff der Norm macht dabei deutlich, dass die Definition von Sachverhalten, die schambehaftet sind, nicht allgemeingültig, sondern gesellschaftlich-historisch bedingt ist. Das Entstehen des Schamgefühls beruht auf einem Perspektivenwechsel: Die Person, die als Subjekt-Leib (*corps vivant*) in eine Handlung verstrickt ist, über die sie sich zunächst keine Gedanken macht, nimmt plötzlich eine Außensicht auf sich selbst als einen Objekt-Körper (*corps physique*) ein, wodurch sie ihre eigene Handlung in einem anderen Licht sieht, nämlich als Normübertretung. Dieser Perspektivenwechsel kann im Zusammenhang mit Sprache beispielsweise dadurch ausgelöst werden, dass man Anzeichen von Irritation beim Gegenüber bemerkt.

Intensive Schamsituationen wirken sich, so Demmerling und Landweer (2007, S. 220), auf das Selbstbild der Person aus, die sich schämt. Die Scham vor sich selbst stellt die intensivste Schamerfahrung dar, bleibt besonders lang im Gedächtnis haften, weil sie sich auf Normen bezieht, von denen sich derjenige, der gegen sie verstoßen hat, nicht distanzieren kann. Eine Häufung von Schamsituationen kann sich zu Dispositionen oder Haltungen wie Minderwertigkeitsgefühlen oder Schüchternheit verdichten. Bezogen auf Spracherleben, kann sich das beispielsweise darin äußern, dass man eine mit geringem Prestige ausgestattete Minderheitensprache nicht mehr in der Öffentlichkeit spricht, sie überhaupt aufgibt oder jedes öffentliche Sprechen, egal in welcher Sprache, vermeidet. Übergänge zu anderen Gefühlen können sich plötzlich vollziehen, wie etwa von Scham zu Angst (z. B. vor Sanktionen) oder von Scham zu Zorn.

Was hier am Beispiel der Scham dargelegt wurde, ließe sich für jede Form einer mit Interaktionen verbundenen Emotion ausführen. Aus phänomenologischer Sicht können sich Gefühle nicht nur in Form physischer Symptome äußern, sondern sind selbst als leibliche Geste (hin zum anderen) zu begreifen. Hermann Schmitz (1989, zit. nach Demmerling and Landweer 2007, S. 22) unterscheidet dabei zwischen Gefühlen der Engung und der Weitung, also zwischen Gesten, mit denen man sich gegenüber der Welt verschließt, und solchen, mit denen man sich zu ihr öffnet. Gesten der Schließung sind häufig von momentanem Verstummen oder einem lang anhaltenden Rückzug ins Schweigen begleitet, wobei das Schweigen im Verlauf der Zeit seine Funktion ändern kann: schamhaftes oder verängstigtes Schweigen, Schweigen als Rückzugsort, Schweigen als Zeichen des Trotzes oder im Gefühl der Überlegenheit. Julia Kristeva (1990) hat diesem vielschichtigen „Schweigen des Poylglotten", wie sie es nennt, in ihrem Buch „Fremde sind wir uns selbst" ein eigenes, faszinierendes Kapitel gewidmet.

Solche Gesten der Engung oder des Sich-Verschließens können Folgen belastenden oder traumatischen Erlebens sein. In extremen Fällen dieser Art, sagt Merleau-Ponty (1966, S. 197), „hat sich die Bewegung auf die Zukunft, die lebendige Gegenwart oder auf die Vergangenheit hin und das Vermögen zu lernen, zu reifen, mit Anderen in Kommunikation zu treten, gleichsam festgefahren in einem leiblichen Symptom, die Existenz hat sich verknotet, der Leib ist zum ‚Schlupfwinkel des Seins' geworden." Erst eine neuerliche Öffnung hin zur Welt kann den Knoten lösen:

> Die Erinnerung oder die Stimme finden sich wieder, wenn der Leib sich von neuem dem Anderen oder der Vergangenheit öffnet, sich von der Koexistenz durchströmen läßt und neuerlich über sich selbst hinaus (im aktiven Sinne) bedeutend wird. (ebd.)

Erst nach und nach setzt sich in der Sprachlehr- und -lernforschung die Einsicht durch, dass Sprachenlernen nicht nur ein kognitiver Prozess ist, sondern dass emotional positiv besetztes Spracherleben, die Möglichkeit, sich als Sprecher_in der neuen Sprache zu projizieren, zum Beispiel für die Aneignung einer neuen Sprache, von entscheidender Bedeutung ist (Kramsch 2009).

Auch wenn sich Spracherleben entlang des gesamten Lebenswegs in das sprachliche Leibgedächtnis eingraviert, so scheint der vorsprachlichen – durch Gesten, Mimik, Laute oder Rhythmen vermittelten – körperlich-emotionalen Interaktion zwischen dem Kleinkind und seinen Bezugspersonen eine besondere Bedeutung zuzukommen. Julia Kristeva (2002, S. 101) hat auf die Bedeutung dieser vorsprachlichen Interaktion zwischen Mutter und Kind hingewiesen, die eine mit dem Vor- oder Unbewussten, dem Leiblich-Affektiven verbundene Dimension der Sprache bildet, die sie im Unterschied zur symbolischen Funktion der Sprache als semiotisch bezeichnet: Sie ist durch Klang und Rhythmik, durch Heterogenität gegenüber Sinn und Bedeutung, durch Unbestimmtheit oder Vieldeutigkeit charakterisiert. Residuen des Semiotischen macht Kristeva unter anderem im „psychotischen Diskurs" aus, wenn das Subjekt durch den Zerfall der sinngebenden Funktion bedroht ist. Präsent sieht sie sie aber auch in dem, was sie als poetische Sprache bezeichnet: das spielerisch-imaginative Unterlaufen und Außer-Kraft-Setzen der Geregeltheit und Normativität von Sprache.

Solche Ressourcen können ein bedeutsames Potenzial darstellen, auf das nicht zuletzt in sprachlichen Krisensituationen zurückgegriffen werden kann (Busch 2010). Die vorsprachliche Artikulation ist, wie Jacques Hassoun es formuliert, „Trägerin unserer ältesten, stärksten Gefühle" (2002, S. 35) – körperlicher Berührungen, unartikulierter Laute, Wörter, die das Kind hört, ohne sie zu verstehen, und die der Erwachsene in einer sprachlichen Wendung oder einem Gefühlsumschlag plötzlich wiederfindet. Mit Kristevas Differenzierung zwischen semiotischer und symbolischer Sprache vergleichbar ist die Unterscheidung, die Alfred Lorenzer (1981) zwischen sinnlich-symbolischen und sprachsymbolischen Interaktionsformen trifft. Erstere ordnet er der vorsprachlichen, sensomotorischen Interaktion zwischen Kind und Bezugsperson zu, die sich als Erinnerungsspur in Form einer Geste in den Körper einschreibt und durch Wiederholung eine vorreflexive Struktur formt, die dem aktiven Verhalten des Kindes ebenso zugrunde liegt wie seiner passiven Erwartung (Quindeau 2012).

Das Verdienst, auf die herausragende Bedeutung der körperlich-emotionalen Dimension von Sprache aufmerksam gemacht zu haben, kommt bis heute im Wesentlichen psychoanalytischen oder phänomenologisch orientierten philosophischen Zugängen zu. Der Sprachwissenschaft steht eine Auseinandersetzung damit noch weitgehend bevor.[6]

5. Noch einmal zum sprachlichen Repertoire

Am Beispiel eines biographischen Erinnerungstextes, der vom Schulwechsel einer Schülerin von einer Volksschule auf dem Land ins städtische Gymnasium berichtet, haben wir uns in diesem Beitrag dem sprachlichen Repertoire nacheinander aus verschiedenen Perspektiven angenähert: aus einer anthropologischen Warte, die daran interessiert ist, wie wir sprachlich und

6 Zu Sprache und Emotion vgl. u.a. Pavlenko 2005; Schwarz-Friesel 2007; Lüdtke 2011.

sozial miteinander interagieren, aus einer poststrukturalistischen, die daran interessiert ist, wie wir durch historisch-politische Diskurse als sprechende Subjekte konstituiert werden, und aus einer phänomenologischen, die nach den leiblich-emotionalen Voraussetzungen des Sprechens und des Spracherlebens fragt. Im sprachlichen Repertoire, so der Befund, verschränkt sich das Sozial-Interaktive mit dem Historisch-Politischen und dem Persönlich-Biographischen. Was Bachtin (2008) mit dem Begriff des Chronotopos herausgearbeitet hat, die Ko-Präsenz unterschiedlicher Räume und Zeiten im Sprechen, kann auf das sprachliche Repertoire übertragen werden: Mit jeder im Hier und Jetzt situierten sprachlichen Handlung positionieren wir uns nicht nur gegenüber unmittelbar Präsentem – also den jeweiligen Interaktionspartner_innen und Interaktionskontexten –, sondern implizit immer auch gegenüber Abwesendem, das im Hintergrund mitläuft oder mitschwingt und dadurch, gewollt oder ungewollt, mit anwesend ist: relevante Andere, andere Räume und Zeiten, an denen wir uns orientieren. „Die Chronotopoi", schreibt Bachtin, „können sich aneinander anschließen, miteinander koexistieren, sich miteinander verflechten, einander ablösen, vergleichend oder kontrastiv einander gegenübergestellt sein oder in komplizierten Wechselbeziehungen zueinander stehen" (2008, S. 190). In jedem Fall mischen sie sich in das Hier und Jetzt ein.

Mit der hier entwickelten Mehrdimensionalität des sprachlichen Repertoires entfernt man sich von der Vorstellung, wonach das Repertoire eine Art Werkzeugkiste bildet, aus der man kontext- und situationsadäquat die ‚richtige' Sprache, den ‚richtigen' Code wählt. Die Wahlmöglichkeit, vor der ein sprechendes Subjekt steht, wird nicht nur durch grammatikalische Regeln und das Wissen um soziale Konventionen begrenzt, sondern es können zum Beispiel bestimmte Sprachen oder Sprechweisen so mit emotionalen oder sprachideologischen Konnotationen besetzt sein, dass sie in bestimmten Momenten nicht oder nur eingeschränkt zur Verfügung stehen. Das Repertoire wird nicht nur durch sprachliche Ressourcen bestimmt, die man hat, sondern manchmal gerade dadurch, was nicht zur Verfügung steht und sich in einer gegebenen Situation als Leerstelle, als Bedrohung oder als Begehren umso mehr bemerkbar macht. Das sprachliche Repertoire kann als heteroglossischer Möglichkeitsraum begriffen werden: Unterschiedliche Sprachen und Sprechweisen treten einmal in den Vordergrund, dann wieder zurück, sie beobachten einander, halten sich voneinander fern, mischen sich ein oder verschränken sich zu etwas Neuem, aber in der einen oder anderen Form sind sie immer mit da. Weil Sprache, um mit Bachtin zu sprechen, dialogisch ist, weil sie sich auf der Grenze zwischen dem eigenen und dem fremden Wort bewegt (Bachtin 1979, S. 185), spiegelt sich im sprachlichen Repertoire das synchrone Nebeneinander unterschiedlicher sozialer Räume, an denen wir als Sprecher_innen teilhaben, und es verweist diachron auf unterschiedliche Zeitebenen: nicht nur nach rückwärts, auf die sprachbiographische Vergangenheit, die ihre Spuren und Narben hinterlassen hat, sondern auch antizipierend und projektiv nach vorne – auf das, was bevorsteht, worauf man sich einstellt, was man begehrt.

Literatur

Bachtin, Michail M. (2008): Chronotopos. Frankfurt a. M.: Suhrkamp.

Bachtin, Michail M. (1979): Das Wort im Roman. In: Ders.: Ästhetik des Wortes. Hrsg. von Rainer Grübel. Frankfurt a. M.: Suhrkamp, S. 154–300.

Blackledge, Adrian/Creese, Angela (2010): Multilingualism. A Critical Perspective. London: Continuum.

Blommaert, Jan (2008): Language, Asylum, and the National Order. In: Urban Language & Literacies 50, S. 2–21.

Bourdieu, Pierre (1990): Was heißt sprechen? Die Ökonomie des sprachlichen Tausches. Wien: Braumüller.

Busch, Brigitta (2013): Mehrsprachigkeit. Wien: UTB/Facultas.

Busch, Brigitta (2012): Das sprachliche Repertoire oder Niemand ist einsprachig. Vorlesung zum Antritt der Berta-Karlik-Professur an der Universität Wien. Klagenfurt/Celovec: Drava.

Busch, Brigitta (2010): Die Macht präbabylonischer Phantasien. Ressourcenorientiertes sprachbiographisches Arbeiten. In: Zeitschrift für Literaturwissenschaft und Linguistik LiLi 40 (160), S. 58–82.

Busch, Brigitta/Busch, Thomas (Hrsg.) (2008): Mitten durch meine Zunge. Erfahrungen mit Sprache von Augustinus bis Zaimoğlu. Klagenfurt/Celovec: Drava.

Busch, Brigitta/Busch, Thomas (2013): Sprachen der Verletzung, Sprachen als Ressource. Mehrsprachigkeit und traumatisches Erleben. In: Lampe, Astrid/Abilgaard, Peer/Ottomeyer, Klaus (Hrsg.): Mit beiden Augen sehen: Leid und Ressourcen in der Psychotherapie. Luise Reddemann zum 70. Geburtstag. Stuttgart: Klett Cotta, S. 95–117.

Butler, Judith (2006): Haß spricht. Zur Politik des Performativen. Frankfurt a. M.: Suhrkamp

Demmerling, Christoph/Landweer, Hilge (2007): Philosophie der Gefühle. Von Achtung bis Zorn. Stuttgart: J. B. Metzler.

Fuchs, Thomas (2011) Body Memory and the Unconscious. In: Lohmar, Dieter/Brudzinska, Jagna (Hrsg.): Founding Psychoanalysis. Phenomenological Theory of Subjectivity and the Psychoanalytical Experience. Dordrecht et al.: Springer, S. 86–103.

García, Ofelia (2009): Education, Multilingualism and Translanguaging in the 21st Century. In: Mohanty, Ajit K./Panday, Minati/Phillipson, Robert/Skutnabb-Kangas, Tove (Hrsg.): Multilingual Education for Social Justice: Globalising the Local. New Dehli: Orient BlackSwan, S. 140–158.

Gumperz, John J. (2001): Contextualization and Ideology in Intercultural Communication. In: Di Luzio, Aldo/Günthner, Susanne/Orletti, Franca (Hrsg.): Culture in Communication: Analyses of Intercultural Situations. Amsterdam/Philadelphia: Benjamins, S. 35–53.

Gumperz, John J. (1964) Linguistic and Social Interaction in Two Communities. In: American Anthropologist 66 (6/2), S. 137–153.

Hassoun, Jacques (2003): Schmuggelpfade der Erinnerung. Frankfurt a. M.: Stroemfeld.
Kogan, Ilany (2005): Nachwort. In: Bründl, Peter/Kogan, Ilany (Hrsg.): Kindheit jenseits von Trauma und Fremdheit. Frankfurt a. M.: Brandes & Apsel.
Kramsch, Claire (2009): The Multilingual Subject. Oxford: Oxford University Press.
Kristeva, Julia (2002) From One Identity to an Other. In: Dies.: The Portable Kristeva. Updated Edition. Ed. by Kelly Oliver. New York: Columbia University Press, S. 93–115.
Kristeva, Julia (1990): Fremde sind wir uns selbst. Frankfurt a. M.: Edition Suhrkamp.
Li, Wei (2011): Moment Analysis and Translanguaging Space: Discursive Construction of Identities by Multilingual Chinese Youth in Britain. In: Journal of Pragmatics 43, S. 1222–1235.
Lorenzer, Alfred (1981): Das Konzil der Buchhalter. Die Zerstörung der Sinnlichkeit. Eine Religionskritik. Frankfurt a. M.: Europäische Verlagsanstalt.
Lüdtke, Ulrike (2011): Die Vulnerabilität des Logos. Zum Verhältnis von Emotion und Sprache aus interdisziplinärer Sicht. In: Ebert, Lisanne/Gruber, Carola/Meisnitzer, Benjamin/Rettinger, Sabine (Hrsg.): Emotionale Grenzgänge – Konzeptualisierungen von Liebe, Trauer und Angst in Sprache und Literatur. Würzburg: Königshausen und Neumann, S. 201–229.
Merleau-Ponty, Maurice (2009): Phénoménologie de la perception. Paris: Gallimard.
Merleau-Ponty, Maurice (1966): Phänomenologie der Wahrnehmung. Berlin: Walter de Gruyter.
Pavlenko, Aneta (2005): Emotions and Multilingualism. Cambridge: Cambridge University Press.
Pennycook, Alastair (2009): Linguistic Landscapes and the Transgressive Semiotics of Graffiti. In: Shohamy, Elena/Gorter, Dirk (Hrsg.): Linguistic Landscape. Expanding the Scenery. London: Routledge, S. 302–313.
Quindeau, Ilka (2012): An den Grenzen des Sagbaren. Zur sprachlichen Repräsentation traumatischer Erfahrungen. In: Angehrn, Emil/Küchenhoff, Joachim (Hrsg.): Macht und Ohnmacht der Sprache. Weileswist: Velbrück, S. 214–231.
Rampton, Ben (1995): Crossing: Language and Ethnicity among Adolescents. London: Longman.
Schmitz, Hermann (1989): Leib und Gefühl. Materialien zu einer philosophischen Therapeutik. Paderborn: Junfermann.
Schwarz-Friesel, Monika (2007): Sprache und Emotion. Tübingen: UTB.
Todorov, Tzvetan (1984): Mikhail Bakhtin: The Dialogical Principle. Manchester: Manchester University Press.

Henrike Terhart

Über Körper sprechen

Qualitative Migrationsforschung mit Texten und Bildern

Sprache und Sprechen kommt in der qualitativen Sozialforschung eine wirklichkeitskonstituierende Bedeutung zu. Wissenschaftliche ‚Beschreibungen', Benennungen oder Auslassungen sind dabei nicht von dem jeweiligen sozialen Entstehungskontext und den damit einhergehenden gesellschaftlichen Normsetzungen zu trennen. Für die empirische Migrationsforschung ergibt sich damit die Herausforderung, Migration und in diesen Zusammenhängen wirksame soziale Ungleichheiten und Differenzen zu thematisieren, ohne die im Migrationsdiskurs häufig verwendeten ethnisierenden und rassifizierenden (sprachlichen) Markierungen zu reproduzieren. Für die damit einhergehenden Fragen, wer, wann und unter welchen Umständen zu einer Gesellschaft dazugehört bzw. bei wem Zugehörigkeit immer wieder in Frage gestellt wird, spielen Körper eine zentrale Rolle. Neben biologistischen Vorstellungen über vermeintlich ‚einheimische' und ‚fremde' Dispositionen (festgemacht beispielsweise an der Hautfarbe), bestehen Annahmen über (körperliche) Handlungsweisen, die als Begründung für ethnische, kulturelle und/oder nationale Zugehörigkeit herangezogen werden.

Auf Grundlage einer Untersuchung zu Körperinszenierungen junger Frauen im Kontext von Migration (vgl. Terhart 2014) möchte ich in diesem Beitrag der Frage nachgehen, auf welche Weise der Bedeutung von Sprache und Sprechen bei der Analyse von biographischen Interviews und fotografischen Selbstporträts Rechnung getragen werden kann. Die Grenze zwischen dem, was von Seiten der/des Forschenden gesagt werden kann, und dem, was nicht gesagt werden sollte, ist dabei immer wieder bewusst zu ziehen. Damit einhergehende Reflexionen der eigenen Rolle im Forschungsprozess sind von zentraler Bedeutung und bilden die Grundlage dafür, die Verantwortung für das eigene Sprechen zu erkennen und zu übernehmen (vgl. auch Terhart 2013).

1. Körper als Forschungsgegenstand in der Migrationsforschung

Körper sind nicht nur ein zentrales „Medium der Zuschreibung und Klassifizierung" von Menschen, sondern auch ein „Instrument, das eingesetzt werden kann", um diesen Zuschreibungen entgegen zu treten, so Claire Horst in ihrer Analyse des Themas Körper in den Arbeiten emigrierter Schriftstellerinnen (2009, S. 78). Aus beiden genannten Gründen erscheint es verwunderlich, dass dem Verhältnis von Körper und Migration bisher nicht mehr Aufmerksamkeit in den Sozialwissenschaften geschenkt wurde.[1] Dabei eröffnet das Forschungsinteresse an der körperlichen Dimension von Sozialität im Kontext von Migration vielfältige Möglichkeiten der empirischen Untersuchung. In der diesem Beitrag zugrunde liegenden Studie wurden Körperinszenierungen junger Frauen, die entweder selbst oder deren Eltern nach Deutschland eingewandert sind, in den Fokus gerückt. Diese Setzung ist begründungsbedürftig, denn damit einher geht die Gefahr der Konstruktion, Homogenisierung und Besonderung eben dieser ‚Gruppe'. Ich habe die nicht unproblematische Schwerpunktsetzung dennoch vorgenommen, da das Konstrukt ‚des Körpers der jungen Migrantin' in der öffentlichen Auseinandersetzung mit Migration eine besondere Aufmerksamkeit erfährt: In der Thematik verdichten sich sowohl die im deutschen Migrationsdiskurs zentralen Aspekte der *Rolle der Frau* und Vorstellungen über *Geschlechterverhältnisse* als auch die Frage nach der Bedeutung von *Generationenverhältnissen (in der Familie)*. Körperinszenierungen junger Migrantinnen werden dabei oftmals auf unterschwellige Weise zum Gradmesser migrationsgesellschaftlichen Zusammenlebens und zu Vorstellungen von Integration generell (vgl. auch Boos-Nünning/Karakaşoğlu 2005, S. 272 f.).

Die Diskrepanz zwischen der Annahme einer hohen alltagsweltlichen Relevanz von Körper(n) im Zusammenhang mit Migration auf der einen und kaum bestehender empirischer Forschung zu diesem Themenkomplex auf der anderen Seite verweist auf die – durchaus berechtigte – Sorge, durch die wissenschaftliche Auseinandersetzung mit Körper und Migration einer essentialistischen Perspektive Vorschub zu leisten. Ob es gelingen kann, den

1 So taucht das Thema Migration in der gegenwärtigen sozialwissenschaftlichen Körperdebatte kaum auf. In der Migrationsforschung wird Körper etwa in Arbeiten aufgegriffen, die den *Postcolonial Studies* (vgl. Gernig 2001; Berg 2008) oder der kritischen Weißseinsforschung (vgl. z. B. Walgenbach 2005) zugerechnet werden. Wieterhin wird der Themenkomplex in vereinzelten pädagogischen Praxisfeldern (z. B. der Sexualpädagogik) und quantitativen Jugendstudien berücksichtigt (vgl. Bretschneider/Brandl-Bredenbeck 1997; Boos-Nünning/Karakaşoğlu 2005).

Fokus in Abgrenzung dazu auf die Konstruktionsprozesse zu legen, die das Körperliche im Kontext von Migration zu Markern von Zugehörigkeit werden lassen, ist dabei auch von methodologisch-methodischen Entscheidungen abhängig. Die folgenden Ausführungen zur Bedeutung von Sprache und Sprechen in der empirischen Migrationsforschung stehen in einem Zusammenhang mit dem triangulierend angelegten Forschungsaufbau meiner Untersuchung. Durch die Arbeit mit Text- und Bildmaterial wurde die Auseinandersetzung mit dem eigenen Sprechen angeregt und in der Interview- und Fotoanalyse in ein materialspezifisches methodisches Vorgehen umgesetzt.

2. Zur Triangulation von Text- und Bildmaterial

Körperinszenierungen, verstanden als „soziale und kulturelle Praktiken, mit denen sich eine Person mit ihrem eigenen Körper in ein Verhältnis zur Welt setzt" (Friebertshäuser/Langer/Richter 2004, S. 33), können verschiedene Medialitäten aufweisen. Für die empirische Untersuchung, auf der dieser Beitrag basiert, wurde daher sowohl auf sprachliche als auch – visuell erfassbare – gestisch-mimische Körperinszenierungen junger Frauen mit Migrationshintergrund zurückgegriffen: Das Material wurde in Form *biographischer Interviews zum Thema Körper* und *fotografischen Selbstporträts* gewonnen. Ziel der Triangulation ist es, durch die verschiedenen Datensorten und damit einhergehende Auswertungsansätzen die Perspektive auf den sozialwissenschaftlichen Forschungsgegenstand Körper im Kontext von Migration zu erweitern (vgl. Flick 2008). Die Kombination von Text und Bild bildet also das Potenzial der Untersuchung und führt zugleich zu der Herausforderung, eine methodologische Grundlage zu erarbeiten, auf der die gewonnenen Materialien auf eine systematische und nachvollziehbare Weise zueinander in Beziehung gesetzt werden können.

Für die Verknüpfung von Text- und Bildmaterial wird eine symboltheoretische Fundierung vorgeschlagen. Ausgangspunkt dieser Herangehensweise bildet eine die „Vielseitigkeit und Wandelbarkeit" (Cassirer 1999 [1944], S. 65) symbolischer Bedeutungen betonende Perspektive, aus der die Symbolisierungsfähigkeit als anthropologische Konstante und Voraussetzung geistiger Tätigkeit zu verstehen ist. Mit Susanne K. Langer (1965) lässt sich diese menschliche Symbolisierungsfähigkeit wiederum in zwei Symbolisierungsmodi untergliedern: einen *diskursiven Symbolismus* meist in Sprache, Schrift und Text und einen *präsentativen Symbolismus*, der sich eher in Bildern, Kunstwerken, Träumen oder im Tanz zeigt.[2] Diskursive Symbolisierungen lassen sich durch die Linearität der Bestandteile bestimmen (vgl. ebd., S. 99). So können etwa durch sprachliche Äußerungen Sachverhalte ausgedrückt werden, die als lineare, sukzessive Aneinanderreihung sinnhafter Bedeutungseinheiten (Buchstaben, Wörter, Sätze) zu einem größeren Sinngebilde zusammengesetzt werden. Im Modus präsentativer Symbolisierung – und noch einmal spezieller bezogen auf Bilder – treten visuelle Formen (Linien, Farben, Proportionen) simultan auf und können in vielfacher Weise aufeinander bezogen werden. Anders als Texte lassen sich Bilder nicht in ihre Grundeinheiten aufbrechen, um das kleinste unabhängige Element in seiner kontextfreien Bedeutung zu identifizieren: es kann nach Langer kein „Wörterbuch der Bedeutungen von Linien, Schatten oder anderen Elementen bildnerischer Technik geben" (ebd., S. 101). Durch die von Langer aufgezeigten Unterschiede und Gemeinsamkeiten des präsentativen und diskursiven Symbolismus entwickelt sich eine spannungsreiche Grundlage für die Arbeit mit Text und Bild als andersartigen, aber gleichwertigen symbolischen Artefakten.

Um der grundlegenden Frage nach der Entstehung und Weiterentwicklung symbolischer Bedeutungen nachzugehen, kann auf den symbolischen Interaktionismus zurückgegriffen werden. Diese durch Herbert Blumer (vgl. 1998) kanonisierte Perspektive bildet die Grundlage vieler Ansätze qualitativer Sozialforschung und wird dabei in der Regel auf Sprache und Text als Formen von Kommunikation bezogen (vgl. beispielhaft Denzin 2008, S. 137). Nimmt man aber die für den symbolischen Interaktionismus grundlegenden Arbeiten von George H. Mead genau (vgl. exemplarisch Mead 1980 [1909]; 1980 [1912]; 2008 [1934]), zeigt sich, dass der symbolische Interaktionismus – im Sinne der beiden Symbolisierungsmodi Langers – als methodologische Grundlage für die Arbeit mit Text- *und* Bildmaterial dienen kann. Meads Ansatz gestenbasierter Interaktion eröffnet nämlich die Möglichkeit, lautsprachliche, aber auch nonverbale Kommunikation als interaktionale Bedeutungsaushandlungen zu verstehen. Auf diese Weise lassen sich mimisch-gestische Körperinszenierungen in Form von Bildern einbeziehen (vgl. dazu Joas 2000, S. 12; Holzwarth/Niesyto 2008). Unter Berücksichtigung methodologischer Implikationen der Grounded Theory (vgl. Strauss 1998; Strauss/Corbin 1996) ergibt sich auf diese Weise eine Basis für die empirische Untersuchung, auf der die in Text und Bild gewonnenen Körperinszenierungen miteinander in Beziehung gesetzt werden können.

---

2 Die Unterscheidung zwischen diesen gleichwertigen symbolischen Modi ist dabei nicht in erster Linie an das Medium, sondern an die Form als einer „spezifischen Logik der Bedeutungsbildung" (Breckner 2010, S. 31) geknüpft.

Im Rahmen einer zirkulär-kontrastiven Arbeitsweise wurde dafür eine vorerst getrennt stattfindende Analyse des Bild- und Interviewmaterials auf Fallebene durchgeführt. Als ‚Fall' wird das Material angesehen, das in der Forschungssituation in Interaktion mit mir von einer Untersuchungsteilnehmerin hergestellt wurde. Die biographischen Interviews mit einem Fokus auf das Thema Körper wurden kategorial-kontrastiv ausgewertet. Die Analyse der fotografischen Selbstporträts[3] orientiert sich an der Systematik der ikonografisch-ikonologischen Bildinterpretation sowie sich darauf beziehenden sozialwissenschaftlichen Bildinterpretationsverfahren (vgl. Panofsky 1932/1979, 1955/1996; Pilarzyk/Mietzner 2005), die mit methodologisch-methodischen Überlegungen aus den *Visual (Cultural) Studies* verknüpft wurden (vgl. Prosser 2003). Die zunächst getrennt voneinander vorgenommenen Bild- und Textanalysen wurden jeweils auf Fallebene aufeinander bezogen und im weiteren Verlauf der Untersuchung fallkontrastierend zu einem theoretischen Modell begrenzter Reichweite ausgearbeitet.[4]

Ich gehe davon aus, dass die Auseinandersetzung mit (der Kombination von) Text- und Bildmaterial dazu geführt hat, meinen analytischen Blick für die Spezifika sprachlicher und nichtsprachlicher sozialer Bedeutungen und ihrer Aushandlungen zu erweitern. Durch die Arbeit mit den Fotografien wurden die in der Regel ganz auf Sprache bezogenen Denkmuster qualitativer Sozialforschung erst deutlich und hinterfragbar. Die im Folgenden dargestellten Überlegungen zur Bedeutung meines Sprechens als Forscherin sind somit als Ergebnis der Triangulation von Bild- und Textmaterial im Austausch zwischen Bewährtem und Neuem zu verstehen: Durch die Kombination – und den daran geknüpften Vergleich – von Materialsorten und

---

3 Die Fotografien wurden von den beteiligten Frauen mithilfe eines Selbstauslösers erstellt. Das Display der Kamera war über einen angeschlossenen Monitor für die Frauen sichtbar, sodass diese über ihre Fotografien selbst ‚Regie führen' konnten (vgl. Klika/Kleynen 2007; Handsworth Self Portrait Project 1979). Als Anlass für die Selbstporträts wurde den Frauen vorgeschlagen, typische Körperhaltungen in verschiedenen imaginerten sozialen Situationen (z.B. in der Fußgängerzone, mit Freunden) einzunehmen. Die Frauen wählten zu jeder Situationen ein Foto für die weitere Verwendung aus, sodass am Ende in der Regel jeweils ein Fallkorpus von sieben Fotografien vorlag.

4 Insgesamt nahmen zwölf Frauen zwischen 23 und 34 Jahren an der Untersuchung teil. Acht Frauen sind selbst nach Deutschland migriert. Vier Frauen sind in Deutschland geboren bzw. als Säugling gekommen und aufgewachsen, wovon zwei Frauen bis zu ihrer Volljährigkeit abwechselnd in Deutschland und dem Herkunftsland ihrer Eltern gelebt haben. Der Großteil der Frauen verfügte über einen höheren Bildungsabschluss.

damit einhergehenden Analysemethoden wurde meine Aufmerksamkeit für das eigene sprachliche Tun geschärft.

3. Sprache und Sprechen in der Interviewanalyse

Bereits in den Interviews mit den ersten beiden an meiner Untersuchung beteiligten Frauen wurde deutlich, wie stark und zugleich unterschiedlich die Inszenierungen eigener Körperlichkeit im Kontext von Migration sein können.[5] Gemeinsam sind beiden Darstellungen die – wenn überhaupt – nur andeutungsweise benannten Erfahrungen, der in Deutschland erfahrenen Markierung der eigenen Körperlichkeit als ‚anders' oder ‚nicht zugehörig'. Auch in den folgenden Interviews spielten körperbezogene rassistische Fremdzuschreibungen in den Darstellungen eine untergeordnete Rolle und wurden nur vereinzelt aufgegriffen. Dieser Befund verdichtete sich im weiteren Verlauf zu der Annahme, dass die Nichtthematisierung rassistischer Abwertung für die Frauen eine Form der Normalisierung der eigenen Person mir (und sich selbst) gegenüber darstellt. Ihre Darstellungen der Bedeutungslosigkeit oder Absurdität rassistischer Ausgrenzung bilden Möglichkeiten, erfahrene Nichtanerkennung abzuwehren und die eigene Verletzlichkeit umzuwenden. Denn nachdem ich mich im weiteren Forschungsverlauf dazu entschied, eine direkte Nachfrage zu positiven und negativen Erfahrungen im Zusammenhang mit körperbezogenen „Imagination[en] des prototypischen Mitglieds" (Mecheril 2003, S. 157) der deutschen Gesellschaft zu stellen, wurden zum Teil durchaus einschneidende Erfahrungen genannt. Diese erfragten Erfahrungen wurden wiederum nicht selten als migrationsgesellschaftliche Normalität dargestellt und mir gegenüber bagatellisiert, wie das folgende Zitat aus dem Interview mit Leya deutlich macht:

> ich hab viel erlebt was Ausländer angeht halt (.) zum Beispiel ich stand am Zug äh im Hauptbahnhof hab auf'n Zug gewartet und hatte meine Tasche mein Laptop dabei auf einmal kommt eine Frau in meine Richtung so richtig zu mir <und ich seh das und denk so ‚kenn ich sie? ich kenn sie nicht'> so ne alte Frau so richtig ältere Frau hat eine Tasche in der Hand und fängt da an mich zu hauen und ich so ‚hallo (.) Oma?' [...] dann hab ich sie so festgehalten ‚was hast du?' und dann sagt sie ‚geht nach Hause bla bla' was weiß ich <hat sie irgendwas geschrien> dann

5 Bei den ersten beiden Untersuchungsteilnehmerinnen handelt es sich um Meiling, eine für das Studium aus China nach Deutschland gekommene Studentin und Nikita, eine mit zwölf Jahren mit ihrer Familie aus Kirgistan eingewanderte Bürokauffrau.

hab ich sie festgehalten und dann kamen andere Leute und haben sie festgehalten und dann sie so ‚Schwarzkopp‘ oder so was und so keine Ahnung (.) die hat was Böses erlebt mein Gott und dann wollten die alle dass ich eine Anzeige erstatte und ich dann so ‚oh Gott das war doch ne alte Frau was soll ich denn da Anzeige erstatten‘. (Interview mit Leya, S. 17/27–17/39)[6]

Für die Thematisierung solcher Erfahrungen die ‚richtigen Worte‘ zu finden, fiel mir als Interviewerin, aber auch den Interviewten selbst nicht immer leicht. Zum einen erwies sich die Formulierung einer Interviewfrage nach möglicherweise gemachten körperbezogenen Diskriminierungserfahrungen, die zum einen bestehende Zuschreibungen nicht reproduzieren soll und zum anderen für die Interviewsituation adäquat (und nicht zu theoretisch) erscheint, als eine besondere Schwierigkeit. Zum anderen wählten die befragten Frauen Formulierungen für solche Erfahrungen und für als ‚anders‘ markierte Körperlichkeiten (ihre eigene oder die anderer Personen), die vielleicht nicht immer einer differenzsensiblen, rassismuskritischen Sprachpraxis entsprachen, sondern auf gängige Imaginationen von ‚normalem‘ und ‚abweichendem‘ Aussehen verwiesen. So verwendeten sie etwa Selbstbeschreibungen wie „sichtbarere“ (Interview Christiana, S. 8, Z. 36) oder „erkennbare“ Ausländerin (Interview Djalila, S. 16, Z. 35), bezeichneten sich als Person mit „orientalischem“ Aussehen (Interview Mishgan, S. 15, Z. 6) oder als „Schwarzkopf“ (Interview Gia, S. 20, Z. 10). Solche Formulierungen müssen – genau wie mein Sprechen, meine vorsichtigen, oft umständlichen Formulierungen auch – im Rahmen generell zur Verfügung stehender Möglichkeiten eines Sprechens über Körper im Kontext von Migration gesehen werden. Die von den Frauen verwendeten Formulierungen können – je nach Erzählkontext – als Übernahmen, als kritische Verschiebungen oder ironische Brechung sowie als bewusste Ablehnung von in der Migrationsgesellschaft produzierten sprachlichen Klassifikationen interpretiert werden.[7]

Für die zugrundeliegende Frage, *wer* im Kontext von Migration(sforschung) *wie* über *wen* spricht beziehungsweise sprechen möchte oder über-

---

6 Für die Transkription wurden Mikropausen durch (.) und ein leises Sprechen durch < > markiert.

7 Mithilfe einer offen gestellten Frage sollte den Teilnehmerinnen die Möglichkeit gegeben werden, in ihren Ausführungen zu möglichen körperbezogenen Diskriminierungserfahrungen ihre eigenen Worte zu finden: „Es gibt ja oft so bestimmte Vorstellungen davon, wie Menschen aus unterschiedlichen Ländern aussehen oder welches körperliche Verhalten sie zeigen. Hast Du dazu schon einmal positive oder negative Erfahrungen gemacht?“

haupt darf, bietet die Diskussion der postkolonialen Arbeiten Gayatri Chakravorty Spivaks Hinweise. In ihrem berühmten Text *Can the Subaltern Speak?* (1988) geht Spivak der Frage nach, ob sogenannte Subalterne als politisch Unorganisierte und Marginalisierte selbst für ihre Belange eintreten können (und demnach auch gehört werden) oder aber, ob es RepräsentantInnen bedarf, die sich für sie und die Verbesserung ihrer Lebenssituation einsetzen. Ohne das Konzept der Subalternen auf westliche Migrationsgesellschaften übertragen zu wollen und auf diese Weise einer Verharmlosung prekärer Lebensverhältnisse Vorschub zu leisten (vgl. dazu Dhawan 2007), erscheinen Spivaks Überlegungen zur Problematik der Repräsentation „subalterner" Stimmen im Kontext westlicher Wissensproduktionen für eine differenzsensible empirische Migrationsforschung von Interesse. So kann die Annahme der Nichtübertragbarkeit „subalterner" – oder in einem unspezifischeren Sinne ‚marginalisierter' – Erfahrungen als Verweis auf die Grenzen des Sprechens durch den/die Forschende/n verstanden werden. Damit stellt sich etwa die Frage nach den Optionen, die mir als Forscherin zur Verfügung stehen, die möglicherweise von den beteiligten Frauen im Alltag gemachten rassistischen Erfahrungen in der Interviewsituation zum Thema und somit kritisierbar zu machen: Können national, ethnisch und/oder kulturell konnotierte Selbstbeschreibungen der Interviewten durch die forschende Person übernommen werden oder ist die Frage danach, *wer* die Bezeichnungen verwendet, nicht doch zentral für die Bedeutung des Gesprochenen (vgl. dazu Butler 2006)? In diesem Sinne wäre die Verwendung von Beschreibung des Eigenen als Bezeichnung für Andere nicht ohne weiteres zu übernehmen. Denn die Bedeutung des Gesprochenen kann sich in seiner jeweiligen Verwendung wandeln: Im einen Moment kann der Aneignung von Fremdbeschreibungen das Potential einer subversiven Verschiebung von zuvor negativ konnotierten Bezeichnungen innewohnen (vgl. ebd., S. 254). Durch ihre wiederholte (Rück-)Aneignung kann diese jedoch an Kraft verlieren oder sich sogar wieder der vorherigen Bedeutung nähern. Mit Beschreibungen der eigenen Person einhergehende Selbstermächtigungen können auf diese Weise verloren gehen. Denn werden forschende Personen nicht als neutrale ‚Sprachrohre' missverstanden, die unabhängig von ihrer eigenen sozialen Position Informationen der Befragten aufnehmen und weitergeben, müssen der Kontext des Sprechens und die sozialen Positionierungen aller am Interview Beteiligten einbezogen und es muss zugleich zwischen national, ethnisch und/oder kulturell konnotierten Selbstbeschreibungen und der sozialwissenschaftlichen Beschreibung und Analyse dieser Beschreibungspraxen unterschieden werden (vgl. Bommes 1996). Die Frage, ob eine solche Reflexion über die Verantwortung für das (eigene) Sprechen in der Forschung wiederum als hegemonialer Akt der Festschreibung dessen, was gesagt werden und was nicht gesagt werden darf, aufgefasst werden kann, stellt dabei einen wichtigen Teil der Auseinandersetzung selbst dar (vgl. auch Mörgen/Schnitzer in diesem Band).

4. Sprache und Sprechen in der Fotoanalyse

Stellt sich in der Interviewanalyse die Frage nach dem Sprechen der Beteiligten im Verhältnis von sprachlichen Selbst- und Fremdbeschreibungen, so ergibt sich für die Fotoanalyse noch einmal eine davon abzugrenzende Sprachsituation. Grundlage bildet die Tatsache, dass visuelles Material in der qualitativen Sozialforschung meist sprachlichen und somit textbasierten Analysen unterzogen wird. Die Analyse von Visuellem durch Visuelles ist demgegenüber bisher nur vereinzelt wie beispielsweise in der Kameraethnografie (vgl. Mohn 2007) oder der Methode des Fotoessays zu finden (vgl. Banks 2001, S. 145 ff.; als Beispiel einer Interpretation durch kontrastive Bildanordnung vgl. Berger/Mohr 1975). In der qualitativen visuellen Sozialforschung wird in der Regel jedoch etwas zur Sprache gebracht, was im Bild und dessen Rezeption nicht unweigerlich bereits Sprache ist. Die damit einhergehende Aufgabe der oder des Forschenden, bei der sprachlichen Analyse des Bildsehens nicht an ein besonderndes (etwa ethnisierendes) Sprechen anzuknüpfen, ist im Rahmen einer visuellen Migrationsforschung zu problematisieren. Denn die Frage danach, was ich über die fotografischen Selbstporträts sagen oder eben nicht sagen will, hängt eng mit der Gefahr zusammen, durch vermeintlich harmlose ‚Beschreibungen' der auf dem Foto dargestellten Person an rassifizierende oder zumindest „rassismusrelevante Repräsentationen" (Machold 2010, S. 167) anzuschließen und diese zu verfestigen. Andererseits kann die Nichtbenennung von als gesellschaftlich bedeutsam angesehenen Subjektpositionen wie eben der (zugeschriebenen) Zugehörigkeit zu der Gruppe der Migrantinnen und Migranten zu ihrer ebenfalls problematischen Verharmlosung und scheinbaren Bedeutungslosigkeit führen (vgl. zu dieser Problematik in ethnografischen Beobachtungen ebd.).

Hinzu kommt die Spezifität des Bildlichen und der Fotografie im Besonderen, die in der klassischen Anthropologie oder auch Ethnologie auf eine Tradition der visuellen Besonderung des/der Anderen zurückblickt (vgl. dazu Gernig 2001; Pultz 1995, S. 20 ff.). Die um die Jahrhundertwende verstärkt aufkommende Fotografie kann dabei als ein wichtiges Instrument des europäischen Kolonialismus angesehen werden. Fotografische ‚Dokumentationen' dieser Zeit trugen durch ihre Visualität entscheidend zu der aus heutiger Sicht pseudowissenschaftlichen Herstellung von ‚Rassen' bei (vgl. etwa Gernig 2001). Sie bildeten die Grundlage für Vorstellungen von ‚typischem' Aussehen der Bevölkerungsmitglieder verschiedener (nationalstaatlicher) geografischer Gebiete, beziehungsweise von Angehörigen verschiedener ethnisch bestimmter Gruppen. Es handelt sich bei solchen Fotografien somit weniger um Abbildungen der Ordnung menschlicher Körper. Die Fotografien können vielmehr als Teil eines Prozesses der Erzeugung dieser Ordnung selbst verstanden werden (vgl. Mitchell 2002, S. 150). Bezogen auf die für die Fotografieanalyse bedeutsame Frage nach denen, die betrachten, und jenen, die betrachtet werden, bildeten koloniale Fotografien eine Stütze des hegemonialen Diskurses. Damit einhergehende Sehpraxen trugen in Form eines „Be-Zeugens“, „Herab-Schauens“ und „Über-Sehens“ (Reuter 2011, S. 25 ff.) zur Legitimierung hierarchisierender Systematisierungen des Körperlichen und damit einhergehender rassistisch begründeter Machtansprüche bei (vgl. grundlegend zum Sehen als soziale Praxis Schürmann 2008). Diese auch weiterhin wirksamen visuellen Diskurse sind als Hintergrundfolie für die Arbeit mit Bildmaterial zur Erforschung des Verhältnisses von Migration und Körper zu berücksichtigen.

Vor diesem Hintergrund schlage ich für die Fotoanalyse von Körperinszenierungen junger Frauen im Kontext von Migration ein Vorgehen vor, bei dem eine *schrittweise Kontextualisierung* der Bildinterpretation mit einer bewussten Auseinandersetzung mit der *definierenden Funktion von ‚Beschreibungen‘* verbunden wird. Ich werde im Folgenden erst auf die Frage nach der Bedeutung einer sozialen Kontextualisierung von Bildinterpretation eingehen und im Anschluss den Umgang mit sprachlichen Beschreibungen in der Fotoanalyse problematisieren.

4.1 Schrittweise Kontextualisierung

Die Frage danach, was für eine Fotografie Kontext ist und wann dieser in welcher Weise in die sozialwissenschaftliche Fotointerpretation einbezogen werden sollte, wird in der qualitativen visuellen Sozialforschung unterschiedlich beantwortet (vgl. zur Diskussion Niesyto 2006, S. 278). Für eine erste Annäherung möchte ich den Begriff des Bildkontextes näher betrachten und in einen weiten und einen engeren Bildkontext unterteilen.

In einem *weiten Sinne* stellt Bildkontext alles Wissen dar, mit dem die Fotografie als solche erkannt und gedeutet werden kann. Damit ist zum Beispiel das Bewusstsein für soziale Diskurse und gesellschaftliche Distinktionspraxen aber auch die eigene Perspektivität gemeint.[8] In einem *engeren*

8 Die Ausführungen zum weiteren Kontext lassen sich mit dem Konzept der theoretischen Sensibilität der Grounded Theory in Verbindung bringen. Laut Anselm Strauss und Juliette Corbin ist damit die Fähigkeit gemeint, „Einsichten zu haben,

Verständnis kann sich der Begriff Bildkontext auf alle die Informationen beziehen, die dem Bild nicht zu entnehmen sind, jedoch in einem direkten Zusammenhang mit ihm stehen. Dazu zählt Wissen über Entstehungs- und Verwendungskontext der Fotografie. Bei einer triangulierend angelegten Untersuchung kann es sich dabei auch um durch Interviews oder teilnehmende Beobachtung gesammelte Informationen handeln.

Die Frage, ob Kontextwissen *im weiten Sinn* bei der Bildanalyse einzubeziehen ist, stellt sich meines Erachtens nicht, da dieses soziale Wissen letztlich die Grundlage für jedwede Interpretation von Forschungsmaterial bildet und somit unumgänglich ist. Unter Bezug auf Ansätze, die den *Visual (Cultural) Studies* zugeordnet werden, besteht dabei etwa die Möglichkeit, visuell manifestierte Ideologien und Machtverhältnisse zu berücksichtigen (zur Übersicht vgl. Smith 2008; Evans/Hall 2010). In Anlehnung an Howard S. Becker kann diese weite Kontextualisierung auch als *externes Kontextwissen* bezeichnet werden.[9] Nach Becker gehören dazu die Angabe der Forschungsdisziplin, des theoretischen Rahmens des Forschungsprojekts sowie der Beziehungen sozialer Zugehörigkeiten zwischen bildproduzierender und bildbetrachtender Person (vgl. ebd. 2003).

Im Hinblick auf die Bezugnahme auf das *engere Kontextwissen* für die Fotoanalyse gilt es abzuwägen: Bei einer frühzeitigen Verwendung von Informationen zum Entstehungs- und Verwendungszusammenhang des Bildes besteht die Gefahr, Bildeindrücke vorschnell unter dieses Wissen zu subsumieren und auf diese Weise das Bildliche in seinem Eigensinn in den Hintergrund treten zu lassen. Eine solche Überbetonung des engen Kontextwissens würde dazu führen, dass die Fotografie nur noch an diesem Wissen überprüft und das Potenzial bildimmanenter Ansatzpunkte für die Interpretation nicht hinreichend genutzt wird (vgl. Bohnsack 2006, S. 46). Andererseits kann die Berücksichtigung von engem Kontextwissen die Mehrdeutigkeit möglicher Sehweisen bei der Fotoanalyse zumindest ein Stück weit einschränken und so dem Problem der Überinterpretation gerade von Fotografien, die von Personen ohne größeres fotografisches Fachwissen erstellt wurden, entgegen wirken. Die engere Kontextualisierung kann im Sinne eines *internen Kontextwissens* (Aldermann 2003)[10] verstan-

den Daten Bedeutung zu verleihen, die Fähigkeit zu verstehen und das Wichtige vom Unwichtigen zu trennen" (ebd. 1996, S. 25).

9 Die von Becker in seinem Beitrag „It's (Almost) All a Matter of Context" genannten Kontextfaktoren wurden in einem im selben Sammelband erschienenen Beitrag von Jon Prosser und Dona Schwartz als externes Kontextwissen bezeichnet (vgl. Prosser/Schwartz 2003, S. 125 f.).

10 Die von Alderman in seinem Beitrag „Photocontext" genannten Kontextfaktoren wurden in einem im selben Sammelband erschienenen Beitrag von Jon Prosser und

den werden und zielt darauf ab, möglichst viele Informationen über den Grund für die Entstehung der Fotografie, die konkrete Erstellung sowie den/die Verwendungskontext(e) zu sammeln.

Ausgehend von dieser Unterscheidung und unter Berücksichtigung der Frage, zu welchem Zeitpunkt im Analyseprozess die Verwendung von Kontextwissen den größten Gewinn für eine Fotointerpretation darstellt, möchte ich eine schrittweise Einbeziehung von externem als einem weiteren, und internem als einem engeren Kontextwissen für die Analyse fotografischer Selbstporträts vorschlagen. Durch eine frühe Einbeziehung des externen Kontextwissens können sozial relevante Subjektpositionierungen berücksichtigt, die damit einhergehende Perspektivität der Bildinterpretation offen gelegt und in den Analyseprozess miteinbezogen werden. Das interne Kontextwissen wird erst im weiteren Verlauf hinzugezogen, um die Entwicklung verschiedener Sehweisen auf das Bild nicht zu schnell durch zusätzliche Informationen zu überlagern.

Konkret lässt sich die Einbeziehung des Kontextwissens im Rahmen meines an der Systematik des ikonografisch-ikonologischen Bildinterpretationsverfahrens (vgl. Panofsky 1932/1979, 1955/1996; Pilarzyk/Mietzner 2005) ausgerichteten Vorgehens in neun Schritten verdeutlichen:

1. Ausgehend von den ersten Eindrücken zum fotografischen Korpus eines Falls (in der Regel sieben Fotografien) wird die Auswahl eines Bildes für die Einzelbildinterpretation vorgenommen (vgl. zum Auswahlprozess Barthes 1980; Niesyto 2006, S. 281; Pilarczyk 2006, S. 227).
2. Anschließend folgt die *externe Kontextualisierung*, die bezogen auf das vorliegende Material fotografischer Selbstporträts und das bestehende Forschungsinteresse folgende Punkte berücksichtigt: der gesellschaftliche Kontext (Ort/Zeit), die Forschungsdisziplin, das Forschungsinteresse und die theoretische Perspektive sowie Hinweise auf die sozialen Positionen der abgebildeten und der betrachtenden Person im Verhältnis zueinander (vgl. Becker 2003).
3. Auf dieser Grundlage erfolgt die vorikonografische Bildbeschreibung als ein verlangsamtes Sehen (vgl. Panofsky 1955/1996, S. 45; Pilarczyk/Mietzner 2005, S. 137)
4. sowie eine Symbolanalyse (vgl. zur ikonografischen Analyse Panofsky 1955/1996, S. 39; Niesyto 2006, S. 280 ff.).
5. Daran anknüpfend wird die *interne Kontextualisierung* vorgenommen, wobei folgende Fragen gestellt werden: Wie wurde der Kontakt zu den

Dona Schwartz als internes Kontextwissen bezeichnet (vgl. Prosser/Schwartz 2003, S. 125 f.).

Teilnehmerinnen der Studie hergestellt, wo wurde das Bild gemacht, wer war anwesend, was wurde womöglich gesagt und welche Abmachungen wurden hinsichtlich der Verwendung der Fotografien getroffen (vgl. Aldermann 2003)?[11]

6. Anschließend wird das Darstellungsinteresse und die Adressatenspezifität des Selbstporträts herausgearbeitet (vgl. Pilarzyk/Mietzner 2005, S. 138)
7. und es werden ikonologische Hypothesen zur Fotografie gebildet (vgl. Panofsky 1955/1996, S. 48).
8. Diese ikonologischen Hypothesen werden kursorisch an die Fotografien des zugrunde liegenden fotografischen Fallkorpus rückgebunden
9. und es wird eine verdichtete Bildinterpretation formuliert (vgl. ausführlich zum Ablauf der Bildanalyse Terhart 2014).

Durch die in Schritt zwei und fünf vorgenommene Kontextualisierung wurde die Analyse der fotografischen Selbstporträts schrittweise durch weitere über das Bild hinausgehende Informationen ergänzt und eine Grundlage für das Sprechen über die Bilder geschaffen.

4.2 Definierendes Sprechen über Bilder

Ausgehend von einer schrittweisen Kontextualisierung der Bildinterpretation als einer bewussten Abkehr von der Vorstellung objektiver Bildbeschreibungen stellt sich sodann die Frage nach dem Sprechen über Fotografien in der empirischen Migrationsforschung. Die im Zuge der „Krise der ethnografischen Repräsentation" (Berg/Fuchs 1993) vorgenommenen vielfältigen methodologisch-methodischen Überlegungen zum ethnografischen Schreiben auf Grundlage von Beobachtungen bilden dafür einen möglichen Bezugspunkt. Für die Frage nach Sprache und Sprechen in der Arbeit mit fotografischen Selbstporträts junger Frauen mit Migrationshintergrund wird daher auf Stefan Hirschauers Überlegungen zur „Schweigsamkeit des Sozialen" (2001) beim ethnografischen Schreiben zurückgegriffen. Bezogen auf die Versprachlichung von Beobachtungen nennt er verschiedene „Grenzen der Verbalisierbarkeit" (ebd., S. 437 ff.), wobei er noch einmal zwischen dem Stimmlosen,

11 Nach Clem Alderman würde bei Projekten, in denen der/die ForscherIn das Fotomaterial selbst produziert, zudem die Darstellung der Beziehung zwischen FotografIn und fotografierter Person berücksichtigt. Da diese beiden Positionen in der zugrunde liegenden Untersuchung jedoch in einer Person zusammenfallen, wird dieser Aspekt nicht berücksichtigt.

Unaussprechlichen, Sprachlosen, Unbeschreiblichen, Vorsprachlichen, Sprachunfähigen und dem sich wortlos Zeigenden unterscheidet (vgl. ebd.).

Bezogen auf visuelles Material und die Frage, was ich über die fotografischen Selbstporträts sagen kann und möchte, erscheint die „Grenze des Unaussprechlichen" von besonderer Bedeutung. Denn das Unaussprechliche ist der (visuellen) Wahrnehmung zwar zugänglich, bleibt jedoch einer einfachen Thematisierung durch Sprache verschlossen (vgl. ebd., S. 438). An der Grenze des Unaussprechlichen gelingt es der forschenden Person laut Hirschauer nicht, Dinge zur Sprache zu bringen ohne sie moralisch – und demnach wertend – zu kommentieren (vgl. ebd., S. 439). In der Konsequenz müssen die Möglichkeiten dessen ausgelotet werden, was noch versprachlicht werden kann und was in Abgrenzung dazu eben nicht mehr gesagt wird beziehungsweise werden möchte. Durch das Unaussprechliche eröffnen sich für den Rezipienten/die Rezipientin von Forschungsdokumentationen „Räume für seine [und ihre] Imaginationen" (ebd., S. 439). Grundlage dafür sind – anders als bei einer Dethematisierung – *bewusste* sprachliche Auslassungen, deren Grenzen von der forschenden Person benannt werden müssen. Die Entscheidung für solche Auslassungen ist dabei an die jeweilige Forschungsfrage und die damit eingenommene theoretische Perspektive geknüpft. In der diesem Beitrag zugrunde liegenden Untersuchung bildet mein forschungsleitendes Interesse an dem Verhältnis von Körper und Sozialität im Kontext von Migration die Basis für die Entscheidung meiner Nichtbenennung körperlicher Merkmale, die Gefahr laufen können, rassifizierende phänotypische Klassifikationsvorstellungen zu stützen.

Durch die Entscheidung, den Fokus auf Migration durch eine schrittweise Einbeziehung von Kontextwissen und nicht aufgrund phänotypischer und somit potenziell rassismusrelevanter Beschreibungen fotografischer Selbstporträts junger Frauen mit Migrationshintergrund durch mich als Forscherin im jungen Erwachsenenalter und Angehörige der Mehrheitsgesellschaft vorzunehmen, entstehen „Imaginationsräume", die keineswegs unproblematisch sind. Aus meiner Position erscheinen mir die bewussten Auslassungen von Beschreibungen von Körpern bei der Fotoanalyse zumindest als eine Möglichkeit des Umgangs mit damit verbundenen Risiken sozialer Zu- und Festschreibungen. Zu wünschen wäre, dass die Kombination von kontextualisierten Bildanalysen mit den bewussten Auslassungen von ‚Körper-Beschreibungen' dazu beiträgt, bei den Betrachterinnen und Betrachtern der zugrunde liegenden Fotografien Reflexionen der eigenen Sehpraxen anzuregen. Denn anders als beim ethnografischen Schreiben auf der Basis von vergangenen, z.T. durch Notizen verschriftlichten Beobachtungen, sind bei der Arbeit mit Fotografien die Anlässe für die Entstehung von „Imaginationsräumen" im Forschungsprozess und in daraus entstehenden wissenschaftlichen Texten weiterhin präsent. Indem die Fotografien nicht allein die Grundlage für die sprachlichen Analysen als der ‚eigentlichen' Forschung darstellen, sondern in ihrer Materialität selbst Teil der Forschung sind, können die Imaginationen – unterstützt durch die kontextualisierte sprachliche Bildanalyse – bei der Betrachtung der Fotografien ohne den (Um-)Weg über sprachliche Beschreibungen wiederholt aufgerufen werden. Als bewusste „Sprachlosigkeit" (ebd., S. 439 ff.) verstanden, wird die Begrenztheit von Wörtern bei der Bildbetrachtung somit (an-)erkannt und an die bildliche Darstellung (rück-)gebunden.

5. Resümee

Migration stellt ein relationales soziales Phänomen dar, durch das in Bezug auf Körper Vorstellungen von national, ethnisch und/oder kulturell markierten ‚prototypischen' Erscheinungen und Handlungsweisen hervorgerufen werden. Diese von „Imaginationen, Mythen und Rassismen" (Mecheril 2004, S. 52) durchzogene soziale Ordnung des Körperlichen spielt eine wesentliche Rolle bei der Frage, ob eine Person im jeweiligen gesellschaftlichen Kontext als zugehörig oder nicht zugehörig angesehen wird.

Am Beispiel einer Forschung zu Körperlichkeit im Kontext von Migration wurde ein triangulierendes methodisches Vorgehen vorgestellt, das der Reflexion der eigenen Rolle im Forschungsprozess in besonderer Weise Rechnung trägt. Ausgehend von der Frage, wie Migration – als Erfahrung und Zuschreibung – in systematischer Weise bei der Gewinnung und Auswertung von Interviews sowie fotografischen Selbstporträts berücksichtigt werden kann, wurde ein Vorschlag für einen differenzsensiblen Umgang mit Sprache und Sprechen in der Text- und Bildanalyse gemacht. Als wesentlich für die Auseinandersetzung mit dem eigenen Sprechen und Nichtsprechen als einer bewussten Entscheidung sind die Erfahrungen anzusehen, die durch das In Beziehung-Setzen von Text- und Bildmaterial möglich wurden.

Literatur

Alderman, Clem (2003): Photocontext. In: Jon Prosser (Hrsg.): Image-Based Research. A Sourcebook for Qualitative Researchers (2. Aufl.). London/Bristol: Falmer Press, S. 148–160.

Banks, Marcus (2001): Visual Methods in Social Research. London: Sage Publications.

Barthes, Roland (1989): Die helle Kammer. Bemerkung zur Photographie. Frankfurt a. M.: Suhrkamp.

Becker, Howard S. (2003): Visual Sociology, Documentary Photography and Photojournalism: It's (Almost) All a Matter of Context. In: Prosser, Jon (Hrsg.): Image-Based Re-

search. A Sourcebook for Qualitative Researchers (2. Aufl.). London/Bristol: Falmer Press, S. 84–96.
Berg, Eberhard/Fuchs, Martin (Hrsg.) (1993): Kultur, soziale Praxis, Text. Die Krise der ethnographischen Repräsentation. Frankfurt a.M.: Suhrkamp.
Berg, Jens-Rainer (2008): Dunkel, klein, krank, dreckig – ‚New Immigrants' und die Produktion ‚anderer' Körper im US-amerikanischen Diskurs um 1900. In: Junge, Torsten/Schminke, Imke (Hrsg.): Marginalisierte Körper. Beiträge zur Soziologie und Geschichte des *anderen* Körpers. Münster: Unrast, S. 79–96.
Berger, John/Mohr, Jean (1975): A Seventh Man. A Book of Images and Words about the Experience of Migrant Workers in Europe. Harmondsworth: Penguin Books.
Blumer, Herbert (1998): Der methodologische Standort des Symbolischen Interaktionismus. In: Arbeitsgruppe Bielefelder Soziologen (Hrsg.): Alltagswissen, Interaktion und gesellschaftliche Wirklichkeit (5. Aufl.). Opladen: Westdeutscher Verlag.
Bohnsack, Ralf (2006): Die dokumentarische Methode der Bildinterpretation in der Forschungspraxis. In: Marotzki, Winfried/Niesyto, Horst (Hrsg.): Bildinterpretation und Bildverstehen. Methodische Ansätze aus sozialwissenschaftlicher, kunst- und medienpäda-gogischer Perspektive. Wiesbaden: VS Verlag für Sozialwissenschaften, S. 45–75.
Bommes, Michael (1996): Die Beobachtung von Kultur. Die Festschreibung von Ethnizität in der bundesdeutschen Migrationsforschung mit qualitativen Methoden. In: Klingemann, Carsten et al. (Hrsg.): Jahrbuch für Sozialgeschichte 1994. Opladen: Leske + Budrich, S. 205–226.
Boos-Nünning, Ursula/Karakaşoğlu, Yasemin (2005): Viele Welten leben. Zur Lebenssituation von Mädchen und jungen Frauen mit Migrationshintergrund. Münster/New York: Waxmann.
Breckner, Roswitha (2010): Sozialtheorie des Bildes. Zur interpretativen Analyse von Bildern und Fotografien. Bielefeld: transcript.
Brettschneider, Wolf-Dietrich/Brandl-Bredenbeck, Peter (1997): Sportkultur und jugendliches Selbstkonzept. Eine interkulturell vergleichende Studie über Deutschland und die USA. Weinheim/München: Juventa.
Butler, Judith (2006): Haß spricht. Zur Politik des Performativen. Frankfurt a.M.: Suhrkamp.
Cassirer, Ernst (1990 [1944]): Versuch über den Menschen. Einführung in eine Philosophie der Kultur. Frankfurt a.M.: S. Fischer.
Dhawan, Nikita (2007): Can the Subaltern Speak German? And Other Risky Questions – Migrant Hybridism versus Subalternity. http://translate.eipcp.net/strands/03/dhawan-strands01en#redir [08/2013].
Denzin, Norman (2008): Symbolischer Interaktionismus. In: Flick, Uwe/von Kardorff, Ernst/Steinke, Ines (Hrsg.): Qualitative Forschung – Ein Handbuch (6. durchges. und aktual. Aufl.). Reinbek: Rowohlt, S. 136–150.
Evans, Jessica/Hall, Stuart (2010): Visual Culture: The Reader. London: Sage Publications.
Flick, Uwe (2008): Triangulation. Eine Einführung (2. Aufl.). Wiesbaden: VS Verlag für Sozialwissenschaften.
Friebertshäuser, Barbara/Langer, Antje/Richter, Sophia (2004): Sie wollen cool sein, gut aussehen, sind ungeduldig, langweilen sich. Darstellen und verstecken – Zur Inszenierung von Coolness im Jugendalter. In: Forschung Frankfurt (2), S. 33–36.
Gernig, Kerstin (2001): Zur Inszenierung eines historischen Typenkanons. Narrative und ikonographische Muster ethnographischer Forschung. In: Dies. (Hrsg.): Fremde Körper. Zur Konstruktion des Anderen in europäischen Diskursen. Berlin: Dahlem University Press, S. 272–295.

Herwartz-Emden, Leonie/Westphal, Manuela (2002): Methodische Fragen in interkulturellen Untersuchungen. In: Gogolin, Ingrid/Nauck, Bernhard (Hrsg.): Migration, gesellschaftliche Differenzierung und Bildung. Opladen: Leske + Budrich, S. 53–75.

Hirschauer, Stefan (2001): Ethnografisches Schreiben und die Schweigsamkeit des Sozialen. Zu einer Methodologie der Beschreibung. In: Zeitschrift für Soziologie 30 (6), S. 429–451.

Hörner, Karin (2001): Verborgene Körper – verborgene Schätze. Haremsfrauen im 18. und 19. Jahrhundert. In: Gernig, Kerstin (Hrsg.): Fremde Körper. Zur Konstruktion des Anderen in europäischen Diskursen. Berlin: Dahlem University Press, S. 177–207.

Holzwarth, Peter/Niesyto, Horst (2008): Präsentativer und diskursiver Selbstausdruck junger Migranten und Migrantinnen im Kontext verschiedener (medien-)kultureller Ressourcen. In: Forum Qualitative Sozialforschung 9 (3/10). http://www.qualitative-research.net/index.php/fqs/article/view/1167 [08/2013].

Horst, Claire (2006): Raum- und Körperbilder in der Migrationsliteratur. In: Heinrich-Böll-Stiftung (Hrsg.): Migrationsliteratur. Eine neue deutsche Literatur? Ein Dossier. http://www.migration-boell.de/web/integration/47_1990.asp [08/2013].

Joas, Hans (2000): Praktische Intersubjektivität. Die Entwicklung des Werkes von G. H. Mead (2. Aufl.). Frankfurt a. M.: Suhrkamp.

Klika, Dorle/Kleynen, Thomas (2007): Adoleszente Selbstinszenierung in Text und Bild. In: Friebertshäuser, Barbara/von Felden, Heide/Schäffer, Burkhard (Hrsg.): Bild und Text. Methoden und Methodologien visueller Sozialforschung in der Erziehungswissenschaft. Opladen: Barbara Budrich, S. 121–140.

Länger, Caroline (2002): Im Spiegel von Blindheit. Eine Kultursoziologie des Sehsinns. Stuttgart: Lucius & Lucius.

Langer, Susanne K. (1965): Philosophie auf neuen Wegen. Das Symbol im Denken, im Ritus und in der Kunst. Berlin: S. Fischer.

Machold, Claudia (2010): Rassismusrelevante Differenzpraxen im elementarpädagogischen Kontext. Eine empirische Annährung. In: Broden, Anne/Mecheril, Paul (Hrsg.): Rassismus bildet. Bildungswissenschaftliche Beiträge zu Normalisierung und Subjektivierung in der Migrationsgesellschaft. Bielefeld: transcript, S. 163–182.

Mead, George Herbert (1980 [1909]): Sozialpsychologie als Gegenstück der physiologischen Psychologie. In: Ders.: Gesammelte Aufsätze (hrsg. von Hans Joas). Frankfurt a. M.: Suhrkamp, S. 199–209.

Mead, George Herbert (1980 [1912]): Der Mechanismus des sozialen Bewußtseins. In: Ders.: Gesammelte Aufsätze (hrsg. von Hans Joas). Frankfurt a. M.: Suhrkamp, S. 232–240.

Mead, George Herbert (2008 [1934]): Geist, Identität und Gesellschaft (mit einer Einleitung von und hrsg. von Charles W. Morris). Frankfurt a. M.: Suhrkamp.

Mecheril, Paul (2003): Prekäre Verhältnisse. Über natio-ethno-kulturelle (Mehrfach-) Zugehörigkeit. Münster/New York: Waxmann.

Mecheril, Paul (2004): Einführung in die Migrationspädagogik. Weinheim: Beltz.

Mitchell, Timothy (2002): Die Welt als Ausstellung. In: Conrad, Sebastian/Randeria, Shalini (Hrsg.): Jenseits des Eurozentrismus. Postkoloniale Perspektiven in den Geschichts- und Kulturwissenschaften. Frankfurt a. M.: Campus, S. 148–176.

Mohn, Elisabeth (2007): Kamera-Ethnografie: Vom Blickentwurf zur Denkbewegung. In: Brandstetter, Gabriele/Klein, Gabriele (Hrsg.): Methoden der Tanzwissenschaft. Modellanalysen zu Pina Bauschs „Sacre du Printemps“. Bielefeld: transcript, S. 171–192.

Niesyto, Horst (2006): Bildverstehen als mehrdimensionaler Prozess. Vergleichende Auswertung von Bildinterpretationen und methodische Reflexion. In: Marotzki,

Winfried/Niesyto, Horst (Hrsg.): Bildinterpretation und Bildverstehen. Methodische Ansätze aus sozialwissenschaftlicher, kunst- und medienpädagogischer Perspektive. Wiesbaden: VS Verlag für Sozialwissenschaften, S. 253–285.

Panofsky, Erwin (1979 [1932]): Zum Problem der Beschreibung und Inhaltsdeutung von Werken der Bildenden Kunst. In: Kaemmerling, Ekkehard (Hrsg.): Ikonographie und Ikonologie. Theorien – Entwicklung – Probleme. Bildende Kunst als Zeichensystem Bd. 1. Köln: DuMont, S. 185–206.

Panofsky, Erwin (1996 [1955]): Sinn und Deutung in der bildenden Kunst. Köln: DuMont.

Pilarczyk, Ulrike (2006): Selbstbilder im Vergleich. Junge Fotograf/innen in der DDR und in der Bundesrepublik vor 1989. In: Marotzki, Winfried/Niesyto, Horst (Hrsg.): Bildinterpretation und Bildverstehen. Methodische Ansätze aus sozialwissenschaftlicher, kunst- und medienpädagogischer Perspektive. Wiesbaden: VS Verlag für Sozialwissenschaften, S. 227–251.

Pilarczyk, Ulrike/Mietzner, Ulrike (2005): Das reflektierte Bild. Die seriell-ikonografische Fotoanalyse in den Erziehungs- und Sozialwissenschaften. Bad Heilbrunn: Julius Klinkhardt.

Prosser, Jon (2003): Image-Based Research. A Sourcebook for Qualitative Researchers (2. Aufl.). London/Bristol: Falmer Press.

Prosser, Jon/Schwartz, Dona (2003): Photographs within the Sociological Research Process. In: Prosser, Jon (Hrsg.): Image-Based Research. A Sourcebook for Qualitative Researchers (2. Aufl.). London/Bristol: Falmer Press, S. 115–130.

Pultz, John (1995): Der fotografierte Körper. Köln: DuMont.

Reuter, Julia (2011): Konstruktionen des Fremden und die Körperlichkeit ethnologischer Forschung. In: Dies.: Geschlecht und Körper. Studien zur Materialität und Inszenierung gesellschaftlicher Wirklichkeit. Bielefeld: transcript, S. 19–42.

Schürmann, Eva (2008): Sehen als Praxis. Ethnisch-ästhetische Studien zum Verhältnis von Sicht und Einsicht. Frankfurt a. M.: Suhrkamp.

Smith, Marquard (2008): Visual Culture Studies. London: Sage Publications.

Spivak, Gayatri Chakravorty (2008): Can the Subaltern Speak? Postkolonialität und subalterne Artikulation. Mit einer Einleitung von Hito Steyerl. Wien: Turina + Kant.

Strauss, Anselm (1998): Grundlagen qualitativer Sozialforschung (2. Aufl.). Stuttgart: UTB.

Strauss, Anselm/Corbin, Juliet (1996): Grundlagen qualitativer Sozialforschung. Weinheim: Beltz.

Terhart, Henrike (2013): Sprache und Sprechen in der empirischen Migrationsforschung – Fotografieanalyse als Beispiel. In: Roth, Hans-Joachim/Terhart, Henrike/Anastasopoulos, Charis (Hrsg.): Sprache und Sprechen im Kontext von Migration. Worüber man sprechen kann und worüber man (nicht) sprechen soll. Wiesbaden: VS Verlag für Sozialwissenschaften, S. 119–135.

Terhart, Henrike (2014): Körper und Migration. Eine Studie zu Körperinszenierungen junger Frauen in Text und Bild. Bielefeld: transcript.

Walgenbach, Katharina (2005): „Die weiße Frau als Trägerin deutscher Kultur“: Koloniale Diskurse über Geschlecht, „Rasse“ und Klasse im Kaiserreich. Frankfurt a. M.: Campus.

Nathalie Thomauske

Das *Silencing* Anderssprachiger Kinder *of Color*

Ein deutsch-französischer Vergleich von Sprachpolitiken und -praktiken in frühkindlichen Bildungseinrichtungen

1. Einleitung

Seit Beginn der ersten Gastarbeiterzuwanderung der 1950er- und 1960er-Jahre versuchen Vertreter_innen der Bildungspolitik und der Pädagogik einen adäquaten organisatorischen oder curricularen Umgang mit den Kindern aus Familien mit Migrationsgeschichte zu erarbeiten (vgl. Auernheimer 2009; Mecheril 2004). Ungeachtet der hohen gesellschaftspolitischen Relevanz fehlt es sowohl in Deutschland als auch in Frankreich jedoch bislang an wissenschaftlich fundiertem Wissen über angemessene Bildungskonzepte. Seit der Veröffentlichung internationaler Vergleichsstudien wie PISA (2001) haben diese Fragen an Brisanz dazu gewonnen, da diese eine wesentliche Diskrepanz zwischen den Ergebnissen von ‚Schüler_innen mit Migrationshintergrund' und denjenigen ohne ‚Migrationshintergrund' belegten. Seit einigen Jahren wird sowohl auf europäischer als auch auf nationaler Ebene ‚Integration' und der Schlüssel zum Schulerfolg von Kindern mit ‚Migrationshintergrund'[1] an Sprachkompetenz gekoppelt (Natio-

1 In Deutschland wird hauptsächlich von „Menschen mit Migrationshintergrund" gesprochen. Ich halte es aber für problematisch in Anlehnung an Ha (2010) deutsche Staatsbürger_innen als Andere in einem Migrationsprozess zu positionieren. Ich werde deshalb im Folgenden von *People of Color* sprechen bzw. Mutter/Vater oder Kinder *of Color*, um auf ihre Positioniertheit in der deutschen Gesellschaft als zu Anderen gemachte zu verweisen, die als solche Diskriminierung erfahren. Diese Bezeichnungen sollen nicht phänotypische Merkmale markieren, sondern fungieren als analytische Bezeichnung, um zu verdeutlichen, dass Menschen in einer hierarchisch rassifizierten Gesellschaftsordnung strukturell in einer höheren oder niederen Position privilegiert oder deprivilegiert sind. Ich verwende die Bezeichnung *People of*

naler Integrationsplan 2007; Hélot 2007; Extra et al. 2009). Infolge dessen stehen pädagogische Fachkräfte und Lehrkräfte unter enormem Druck, so früh wie möglich Kindern die jeweilige Bildungssprache zu vermitteln.

Im folgenden Artikel werden Sprachpolitiken und -praktiken in der frühkindlichen Bildung hegemoniekritisch untersucht. Ich werde aufzeigen, inwiefern und auf welche Diskurse oder Sprachideologien rekurriert wird, um hegemoniale Sprachordnungen zu (de)legitimieren. Dazu präsentiere ich Erkenntnisse meines laufenden Dissertationsprojektes, in welchem ich Daten analysiere, die im Rahmen eines internationalen Forschungsprojekts (*Children Crossing Borders – CCB*) gewonnen wurden (Brougère/Guénif-Souilamas/Rayna 2008). In diesem Projekt (CCB) wurden Systeme frühkindlicher Bildung in fünf Ländern (Großbritannien, USA, Italien, Deutschland, Frankreich) miteinander verglichen. In dieser video-ethnographischen Studie wurde eine 20-minütige Aufzeichnung über einen typischen Tagesablauf einer Kindertagesstätte (Kita) erstellt. Diese Aufnahmen wurden dazu verwendet, Eltern und pädagogische Fachkräfte/Lehrkräfte dazu anzuregen, in Fokusgruppendiskussionen[2] ihre Vorstellungen und

---

Color in Englisch als analytischen und politischen Ausdruck in Anlehnung an eine Theoretisierung und Selbstbezeichnung von deutschen Wissenschaftler_innen *of Color*, die nicht länger als ‚Menschen mit Migrationshintergrund' fremdbezeichnet werden wollten. Ha (2010) erläutert, dass der Begriff *People of Color* (PoC) ursprünglich als Selbstbezeichnung derer verwendet wurde, die aufgrund ihrer zugeschriebenen „Rasse" unterdrückt wurden. So wurde der Begriff zum ersten Mal während des Kolonialismus genutzt, aber die heutige Bedeutung entwickelte sich während des *Black Power Movement* in den U.S.A. der 1960er-Jahre. PoC vereint und solidarisiert alle Menschen, die aufgrund eines kolonialen Erbes von der Weißen Herrschaftsstruktur zu ‚Anderen' gemacht und kollektiv marginalisiert und abgewertet werden (Ha 2010, S. 83). So können auch Iren in Großbritannien oder Aussiedler in Deutschland als *People of Color* bezeichnet werden, da sie als Gruppe von der Mehrheitsgesellschaft strukturell abgewertet werden, auch wenn sie phänotypisch zu den Weißen gerechnet werden können. Problematisch bei diesen Bezeichnungen ist, dass sie letztendlich Farben markieren und somit zu einer Reifizierung ethnisierter oder rassifizierter Hintergründe beitragen, obwohl es eigentlich darum geht, Rassifizierungen zu bekämpfen und letztendlich zu dekonstruieren. In diesem Sinne sind Verwendungen dieser Bezeichnungen äußerst ambivalent, da sie zum einen eine existierende Diskriminierung aufgrund Kategorien wie ‚Rasse' oder Ethnie aufzeigen sollen, aber zum anderen unter Umständen dazu beitragen, Menschen erneut zu essentialisieren. Aus diesem Grund werde ich in diesem Artikel diese Begriff nur dann verwenden, wenn ich markieren möchte, dass Menschen strukturell unterschiedlich positioniert sind.

2 Die Datenerhebung war in zwei Phasen unterteilt: In der ersten Phase wurde der nationale Videoclip gezeigt, das heißt z. B. wurden den deutschen Fokusgruppen in Stuttgart, Jena und Berlin der Alltag einer Berliner Kita gezeigt und in französischen

Anliegen über das gezeigte Beispiel aus der Kita-Praxis zu äußern. Im Rahmen meiner Dissertation und folglich auch in diesem Artikel analysiere ich jedoch lediglich zwei der fünf nationalen Kontexte: Deutschland und Frankreich. In der Auswertung der Daten orientiere ich mich an Methoden der *Grounded Theory* (Bryant/Charmaz 2007; Duchesne/Haegel 2008). Ein zentrales Element der *Grounded Theory* Methodologie ist das permanente Vergleichen von Daten, um Codes und Kategorien zu entwickeln und zu dimensionalisieren: „Das Kodieren erlaubt den ständigen Vergleich von Fällen, Phänomenen und Konzepten, und so können die Fragen, die an den Text gestellt werden, allmählich verfeinert werden. Kodieren steht also auch in einem direkten Zusammenhang mit der komparativen Methode" (Berg/Milmeister 2011, S. 313).

Somit ist eine komparative Herangehensweise in der *Grounded Theory* Methodologie angelegt. Dieser Logik folgend orientiere ich mich in der Herausarbeitung des Tertium Comparationis an der Forschungsfrage und entwickele diese im Verlauf des Forschungsprozesses anhand der Datenanalyse weiter (Cowen/Kazamias 2009). Eine erste Vergleichsgrundlage bildete das Forschungsinteresse an Sprachpolitiken und Sprachpraktiken in Bezug auf mehrsprachige *People of Color*. Folgend werden im ersten Teil des Artikels theoretische Konzepte vorgestellt, die mich für den Forschungsgegenstand sensibilisieren. Im zweiten Teil werden zentrale Diskurse beider nationaler Kontexte skizziert, auf die in den Fokusgruppen verwiesen wird, bzw. die die sprachpolitischen Handlungen und Einstellungen implizit leiten.

Fokusgruppen in Marseille, Neuilly, St. Gilles, Mantes-la-Jolie und Franqueville ein Alltag einer Pariser *école maternelle*. Getrennt von den Eltern-Gruppen wurden Fokusgruppen mit pädagogischen Fachkräften/Lehrkräften in den einzelnen Regionen organisiert. Die Teilnehmenden der Fokusgruppen, in der Regel zwischen vier und zehn Teilnehmer_innen, wurden gefragt, ob das, was sie sahen, typisch oder untypisch für eine frühkindliche Einrichtung/Bildungspraxis war oder was sie als abstoßend oder anregend in den Filmen bewerteten. In der zweiten Projektphase wurden zwei kürzere Videoclips aus zwei anderen Ländern gezeigt und soweit möglich mit denselben Gruppen von pädagogischen Fachkräften bzw. Eltern diskutiert. Jedem Land in der Studie wurden für diesen Schritt zwei andere zugeordnet, z. B. wurden in Frankreich der deutsche und der englische oder US-amerikanische Clip gezeigt, während in Deutschland die französischen und englischen Clips gezeigt wurden. Die Kommentare der Fokusgruppen-Teilnehmenden über das, was sie als anregend, schockierend oder gar abstoßend in den Praktiken anderer Länder empfanden, verhalfen dazu, ihre eigenen Überzeugungen und Werte hervorzuheben und näher zu erläutern.

2. Eine postkoloniale und hegemonietheoretische Perspektive auf sprachliche Machtverhältnisse

In diesem Artikel interessieren mich im Kontext der frühkindlichen Bildung vor allem die Perspektiven zweier Akteursgruppen: pädagogische Fachkräfte bzw. Lehrkräfte und Eltern. Diese sind entlang folgender Differenzlinien entsprechend unterschiedlich strukturell positioniert: monolingual - plurilingual, Weiß - *of Color*, Eltern - pädagogische Fachkräfte bzw. Lehrkräfte, Kinder - Erwachsene (Lutz/Leiprecht 2005). In der Analyse ihrer Perspektiven interessieren mich hierbei maßgeblich zum einen sprachliche Differenz und zum anderen eine rassifizierte Differenz bezüglich Weißer und Migrationsanderer[3] (vgl. Mecheril 2004). An dieser Stelle soll jedoch darauf hingewiesen werden, dass es sich dabei um eine Auswahl aus weiteren möglichen Differenzlinien handelt, die je nach gesellschaftlichem Kontext und Zuschreibung relevant werden können. Bei binären Konstruktionen wird zwischen einer dominanten Position, die als selbstverständlich und ‚normal' konstruiert und wahrgenommen wird, und einer dominierten, die als abweichend und Anders konstruiert wird, unterschieden. Die Grenzen des als normal empfundenen werden im Regelfall erst dann sichtbar oder problematisch, wenn Menschen den Normen nicht entsprechen und in ihrem Handeln bzw. im Zugang zu gesellschaftlichen Ressourcen beeinträchtigt werden, sofern sie sich den Normen nicht anpassen bzw. nicht anpassen können. Diesbezüglich sei an dieser Stelle Ricento zitiert:

> Language is something most of us take for granted most of the time; it is usually when we discover that our language (or language variety) is different from, and perhaps less valued than, the language of others, or that our options are somehow limited, either because we don't speak/understand a language or language variety, or use it inappropriately or ineffec-

---

3 Im Folgenden wird ‚Anders' oder ‚Andere' entsprechend des Konzeptes des *Otherings* großgeschrieben, um die Konstruktion des ‚zu-Anderen-gemacht-werden' und ‚nicht-anders-zu-sein' zu markieren (vgl. Mecheril 1994). In dieser Perspektive verwende ich ebenso die Begriffe ‚Anderssprachige' und ‚Normsprachige' im Unterschied zu ‚Muttersprachler' und Menschen ‚nicht-deutscher Herkunftssprache', da wie die Sprachwissenschaftler Lüdi und Py bereits 1984 treffend formulierten: „Wohl setzt erfolgreiche Kommunikation Kenntnisse der Wörter und grammatischen Regeln voraus. Aber das genügt noch nicht. […] Wichtiger noch ist die Kenntnis von Verhaltensnormen, Regeln der verbalen und non-verbalen Interaktion, die mit dem Gebrauch einer Sprache verbunden sind, ohne daß sie formell in ihr kodiert wären" (ebd., S. 87).

tively in a particular context, that we begin to pay attention to language. (2006, S. 21)

Im Anschluss an eine machtsensible Perspektive stütze ich mich auf die *Postcolonial Studies*, um gegenwärtige Machtverhältnisse im Kontext ihrer jeweils historisch gewachsenen nationalen Ordnung in den Blick zu nehmen. Im Unterschied zu einem gängigen historischen Verständnis, welches den Kolonialismus ausschließlich mit dem Imperialismus gleichsetzt und im deutschen Selbstbild in Konkurrenz zum Nationalsozialismus als sekundär kategorisiert wird, gehe ich davon aus, dass wir in Nationalstaaten leben, die aus kolonialen Strukturen hervorgegangen sind, welche rassistische, patriarchale, sexistische und soziale Machtverhältnisse produzierten und heute noch produzieren. Ich verweise hierbei auf dekoloniale Theoretiker_innen wie Mignolo (2000), Grosfoguel (2010) oder Quijano (1993), die davon ausgehen, dass koloniale Machtverhältnisse seit der Entdeckung der Amerikas bis heute in unterschiedlichen Ausprägungen andauern und diesen Zustand als Kolonialität im Unterschied zu Kolonialismus bezeichnen. Diese Perspektive ist analytisch hilfreich, um gegenwärtige strukturelle Machtverhältnisse nachzuvollziehen und dekonstruieren zu können. In diesem Verständnis ist es zunächst einmal bedeutsam zu erläutern, dass die Errungenschaft von Prinzipien der Aufklärung und der beginnenden Modernität untrennbar mit der Ausbeutung und Versklavung von kolonisierten Ländern verbunden sind. Laut Mignolo zufolge stellt die „dunklere Seite" der Moderne und des Eurozentrismus die „Kolonialität" als die „zwangsläufige Kehrseite" dar (Mignolo 2000, S. 22). In diesem Sinne kann Modernität und Kolonialität als komplementär zueinander gedacht werden, wobei die dunklere Seite dethematisiert oder geleugnet wird.[4] Dies werde durch zwei Prinzipien deutlich: „purity of blood – die Reinheit des Blutes" und „rights of the people – Menschenrechte" (ebd.). Diese Prinzipien gelten seit der Eroberung der Amerikas und verfolgen im Ideal der freien Nation die Inklusion von nationalzugehörigen Menschen, basierend auf dem biologischen Merkmal „purity of blood", in eine nationale Gemeinschaft. Menschen, die aus unterschiedlichen Gründen im nationalen Gefüge nicht erwünscht sind, da sie ausgebeutet oder versklavt werden sollen, werden als different konstruiert: nicht christlich, nicht weiß, nicht assimilierbar. Diese Prinzipien haben in gegenwärtigen national staatlichen Gesellschaftsstruk-

4 So wird sowohl in Deutschland als auch in Frankreich die koloniale Vergangenheit, wie der von deutschen und französischen Kolonialtruppen verursachte Völkermord an den Herero in Deutsch-Südwestafrika (Ha 2010b, S. 272) oder den Kolonisierten in Algerien, verleugnet oder bagatellisiert.

turen bis heute Geltung, wenn auch in unterschiedlicher Ausprägung und Konsequenz: Auf der einen Seite werden universelle Menschenrechte als globaler Maßstab für demokratische Nationalstaaten anerkannt, auf der anderen Seite bereichert sich der globale Norden auf Kosten des globalen Südens und verfestigt äußere Grenzen (wie Europa oder die USA) und legitimiert den gesellschaftlichen und rechtlichen Ausschluss von illegalisierten Flüchtlingen oder Asylbewerbern.

Für den Zweck, gesellschaftliche Machtverhältnisse und Ordnungen, die in der Empirie zu Tage treten, hegemoniekritisch zu hinterfragen und zu analysieren, liefert mir Gramscis Konzept der Hegemonie eine hilfreiche Analysefolie. Vor allem der Begriff der Hegemonie ist momentan sehr in Mode und wird vielfach in unspezifischer bzw. teils modifizierter Form verwendet: „Hier wird Hegemonie tendenziell mit ideologischer beziehungsweise nicht gewaltförmiger Dominanz von diskursiv-symbolischer Macht gleichgesetzt" (Türkmen 2010, S. 287 f.; vgl. dazu auch Hall 2000, S. 52). Um einer Entleerung des Begriffs vorzubeugen, bzw. mich theoretisch einzuordnen, präzisiere ich an dieser Stelle, wie ich den Begriff der Hegemonie verstehe:

> [D]ie herrschende Gruppe [stimmt] sich auf konkrete Weise mit den allgemeinen Interessen der untergeordneten Gruppen ab und das Staatsleben [ist] als ein andauerndes Formieren und Überwinden von instabilen Gleichgewichten zu fassen […], von Gleichgewichten, in denen die Interessen der herrschenden Gruppen überwiegen. (Gefängnisheft 7, S. 1584, in: Candeias 2007, S. 20)

Die „herrschende Gruppe" setzt ihre Interessen nicht einfach in Form von Zwang und Gewalt. Laut Gramsci ist für den Prozess der Hegemoniebildung die Kombination von Zwang und Konsensbildung essentiell, indem „Herrschende" wie „Beherrschte" und „Repräsentanten" wie „Repräsentierte" mit eingeschlossen sind (Gefängnisheft 6, H 10.1, § 12, in: Candeias 2007, S. 20). Gramsci verdeutlicht so, wie wir alle täglich an der Reproduktion von Herrschaft beteiligt sind. Der Prozess der Konsensbildung wird „‚gepanzert mit Zwang' (Gefängnisheft 4: 783) und ist keinesfalls das Ergebnis eines freundlichen und fairen ‚herrschaftsfreien Diskurses'. […] Als ‚öffentlicher' Raum, als Zivilgesellschaft, sind sie der Ort des Kampfes um Hegemonie" (Gefängnisheft 4, S. 916 f., in: Candeias 2007, S. 22 f.).

Critical Applied Linguistics

In meinem Verständnis von sprachlicher Hegemonie und Diskriminierung aufgrund sprachlich zugeschriebener Hintergründe bzw. bestimmter

Sprechweisen folge ich Theoretisierungen von Vertreter_innen der *Critical Applied Linguistics* (kritische angewandte Sprachwissenschaft).[5] In diesem Sinne wird die Kategorie der Sprache als Differenzlinie wie andere Kategorien, z.B. sexuelle Orientierung, gender, Klasse oder ‚race' verstanden:

> Language, both choice of code and professional discourses, addressed to migrants by social actors in the sites studied are some of the symbolic means by which ideologies about immigration, the regulation of bilingualism and the production of categorization and exclusion are (re)produced. (Moyer/Rojo 2007, S. 137 f.)

Den Forscher_innen, die in unterschiedlichen disziplinären Hintergründen verortet sind, ist gemein, dass sie eine kritische Perspektive auf Dominanzverhältnisse haben und sprachliche Prozesse kritisch auf ihre ermächtigende oder entmächtigende Bedeutung für unterschiedliche Akteure, Räume und Zeiten hinterfragen. In der gegenwärtigen Zeit der Globalisierung werden traditionelle Formen nationaler Identität brüchig bzw. in Frage gestellt. Hegemoniale Gruppen, die sich als mehrheitszugehörig definieren, fürchten den Verlust ihrer privilegierten Position. Gruppen, die diese Normen angreifen, da sie Moyer und Rojo zufolge „the new social actors" sind, die „the hegemonic linguistic construction of the nation-state from below" herausfordern (Moyer/Rojo 2007, S. 141 f.), werden als ‚Menschen mit Migrationshintergrund' ‚geandert', minorisiert und als defizitär konstruiert. Sprache fungiert hierbei als legitimes Ausschlusskriterium und ersetzt diskursiv deligitimierte Merkmale wie ‚race', welches sich am Beispiel der Sprachtests als Bedingung für die Staatsbürger_innenschaft festmachen lässt (vgl. Kirchhof 2004; Maas 2008).

Homogenitätsideologie am Beispiel des communautarisme[6] und der Parallelgesellschaft

Im folgenden Unterkapitel werden zwei essentielle Konzepte, die in Form von Diskursen gesellschaftlich wirkmächtig sind und sich in den Äußerun-

5 Eine internationale Forschungsrichtung, die bislang wenig Eingang in Deutschland gefunden hat, sei es in der Linguistik oder den Erziehungswissenschaften (vgl. u. a. Pennycook 2001, Blackledge 2005; Shohamy 2006).

6 Das Konzept *communautarisme* wird von dem Wort der *communauté*, welches Gemeinschaft bedeutet, abgeleitet, mit dem Suffix -ismus substantiviert und als gesellschaftliche Verhältnisse, Geisteshaltung und Lebenseinstellung konzeptualisiert.

gen der Fokusgruppen-Teilnehmenden widerspiegeln, erläutert. Als koloniales und nationales Erbe kann die immer wieder aktualisierte Ideologie eines homogenen Volkes in einem nationalen Territorium wie Frankreich oder Deutschland gesehen werden. In Frankreich fungiert der Republikanismusdiskurs dazu, basierend auf Prinzipien der Gleichheit und des Universalismus Benachteiligungen und Diskriminierungen aufgrund von Differenzen und Ungleichheiten zu negieren. Man bezieht sich hierbei auf die Vorstellung einer Französischen Republik, in der alle *citoyens* [Bürger_innen] gleich seien und damit gleiche Partizipations- und Zugangschancen zu gesellschaftlichen Ressourcen hätten. Des Weiteren impliziert die Idee der Gleichheit eine Homogenitätsvorstellung des französischen Volkes, welches eine Nationalsprache spreche, gemeinsame ‚französische' kulturelle Werte und Normen teile, wie z.B. das Prinzip eines laizistischen Nationalstaats, die in der Schule gelehrt werden. Zum einen hat dies zur Folge, dass jede Andersartige Gruppierung, die eine Andere Kultur und Sprache pflegt und damit möglicherweise auch noch als solche Forderungen in Form von Gesetzesänderungen oder Ressourcen stellt, als Bedrohung der Republik und des nationalen und sozialen Zusammenhalts konstruiert wird. Ihnen wird *communautarisme* vorgeworfen und von ihnen wird verlangt, sich der Mehrheit anzupassen (Lévy 2005). Seitdem sich die Islamophobie nach dem 11. September 2001 radikalisierte, wird der Begriff maßgeblich für Nachfahren ehemals Kolonisierter muslimischer und arabischsprachiger *People of Color* verwendet. Insofern stigmatisiert der Vorwurf des *communautarisme* minorisierte Gruppen *of Color* und konstruiert sie als eine Gefahr und eine Bedrohung für die nationale Einheit. Da Forderungen Minorisierter nach Gleichberechtigung und Anti-Diskriminierung als kommunitaristisch verurteilt werden, können bestehende gesellschaftliche Machtverhältnisse legitimiert und gesichert werden. Lévy (2005) weist in diesem Zusammenhang auf die Problematik hin, dass der „*communautarisme majoritaire*" – also die „Gemeinschaft der Mehrheit" – bestimmte Privilegien gegenüber minorisierten Gruppen genießt. So werden beispielsweise französische majoritaire Gemeinschaften, die sich regional organisieren wie z.B. in der Auvergne oder der Bretagne und dort in Form von Vereinen ihre regionale Kultur, Tradition und Regionalsprache (wie Bretonisch) pflegen, nicht als kommunitaristisch bezeichnet. Ihre Privilegien werden demnach nicht als solche wahrgenommen.

Im deutschen Kontext kann man den *communautarisme* mit dem Konzept der Parallelgesellschaft vergleichen. Im deutschen Diskurs fungiert der Vorwurf der Parallelgesellschaft ähnlich, da damit vor allem Gruppen bezeichnet werden, die sich angeblich parallel zur deutschen Gesellschaft etabliert hätten und somit nicht integriert seien. Wie Bukow u.a. (2007) treffend darlegen, handelt es sich bei diesem Konzept nicht um ein empirisch belegtes Phänomen, sondern um ein „gefühltes", welches sich auf zugewanderte

Gruppen (hauptsächlich mit türkischer Migrationsgeschichte) bezieht (Bukow u.a. 2007). Castro Varela (2010, S. 13) definiert den Begriff folgendermaßen: „Der Begriff [Parallelgesellschaft] impliziert die Existenz institutionell geschlossener und wohl abgegrenzter, nebeneinander existierender Gesellschaften". Hauptsächlich bezieht sich der Begriff auf „marginalisierte Stadtteile" (Bukow u.a. 2007) (so genannte ‚soziale Brennpunkte'), in denen Andere Sprachen, Kulturen und Religionen (meist sind Muslime damit gemeint) vorherrschen, sowohl in Form einer formellen Infrastruktur von Supermärkten, Geschäften, Restaurants oder Ärzten als auch im Alltag in informellen Bereichen (beispielsweise in Sportvereinen, in ihrem Viertel, in Moscheen oder in Schulen). Letztendlich geht es in der Forderung nach Integration um Assimilation, was sich in den Debatten um die deutsche Leitkultur oder den populistischen Thesen des ehemaligen SPD-Politikers Thilo Sarrazin zeigt. In diesem Diskurs herrscht ebenfalls wie im französischen eine Dethematisierung der Privilegien einer Weißen Mehrheitsgesellschaft, die in Form von *gated communities* im Zentrum der Stadt oder in den urbanen ‚Speckgürteln' sich selbst absondern und sich damit auch segregieren (vgl. dazu Radtke 2007).

Was mittels Diskursen und Ideologien bezüglich einer Parallelgesellschaft oder kommunitaristischen Gruppen eigentlich verhandelt wird, ist der Wunsch nach einer Aufrechterhaltung einer homogenen Vorstellung der französischen oder deutschen Nation als Weiß, christlich und einsprachig entgegen einer de facto kulturell, ethnisch und sprachlich diversifizierten Gesellschaft, die dieser Vorstellung noch nie entsprochen hat (Blackledge 2005). Da jedoch mit der Dekonstruktion der Fiktion einer homogenen Gesellschaft Machtpositionen auf dem Spiel stehen, wird diese „durch Ignorierung maskier[t] und konservier[t]" (Mecheril/Quehl 2006, S. 360) bzw. dethematisiert.

3. Die Rolle der Bildungssysteme in der Reproduktion von (sprachlichen) Machtverhältnissen

In Anlehnung an Gramsci gelten Bildungsinstitutionen, wie auch Einrichtungen der frühkindlichen Bildung, als gesellschaftliche Institution der Zivilgesellschaft, in der alltäglich um Hegemonie gekämpft wird. Was die Sprachpolitik im Bildungssystem angeht, spiegelt sie in beiden Ländern Positionen der Mehrheitsgesellschaft wider. Diese lassen sich sowohl in der Wissenschaft, der soziologischen Migrationsforschung (vgl. Esser 2006) (im Unterschied zur soziolinguistischen oder migrationspädagogischen Forschung) ausmachen, als auch in konservativen Flügeln der Parteienpolitik finden (vgl. Bénisti 2004). So wird an dem Prinzip der nationalen Einsprachigkeit festgehalten, die jeweilige Nationalsprache als alleinige Bildungssprache zuzulassen und gleichzeitig ‚geanderte' Familiensprachen oder Sprechweisen wie „translanguaging" (García 2009) in den privaten Bereich zu verbannen: „Rather than considering them an asset, these languages are treated as an obstacle to integration [–] ensuring the teaching of the monolingual norm" (Moyer/Rojo 2007, S. 145). Es wird argumentiert, dass die jeweilige Nationalsprache der Schlüssel für den Zugang zu materiellen wie symbolischen Ressourcen, wie etwa dem Zugang zu höherer Bildung und Stellen auf dem Arbeitsmarkt darstelle, und für die gesellschaftliche Integration notwendig sei (vgl. Esser 2006; Bénisti 2004). Hierbei fungiert das Bildungssystem als eine Institution, die im Namen der Gleichheit Differenzen der Schüler_innen ignoriert und dadurch Ungleichheiten im Durchlaufen des Schulsystems noch verschärft. Die Orientierung an und Normalisierung von einer bestimmten Schüler_innen- und Elternklientel (weiß, christlich, bildungsnah, nationalsprachig, aus der Mittelschicht) trägt zu einer institutionellen Diskriminierung einer Schülerschaft bei, die diese Kriterien nicht erfüllt. Dies wurde von Wissenschaftler_innen und Bildungsorganisationen kritisiert (vgl. Gomolla/Radtke 2007; OECD 2004).

Aus einer *Critical Applied Linguistics*-Perspektive heraus verstehe ich in diesem Kontext das sprachpolitische Element umfassender, insofern als dass Erziehende als Vorbilder und Bezugspersonen Kinder (und deren Eltern) in ihrem Spracherwerb implizit beeinflussen oder explizit deren Sprachpraktiken regulieren (können). Außerdem gehe ich davon aus, dass sich jeder Mensch in einem hegemonialen Raum befindet, zu dem man sich durch Agieren und Sprechen verhält bzw. in dem man strukturell positioniert ist. Unter sprachpolitischen Handlungen verstehe ich solche, die Einfluss darauf haben, wie und ob Kinder welche Sprachen bzw. Sprechweisen nutzen können, um miteinander oder mit den pädagogischen Fachkräften zu kommunizieren oder in Kontakt zu treten. Das Verhältnis der Pädagog_innen zu den Kindern begreife ich hierbei in Anlehnung an Gramsci auch als ein politisches Verhältnis, da sie dazu beitragen, Machtverhältnisse zu verstetigen oder sie zu verschieben (Hillert 2012, S. 14). Den pädagogischen Fachkräften und Lehrkräften kommt demnach eine Schlüsselrolle zu, da sie laut Hillert (ebd.) – auf Gramscis Konzeptualisierungen des pädagogischen und politischen Verhältnisses basierend – in vier verschiedene Typen unterschieden werden können: „acomodaticios, hegemónicos, críticos und críticos transformadores" [anpassend, hegemonial, kritisch und transformierend kritisch] (Giroux/Aronowitz 1987, zitiert nach ebd., S. 42 f.). Diese werden hier jedoch nicht als essentialistische Eigenschaften aufgefasst, sondern eher als Typen von Handlungen, wobei Menschen in bestimmten Kontexten sich eher anpassend zeigen und in anderen Kontexten transformierend wirken können.

4. Die Durchsetzung der einsprachigen Norm

Ein zentraler Aspekt dieses Artikels besteht darin, die Durchsetzung der einsprachigen Norm aufzuzeigen und in der Folge, wie diese seitens pädagogischer Fach- und Lehrkräfte legitimiert wird. Angeregt durch die Videoclips, in denen mehrsprachige Kinder während des Spiels unterschiedliche Sprachen sprechen und mehrsprachige Pädagog_innen ihre Sprachen in der Praxis einsetzen, erläutern die Fach- und Lehrkräfte in den Fokusgruppen die jeweils spezifischen Sprachpraktiken und Sprachnormen der Einrichtung. Im Folgenden werde ich anhand von zwei Beispielen skizzieren, inwiefern sich die Deutungsmuster in der Begründung der einsprachigen Norm in beiden nationalen Settings ähneln, wenn sich auch unterschiedliche Diskurse darin widerspiegeln.[7]

„Wir wollen, dass alle das verstehen."

Eine Argumentation in den deutschen Fokusgruppen, die sich so in den französischen Fokusgruppen nicht wiederfindet, stützt sich auf eine pädagogisch-professionelle Denkfigur. Deutsch als Sprache der Einrichtung als Norm zu setzen, wird damit begründet, dass pädagogische Fachkräfte ihre Aufgabe darin sehen, die Verständigung aller Kinder zu gewährleisten:

> Christine: Die einzige Situation, wo wir sagen hier wird deutsch gesprochen, das ist halt am Tisch, weil wir relativ viel reden am Tisch. Wir essen alle zusammen, wir reden viel am Tisch und dann wollen wir halt einfach, dass alle das verstehen.
>
> Inge: Und im Morgenkreis halt. (Berlin, Kita Universum[8], pädagogische Fachkräfte)

Die Sprachnorm, Deutsch zu sprechen, wird einerseits mit der Quantität an Sprachäußerungen begründet und andererseits mit der Setzung einer Notwendigkeit, alle müssten „das" verstehen. Hierbei bleibt jedoch unklar, was

7 Das Analysematerial entstammt dem laufenden Dissertationsprojekt der Autorin.

8 Die Namen der Fokusgruppen-Teilnehmenden und der Einrichtungen wurden anonymisiert.

genau von wem verstanden werden sollte. Sollen die Kinder die Fachkräfte verstehen, wenn diese ihnen sagen, wie sie sich zu Tisch verhalten sollen, oder geht es darum, dass die Fachkräfte verstehen wollen, worüber die Kinder sprechen? Diese Norm wird als nicht legitimierungspflichtig präsentiert, was dadurch deutlich wird, dass sie nicht näher erläutert wird. Im Beschreiben der Situationen, in denen Deutsch gesprochen werden soll, lassen sich unterschiedliche Bereiche ausmachen, in denen jeweils unterschiedliche Sprachnormen als relevant dargestellt werden. Der Umgang mit den Sprachen, die die Kinder verwenden, unterscheidet sich abhängig davon, in welchem sozialen Kontext sie die Sprache sprechen:

> Christine: Naja gut. Ja aber wie gesagt beim Spielen und wenn sie sich mal zurückziehen, da können sie schon in ihrer Muttersprache reden, aber wenn wir alle am Tisch sitzen, dann wollen wir schon, dass alle das verstehen können. (Ebd.)

In den Äußerungen spiegeln sich zwei wesentliche Bereiche wieder, die ich begrifflich und konzeptuell in einen ‚formalisierten', offiziellen und in einen ‚privaten' Bereich unterscheide. Formalisierte Situationen zeichnen sich dadurch aus, dass es Situationen sind, bei denen die Kita-Gruppe mit den pädagogischen Fachkräften zusammen ist, wie z.B. im Morgenkreis, beim gemeinsamen Essen und bei Bildungsangeboten (Projekte). In diesen Situationen soll Deutsch gesprochen werden, mit der Begründung, dass „alle" verstehen sollen, worum es geht. Für das Verwenden von Deutsch als Sprache der Einrichtung werden jedoch auch Ausnahmen thematisiert. Ich verstehe den Ausnahmebereich, der sich auf „beim Spielen" oder „sich zurückziehen" bezieht, als informellen oder privaten Bereich der Kinder, da es im Gegensatz zu den Situationen, in denen pädagogische Fachkräfte einen Rahmen vorgeben, keine direkten Vorgaben zu geben scheint. Diese Situationen des Freispiels und demnach auch die Sprechpraktiken der Kinder scheinen sich der Kontrolle pädagogischer Fachkräfte zu entziehen. Vermutlich können sie im Normalfall des gegebenen Betreuungsschlüssels gar nicht kontrolliert oder reguliert werden. Die Frage, die sich hier also stellt, ist, ob es faktisch überhaupt möglich ist, Kindern zu erlauben Andere Sprachen zu sprechen, wenn sie selbst nicht anwesend sind. Interessant ist jedoch in der im Zitat dargestellten Argumentation, dass in der Formulierung „können sie schon in ihrer Muttersprache reden" mitschwingt, sie ‚könnten' das explizit erlauben. Die ‚kontrollierende Haltung' den Kindern und ihren Sprechweisen gegenüber, auch wenn dies faktisch unmöglich ist, zeigt sich in folgender Sequenz: Solange keine deutschsprachigen Kinder oder pädagogischen Fachkräfte anwesend sind, „lassen wir es eben auch zu, dass sie auch untereinander ihre Sprache sprechen" (Berlin, Kita Universum, Inge).

Die Formulierungen es „zuzulassen“ oder „können sie schon“ markieren jedoch auch unterschiedliche Dimensionen der Akzeptanz Anderssprachiger ‚Räume‘. Die Formulierung „können sie schon“ kann so gelesen werden, dass es in Ordnung zu sein scheint, je nach Gebrauchsdomäne Andere Sprachen zu sprechen, wohingegen „zulassen“ darauf verweist, dass es eigentlich nicht der einsprachigen Norm der Einrichtung entspricht, jedoch in bestimmten Ausnahmefällen geduldet wird, dass Kinder „ihre Muttersprachen“ sprechen. Diese Ausnahmen begrenzen sich auf den privaten Bereich der Kommunikation unter Anderssprachigen Kindern. Es scheint hierbei jedoch eine Domänen- bzw. Normgrenze zu geben:

> Inge: Wir bitten zwar drum, wenn dann andere Kinder dazu kommen, oder oft fordern sie es dann schon ein, jetzt sprecht mal bitte deutsch, ich versteh euch nicht. (Ebd.)

Sobald die Grenze in den öffentlichen bzw. formalisierten Kontext überschritten wird, in dem Normsprachige Kinder möglicherweise durch diese Sprachpraktiken in ihrem Verständnis beeinträchtigt werden könnten, muss die Norm Deutsch zu sprechen wieder eingehalten werden. Es geht also nicht nur um unterschiedliche Bereiche, sondern um eine Setzung der Normsprachigkeit, die immer wieder erneut aufrechterhalten bzw. hergestellt werden muss, was sich im Begriff „einfordern“ manifestiert.

Jedoch scheint in beiden Perspektiven durch, dass Sprechweisen einer Kontrolle oder Regulierung bedürfen. Dies deutet auf eine Diglossieähnliche[9] Situation in der Einrichtung hin. Sprachen bzw. Sprechweisen werden in dem Sinne nicht je nach Gebrauchsdomänen seitens der Sprecher_innen unterschiedlich genutzt, sondern es wird seitens der Fachkräfte versucht, diese zu kontrollieren. Aus dieser Logik heraus wird es als legitim dargestellt, dass Andere Sprachen in der Einrichtung implizit oder auch

9 Diglossie wird aus einer machtkritischen Sicht als sprachhierarchisch strukturierte Gebrauchsdomäne gefasst. Seit der Renaissance und dem Kolonialismus existieren Sprachhierarchien, basierend auf einer Diglossie, wobei Hegemonialsprachen als dominante Sprachen für den formellen Bereich genutzt werden und dabei eine Aufwertung erfahren. Ihnen wird ein hohes Prestige zugeschrieben. Minorisierte Sprachen oder Sprechweisen (Dialekte, Regiolekte etc.) hingegen werden für den informellen Bereich genutzt und werden dementsprechend als minderwertig konstruiert. Ihnen wird ein niedriges Prestige zugeschrieben (vgl. dazu Alén Garabato/Boyer/Brohy 2008, das Konzept wurde von Ferguson 1959 entwickelt). Die formalisierten Situationen in der Kita stellen eine Art öffentlichen/gesellschaftlichen Raum und die privaten Situationen einen privaten/intimen Raum dar. Sie scheinen komplementär zueinander zu funktionieren und reproduzieren diese diglossische Sprachhierarchie.

explizit verboten werden, indem die Norm gesetzt wird, dass „hier Deutsch gesprochen wird". Problematisch wird dies, wenn dies mit einer Abwertung von Anderen Sprechweisen einhergeht, und sich das Sprachverbot ebenfalls an die Eltern der Kinder richtet:

> Britta: Ja, davon gehen wir aber immer aus, denn die müssen sich ja auch zuhause verständigen, dies kann ja nicht nur so ein Kauderwelsch sein. Zuhause die Muttersprache und hier deutsch. Da vergeht ja kein Tag fast wo wir das nicht mal den Eltern auch nicht mal kurz in der Garderobe kurz ein Gespräch im Vorbei gehen, auch wenn se irgend ne Frage haben oder so ((flüstert))[10] zuhause bitte Muttersprache, hier sprecht ihr jetzt deutsch, ja ja ((bestimmt)). (Berlin, Kita Pinocchio, pädagogische Fachkraft)

Somit werden Kinder und ihre Eltern zum Sprechen bestimmter Sprachen aufgefordert, ungeachtet dessen, welche Sprechweisen sie selbst bevorzugen oder auch in der Lage sind zu sprechen.

Ein anderes Argument, welches für die Normsprachigkeit angeführt wird, betrifft die persönliche Beeinträchtigung pädagogischer Fachkräfte durch Anderssprachigkeit:

> Karin: „Wenn ihr unter euch seid, könnt ihr gerne eure Landessprachen sprechen", aber so wie ich euch //[11] Kollegin meint, sollen se doch schon so sprechen, dass wir sie verstehen. (Ebd.)

Die Norm, dass Kinder im Kitageschehen die Sprache der pädagogischen Fachkräfte sprechen sollen, wird hier damit begründet, dass diese verstehen müssten, was die Kinder sagen. Karin präsentiert sich argumentativ als ein Teil einer Gruppe von Kolleg_innen, in diesem Fall mindestens zwei, die sich einig darüber zu sein scheinen, dass Kinder sich den pädagogischen Fachkräften anpassen sollen, die Andere „Landessprachen" nicht verstehen. In der Formulierung und Gegenüberstellung von „*eure* Landessprachen" und „so sprechen, dass *wir* sie verstehen" lese ich eine Homogenitätsvorstellung, welche die sprachliche Situation in Deutschland betrifft. Wie bereits oben dargestellt werden hierbei die Kinder mit dem Personalpronomen „ihr" zu

---

10 Die doppelte Klammer „((flüstert))" wird verwendet, um Angaben zu non-verbalem Verhalten, das gilt auch für akustische Besonderheiten während des Redens, zu signalisieren.

11 Das Zeichen // wird verwendet um einen Abbruch eines Ausdrucks oder eine Unterbrechung zu signalisieren.

Anderen konstruiert – im Unterschied zum kollektiven „wir“ der Fachkräfte. In dieser Logik wird Deutschland als deutschsprachig imaginiert und Andere Sprachen werden nicht als mehrsprachige deutsche Realität wahrgenommen: Menschen Anderer, nicht-deutscher Herkunft sprechen Andere Sprachen. Deutsche Menschen sprechen Deutsch als Erstsprache.

Französisch als ‚Kitt der Nation‘

In den französischen Fokusgruppen finden sich im Unterschied zu den deutschen keine Äußerungen, wann Andere Sprachen gesprochen werden dürften bzw. wann sie geduldet würden, vermutlich weil das Selbstverständnis einer als französischsprachig imaginierten Nation stark dominiert. So geht es vielmehr um die Funktion und die Legitimation des Französischen als um eventuelle Anderssprachige Ausnahmen. Die Forderung nach Anpassung an die Normsprache wird jedoch ebenfalls diskutiert, wenn auch andere Begründungen dafür angeführt werden. In folgender Sequenz wird diskutiert, mit welcher Legitimation die monolinguale Norm aufrechterhalten wird:

> Sofiane: En fait, c’est culturel. Je pense, vu qu’en France on est sous le, enfin l’école de la République, liberté, égalité, fraternité, ou..., enfin, laïque, (inaudible) présence de religions... // On essaye d’effacer, comme disait ma collègue, les religions. Et puis d’avoir une langue en commun qui nous réunit. Culturellement, c’est français. Peut-être qu’aux Etats-Unis, c’est différent. (Mantes-la-Jolie, Lehrkraft)
>
> Sofiane: Im Grunde genommen ist es kulturell. Ich denke, da wir in Frankreich unter dem, genauer gesagt die Schule der Republik, Freiheit, Gleichheit, Brüderlichkeit, oder, kurzum laizistisch (undeutlich) Präsenz der Religionen... // Man versucht, wie meine Kollegin sagte, die Religionen auszulöschen/zu entfernen. Und eine gemeinsame Sprache zu haben, die uns vereint. Kulturell bedingt ist das Französisch. Vielleicht ist das anders in den USA. (Übersetzung der Autorin)

Zum einen wird die Unterschiedlichkeit zu den USA[12] an den Prinzipien der französischen Republik festgemacht, die zudem kulturalisiert werden.

---

12 Wie oben beschrieben wurde in Frankreich ein US-amerikanischer Clip eines typischen Tagesablaufs einer bilingualen preschool gezeigt. An dieser Stelle der Diskussion nehmen die Teilnehmenden darauf Bezug und diskutieren inwiefern es in

Die Prinzipien „liberté, égalité, fraternité“ [Freiheit, Gleichheit, Brüderlichkeit] und der Laizismus werden hier nicht als politisch, sondern als kulturell gedeutet. Durch den Begriff des Laizismus wird vermutlich der nächste Satz provoziert, dass Religionen „ausgelöscht“ werden. Hier kann die Kopftuchdebatte angeführt werden, die auf dem Gleichheitsdiskurs basiert. Die Debatten führten dazu, dass im Jahre 2004 im Namen der Gleichheit und des Laizismus Kopftücher, wie auch andere religiöse Symbole in der Schule verboten wurden. Im Jahre 2011 verschärfte sich dies dahingehend, dass das Tragen der Burka in der gesamten Öffentlichkeit untersagt wurde. In der Argumentation, dass alle gleich sind, schwingt auch die Konzeption der Schule mit, der zufolge Kinder von ihren jeweiligen (sprachlichen, religiösen, ethnischen) Hintergründen emanzipiert und zu zukünftigen Bürger_innen herangezogen werden sollen (vgl. Schiffauer et al. 2002). Darauf deutet hin, dass Symbole, die religiöse Zugehörigkeit markieren, aus dem schulischen Kontext entfernt bzw. am Schultor abgelegt werden sollen. Zudem impliziert das Auslöschen von Differenzmarkern wie Religion die Idee der Assimilation und der Anpassungsforderung an Andere.

Zum anderen werden Schüler_innen dadurch „vereint“ und miteinander verbunden, dass sie alle „eine gemeinsame Sprache“ sprechen. Dies verweist auf den Republikanismusdiskurs und eine Homogenitätsvorstellung der französischen Republik, ähnlich wie in den deutschen Fokusgruppen, welche darin besteht, dass ein Volk eine Sprache spricht, die zur Vereinheitlichung und Vergemeinschaftung beitragen soll. Dieser Diskurs findet sich in der Äußerung eines Vaters folgendermaßen präzisiert:

> Et qu'est-ce qui cimente une nation, qu'est-ce qui intègre un peuple, sinon la langue. (Paris, Kita Dunois, Vater)
>
> Und was festigt eine Nation, was integriert ein Volk, wenn nicht die Sprache. (Übersetzung der Autorin)

Die Funktion der Sprache als ‚Kitt der Nation‘, die das Volk zusammenschweißt, ist hier ein starkes Bild, welches zeigt, wie sehr die Sprachideologie von „ein Volk – ein Territorium – eine Nationalsprache“ des 19. Jahrhunderts auch das heutige Verständnis einer einsprachigen Nation prägt.

Ein anderer Diskurs, der in der Funktion der Sprache als Integrationsinstrument mitschwingt und interessanterweise im direkten Anschluss sowohl in der Fokusgruppe der Lehrkräfte als auch in der Fokusgruppe mit

---

den USA möglich ist, ein bilinguales Konzept anzubieten, wohingegen es in Frankreich einsprachig ist.

dem Vater thematisiert wird, ist das Konzept des *communautarisme* (s. o. unter 2.). Dieser wird in Abgrenzung zum nordamerikanischen Beispiel, in dem ein mehrsprachiger Ansatz gezeigt wird, als eine kulturelle Spezifik Frankreichs ausgemacht:

> Véronique: (en même temps) Ben oui! Ben oui, c'est ça, ça entraîne le communautarisme, et complètement contre notre culture...
>
> Guilaine: Tu vis en France, donc on parle français et, du coup, on peut avoir plein d'ethnies différentes // (Mantes-la-Jolie, Lehrkräfte)
>
> Véronique: (gleichzeitig) Na klar, na klar, das befördert den communautarisme, das ist völlig gegen unsere Kultur.
>
> Guilaine: Du lebst in Frankreich, also sprichst du Französisch und daher können wir unheimlich viele unterschiedliche Ethnien haben // (Übersetzung der Autorin)

Die Äußerung „das befördert den communautarisme" bezieht sich auf das Verwenden mehrerer Sprachen in der Schule. Dieser Logik folgend ist es verständlich, dass ein mehrsprachiger Ansatz in den USA möglich ist, da sie eine Andere Kultur pflegen, wie den multikulturellen Ansatz. In Frankreich jedoch Andere Sprachen im Bildungssystem zuzulassen, ist „völlig gegen die französische Kultur". So werden Andere Sprachen als Differenz markiert, die das Konzept der Gleichheit in Frage stellen. Infolgedessen werden sie ebenso wie religiöse Symbole aus der Klasse und der Schule entfernt und in den privaten Kontext verbannt. Es wird argumentiert, dass „unheimlich viele unterschiedliche Ethnien" sich in der „gemeinsamen Sprache" wiederfinden können. Das Zulassen einer Anderen Sprache in der Schule könnte *communautarisme* befördern, welches ein Aufsplittern der französischen Einheit bedeuten würde (s. o. unter 2.). Auch folgende Sequenz des oben zitierten Vaters verdeutlicht diese Konzeption:

> Je préfère cet enseignement où l'on apprend non pas la culture mais la langue française à des enfants de différentes origines, parce que ça les, je veux dire c'est, c'est on évite le mot à la mode, le communautarisme. C'est, hein, Voilà, la plate forme de départ, c'est le français pour tous, pour eux. (Paris, Kita Dunois, Vater)
>
> Ich bevorzuge diese Bildung, in der man den Kindern mit unterschiedlichen Hintergründen nicht die Kultur, aber die französische Sprache lehrt, weil es sie, ich möchte sagen, es ist, es ist, man vermeidet das Modewort, der Kommunitarismus. Es ist, na ja, also, Französisch ist die Plattform/Basis des Beginns/Starts für alle, für sie. (Übersetzung der Autorin)

Die Legitimation der Einsprachigkeit in der Einrichtung wird mit der gesellschaftlichen Integration und der Bedeutung für den nationalen Zusammenhalt legitimiert, was auch Erkenntnisse aus anderen Forschungen bestätigen (Raveaud 2006). Was in dieser Argumentation jedoch dethematisiert wird, ist das Privileg Normsprachiger Kinder und die Benachteiligung Anderssprachiger. Es wird vorausgesetzt, dass Französisch die Basis, der Ausgangspunkt *aller* Schüler_innen sei, wobei ignoriert wird, dass Kinder in unterschiedlichen sprachlichen familiären Kontexten aufwachsen. Kinder, die entweder kein Französisch sprechen oder Französisch als Normsprache erst in der *école maternelle* lernen, werden mit dieser als selbstverständlich präsentierten Norm beeinträchtigt. Vom Prinzip der Gleichbehandlung profitieren vor allem diejenigen, die die sprachlichen Voraussetzungen bereits mitbringen. Ich lese darin eine Assimilationsforderung an Anderssprachige, jegliche Anderen kulturellen Zugehörigkeiten und Sprachen abzulegen und sich so für die Französische Republik homogenisieren zu lassen. Diese Lesart lässt sich durch folgende Sequenz belegen:

> Guilaine: Non, non, nous on parle que français!
>
> Véronique: parce que, nous, forcément, les enfants étrangers qui arrivent, et ben, ils sont dans un bain de langage français, hein, comme on dit. Donc, eux, il faudrait qu'ils apprennent le français, qu'ils se débrouillent avec ce qu'ils comprennent. Et que nous, on essaye de communiquer avec eux. Et ils ne pourraient être que dans la langue française. (Mantes-la-Jolie, Lehrkräfte)
>
> Guilaine: Nein, nein, wir (betont) sprechen ausschließlich Französisch!
>
> Véronique: weil wir, zwangsläufig, die ausländischen Kinder, die ankommen, naja, die sind in einem Bad der französischen Sprache, wie man sagt. Also, sie müssten Französisch lernen, dass sie damit zurechtkommen mit dem was sie verstehen. Und wir, wir versuchen mit ihnen zu kommunizieren. Und sie könnten nur in der französischen Sprache sein. (Übersetzung der Autorin)

In einem „Sprachbad" sollen Kinder automatisch, wie von selbst die französische Sprache lernen, und damit klar kommen, dass sie eventuell nichts verstehen. So wird ein hegemonialsprachliches Verhältnis legitimiert und aufrechterhalten.

Silencing mehrsprachiger Kinder und ihrer Eltern

Ein Effekt der praktizierten Sprachpolitik ist das sprachlos machen (*silencing*) von Anderssprachigen Kindern. Sprachlosigkeit verstehe ich hierbei als ein Phänomen, welches durch sprachpolitische Verhaltensweisen seitens pädagogischer Fachkräfte und Lehrkräften hergestellt wird. Wie in den beiden vorherigen Unterkapiteln erläutert, können die pädagogischen Fachkräfte oder Lehrkräfte, die daran festhalten, die Einsprachigkeit der Kita oder der *école maternelle* aufrechtzuerhalten und zu legitimieren, zu dem Typus der anpassenden und hegemonialen Pädagog_innen zugeordnet werden (s.o.; Hillert 2012). Vor dem Hintergrund ihrer strukturellen Positionierung als Normsprachige Pädagog_innen ist es naheliegend, dass sie davon ausgehen, dass alle Kinder die Nationalsprache verstehen oder zumindest verstehen sollten. Dies spiegelt den hegemonialen Diskurs wieder, welcher die Nationalsprache als Kriterium der gesellschaftlichen Integration und Anderssprachigkeit als Zeichen einer Parallelgesellschaft oder des *communautarisme* konstruiert (s.o. unter 2.). Pädagogische Fachkräfte und Lehrkräfte, die dieser Logik folgen, nehmen dabei, ob intendiert oder nicht, die Benachteiligung Anderssprachiger Kinder hin. Sprachlosigkeit ist zum einen ein Effekt des Verbannens von Anderen Sprechweisen und Sprachen in den privaten Bereich; zum anderen ist es ein Resultat der Assimilationsanforderung, die Anderssprachige dazu auffordert, sich der Anderen Sprache zu entledigen und sich in einem „Sprachbad" zurechtzufinden. Die Sprachlosigkeit bzw. das Verstummen Anderssprachiger Kinder wird von den Pädagog_innen registriert:

> Sabine: Sie wissen auch nicht äh äh äh sie können ihre Bedürfnisse auch nicht äußern uns gegenüber. Sie tun es vielleicht, wir haben ein kleines Mädchen, die macht's/ die sagt uns was sie gerne möchte, nur es ist auf Arabisch.
>
> Britta: Schlecht ((ironisch)) ((lachen)).
>
> Sabine: Ja? Und sie hat immer nur so große Kugelaugen und äh äh sagt immer: Was ist los? Ich möcht dir helfen/ aber ((zieht fragend Schultern hoch)).
>
> Martin: Für sie ist das frustrierend und irgendwann wird die erstmal ne Zeit lang gar nichts mehr sagen. (Berlin, Kita Pinocchio, pädagogische Fachkräfte)

In den deutschen wie auch in den französischen Fokusgruppen, die sich über den Unterschied zu den mehrsprachigen Kindern und dem bilingua len Konzept der USA im gezeigten Videoclip diskursiv Gedanken machen, wird dazu Folgendes konstatiert:

> Laurence: Oui, mais nous, les non francophones, ils parlent pas, du coup.
>
> Guilaine: (geste d'impuissance)
>
> Laurence: Enfin, ils parlent même pas dans leur langue, seuls, euh...
>
> Bérangère: Puisqu'on connaît pas leur langue!
>
> Laurence: Non, mais ce que je veux dire, c'est qu'ils ne vont même pas vers nous en parlant en arabe, et puis ils vont s'apercevoir au bout d'un quart d'heure qu'on ne comprend pas. Non, ils communiquent pas, ils sont quasi ... dans le mutisme pratiquement à l'école, tandis que là, après tout, enfin, malgré tout, ils parlent quoi! (Mantes-la-Jolie, Lehrkräfte)
>
> Laurence: Ja, aber die nicht Französischsprachigen, die sprechen zwangsläufig nicht.
>
> Guilaine: (Geste der Ohnmacht)
>
> Laurence: Also, die sprechen sogar noch nicht mal in ihrer Sprache äh...
>
> Bérangère: Da wir nicht ihre Sprache kennen!
>
> Laurence: Nein, aber was ich sagen will, die kommen ja nicht mal zu uns und sprechen Arabisch, und dann werden sie nach einer Viertel Stunde bemerken, dass wir nicht verstehen. Nein, sie kommunizieren nicht, die sind praktisch im Mutismus in der Schule, wohingegen dort, schließlich, genauer gesagt, trotz allem, sprechen sie! (Übersetzung der Autorin)

Die Lehrkräfte stellen fest, dass Kinder verstummen, vor allem weil die Lehrkräfte ‚nur' Französisch sprechen und die Sprache der Kinder nicht verstehen – im Unterschied zu den USA bzw. zum gezeigten Beispiel, indem die Lehrkräfte sowohl Spanisch als auch Englisch sprechen.

Als Effekt eines sprachpolitischen Handelns und einer Durchsetzung und Forderung nach Einsprachigkeit in der Einrichtung wird das *Silencing* dieser Kinder und zum Teil auch ihrer Eltern jedoch nicht unbedingt mit den eigenen Praktiken in Bezug gesetzt. Eventuell wird es für diesen Zweck gar in Kauf genommen bzw. anderen Normen untergeordnet.

5. Fazit

Dieser Artikel zeigt, dass einige pädagogische Fachkräfte und Lehrkräfte das Gegenteil ihrer Absicht produzieren, wenn sie argumentieren, dass sie das Verständnis und die Integration aller Kinder gewährleisten und eine Vergemeinschaftung der Gruppe in der Bildungseinrichtung ermöglichen möchten. Indem Pädagog_innen die Durchsetzung der monolingualen Norm mit unterschiedlichen Gründen legitimieren und Anderssprachige auffordern, sich sprachlich zu assimilieren, agieren sie in beiden Systemen hegemonial im Sinne Gramscis. Insofern agieren sie als ‚Staatsdiener' des Bildungssystems und reproduzieren sprachliche Machtverhältnisse. Das *Silencing* Anderssprachiger Kinder und ihrer Eltern, welches durch sprachpolitische Regulierungen hergestellt wird, stellt eine machtvolle Ausgrenzung sprachlichen/kulturellen Kapitals dar und verhindert, dass Kinder sich mit den gegebenen individuellen Mitteln in das Geschehen der Einrichtung einbringen können. Wenn dies mit Praktiken des ‚*Othering*' Migrationsanderer und der Abwertung Anderer Sprachen einhergeht, kann dies dazu führen, dass Kinder diese Stigmatisierung derart verinnerlichen, dass sie stumm werden und ihr weiterer Spracherwerb darunter leidet. Wie gezeigt werden konnte, bemerken zwar Pädagog_innen die Sprachlosigkeit der Kinder und diskutieren, wie Kindern geholfen werden könnte sich mitzuteilen. Wenn in diesem Zusammenhang mehrsprachige Ansätze diskutiert werden, werden jedoch hegemoniale Diskurse und Ideologien herangezogen, die dies verunmöglichen würden. Dies zeigt sich in der Homogenitätsideologie, sei es durch das Konzept des *communautarisme* oder das der Parallelgesellschaft, die dazu genutzt wird, die Einsprachigkeit der Einrichtung aufrechtzuerhalten, durchzusetzen und letztendlich zu legitimieren. Die strukturellen und gesellschaftlichen Machtverhältnisse, die dadurch reproduziert werden, werden nicht thematisiert und können somit auch nicht dekonstruiert und hinterfragt werden. Mit einer Dethematisierung werden Machtverhältnisse konserviert. Somit wird deutlich, inwiefern die frühkindliche Bildung zu einer institutionellen Diskriminierung beiträgt. Dies ist jedoch vor allem im Kontext von Bildungssystemen nicht tragbar. Wenn Pädagog_innen den Bildungsauftrag ernst nehmen, den Spracherwerb *aller* Kinder zu unterstützen und den Zugang zur Bildung für *alle* Kinder zu ermöglichen, dann ist es unerlässlich die jeweils praktizierten Sprachpolitiken in der Einrichtung zu hinterfragen und sich damit auseinanderzusetzen, wem diese dient bzw. wer durch Sprachpolitiken und -praktiken ausgeschlossen, benachteiligt oder unterstützt werden könnte. Ein (An)Erkennen eines pädagogischen politischen Verhältnisses im Sinne Gramscis in einem gesellschaftlichen Machtverhältnis könnte zunächst dazu beitragen, strukturelle Diskriminierung von mehrsprachigen Migrationsanderen zu verstehen bzw. zu dekonstruieren und längerfristig dem Abbau einer Entmächtigung durch Sprachlosigkeit entgegen zu wirken. Dabei muss jedoch zu bedenken gegeben werden, dass Pädagog_innen durch begrenzte strukturelle Möglichkeitsräume in ihrem Handeln eingeschränkt oder unterstützt werden können. Dafür ist es unerlässlich Rahmenbedingungen zu schaffen, die den Fach- und Lehrkräften andere Praktiken ermöglichen können, wie z.B. eine angemessene Bezahlung und Betreuungsschlüssel, eine Entfristung der Arbeitsverträge, aber auch eine gesellschaftliche, politische Wertschätzung ihrer Arbeit. Außerdem müssen Kenntnisse zur Verfügung gestellt werden, wie Kinder in einer mehrsprachigen Gesellschaft unterstützt werden können, ob im Rahmen der Ausbildung oder von Fortbildungen. Dies kann jedoch nicht genügen, solange die Machtverhältnisse in der Gesellschaft, die sich in der frühkindlichen Bildung widerspiegeln, sich nicht grundsätzlich ändern.

Literatur

Alén Garabato, Carmen/Boyer, Henri/Brohy, Claudine (2008): Représentations et diglossie. Imaginaire communautaire et représentations sociolinguistiques. In: Zarate, Geneviève/Lévy, Danielle/Kramsch, Claire: Précis du plurilinguisme et du pluriculturalisme. Paris: Éditions des archives contemporaines, S. 293–299.

Auernheimer, Georg (Hrsg.) (2009): Schieflagen im Bildungssystem. Die Benachteiligung der Migrantenkinder (3. überarb. u. erw. Aufl.). Wiesbaden: VS Verlag für Sozialwissenschaften.

Blackledge, Adrian (2005): Discourse and Power in a Multilingual World. Amsterdam/Philadelphia: John Benjamins Publishing Company.

Beauftragte der Bundesregierung für Migration, Flüchtlinge und Integration (BBMFI) (2007): Nationaler Integrationsplan. Neue Wege – Neue Chancen. Berlin: Presse- und Informationsamt der Bundesregierung.

Bénisti, Jacques Alain (2004): Rapport préliminaire de la commission prévention du groupe d'études parlementaire sur la sécurité intérieure. Sur la prévention de la délinquance. http://www.libertyscurity.org/IMG/pdf/rapport_BENISTI_prevention.pdf [09.02.2008].

Brougère, Gilles/Guénif-Souilamas, Nacira/Rayna, Sylvie (2008): Ecole maternelle (Preschool) in France: a Cross-Cultural Perspective. European Early Childhood Education Research Journal 16 (3), S. 371–384.

Bryant, Antony/Charmaz, Kathy (Hrsg.) (2007): The SAGE Handbook of Grounded Theory. London u.a.: Sage Publications.

Bukow, Wolf-Dietrich/Nikodem, Claudia/Schulze, Erika/Yildiz, Erol (Hrsg.) (2007): Was heißt hier Parallelgesellschaft? Zum Umgang mit Differenzen. Wiesbaden: VS Verlag für Sozialwissenschaften.

Candeias, Mario (2007): Gramscianische Konstellationen. Hegemonie und die Durchsetzung neuer Produktions- und Lebensweisen. In: Merkens, Andreas/Rego Diaz, Victor (Hrsg.): Mit Gramsci arbeiten. Texte zur politisch-praktischen Aneignung Antonio Gramscis. Hamburg: Argument, S. 15–32.

Castro Varela, María do Mar (2010): Was heißt hier Integration?: Integrationsdiskurse und Integrationsregime. http://www.wochenendseminar.blogsport.de [21.04.2011].
Cowen, Robert/Kazamias, Andreas M. (Hrsg.) (2009): International Handbook of Comparative Education. Heidelberg/London/New York: Springer.
Deutsches PISA-Konsortium (Hrsg.) (2001): PISA 2000. Basiskompetenzen von Schülerinnen und Schülern im internationalen Vergleich. Opladen: Leske + Budrich.
Duchesne, Sophie/Haegel, Florence (2008): L'enquête et ses méthodes. L'entretien collectif (2. Aufl.). Paris: Nathan.
Esser, Hartmut (2006): Sprache und Integration. Die sozialen Bedingungen und Folgen des Spracherwerbs von Migranten. Frankfurt a.M./New York: Campus.
Extra, Guus/Spotti, Massimiliano/Van Avermaet, Piet (Hrsg.) (2009): Language Testing, Migration and Citizenship. Cross-National Perspectives on Integration Regimes. Advances in Sociolinguistics. London/New York: continuum.
Ferguson, Charles A. (1959): Diglossia. In: Word. Journal of the Linguistic Circle of New York, 15, S. 325–340.
García, Ofelia (2009): Bilingual Education in the 21st Century: A Global Perspective. Malden, MA/Oxford: Wiley-Blackwell.
Giroux, Henry/Aronowitz, Stanley (1987): Ideologies About Schooling: Rethinking the Nature of Educational Reform. In: Journal of Curriculum Theorizing 7(1), S. 7–38.
Gomolla, Mechtild/Radtke, Frank-Olaf (2007): Institutionelle Diskriminierung. Die Herstellung ethnischer Differenz in der Schule (2. Aufl.). Wiesbaden: VS Verlag für Sozialwissenschaften.
Grosfoguel, Ramón (2010): Die Dekolonisation poli-ökonomischer und postkolonialer Studien – Transmoderne, Grenzdenken und Postkolonialität. In: Boată, Manuela/Spohn, Willfried (Hrsg.): Globale, multiple und postkoloniale Modernen. Zentrum und Perpherie 7. München/Mering: Rainer Hampp, S. 309–340.
Ha, Kien Nghi (2010): People of Colour. In: Nduka-Agwu, Adibeli/Hornscheidt, Antje Lann (Hrsg.): Rassismus auf gut Deutsch. Ein kritisches Nachschlagewerk zu rassistischen Sprachhandlungen. Transdisziplinäre Genderstudien – 1. Wissen & Praxis 155. Frankfurt a.M.: Brandes & Apsel, S. 80–84.
Hélot, Christine (2007): Du bilinguisme en famille au plurilinguisme à l'école. Paris: L'Harmattan.
Hillert, Flora M. (2012): Gramsci para educadores. In: Hillert, Flora/Ouviña, Hernán/Rigal, Luis/Suárez, Daniel (Hrsg.): Gramsci y la educación: pedagogía de la praxis y políticas culturales en América Latina (2. Aufl.). Buenos Aires/México City: noveduc, S. 13–68.
Kirchhof, Paul (2004): § 20. Deutsche Sprache. In: Isensee, Josef/ders. (Hrsg.): Handbuch des Staatsrechts der Bundesrepublik Deutschland (3. Aufl.). Verfassungsstaat 2. Heidelberg: C. F. Müller, S. 209–258.
Lévy, Laurent (2005): Le spectre du communautarisme. Paris: Editions Amsterdam.
Lutz, Helma/Leiprecht, Rudolf (2005): Intersektionalität im Klassenzimmer: Ethnizität, Klasse, Geschlecht. In: Leiprecht, Rudolf/Kerber, Anne (Hrsg.): Schule in der Einwanderungsgesellschaft. Ein Handbuch. Schwalbach i.T.: Wochenschau, S. 218–234.
Maas, Utz (2008): Sprache und Sprachen in der Migrationsgesellschaft. Die schriftkulturelle Dimension. Schriften des Instituts für Migrationsforschung und interkulturelle Studien (IMIS) der Universität Osnabruck Band 15. Göttingen/Osnabrück: V & R unipress/Universitätsverlag Osnabrück.
Mecheril, Paul (1994): Die Lebenssituation anderer Deutscher. In: Ders./Teo, Th. (Hrsg.): Andere Deutsche. Berlin: Dietz, S. 57–93.

Mecheril, Paul (2004): Einführung in die Migrationspädagogik. Weinheim: Beltz.
Mecheril, Paul/Quehl, Thomas (2006): Sprache und Macht. Theoretische Facetten eines (migrations)pädagogischen Zusammenhangs. In: Dies. (Hrsg.): Die Macht der Sprachen. Englische Perspektiven auf die mehrsprachige Schule. Münster/New York: Waxmann, S. 355–381.
Mignolo, Walter D. (2000): Coloniality, Subaltern Knowledges, and Border Thinking. Princeton: Princeton University Press.
Moyer, Melissa G./Martin Rojo, Luisa (2007): Language, Migration and Citizenship. New Challenges in the Regulation of Bilingualism. In: Heller, Monica (Hrsg.): Bilingualism. A Social Approach. New York: Palgrave Macmillan, S. 137–160.
OECD (2004): Starting Strong – Länderbericht Deutschland 2004: Die Politik der frühkindlichen Betreuung, Bildung und Erziehung (FBBE) in der Bundesrepublik Deutschland.
Pennycook, Alastair (2001): Critical Applied Linguistics: A Critical Introduction. Mahwah/London/New Jersey: Lawrence Erlbaum Associates.
Quijano, Aníbal (1993): Colonialidad del poder, eurocentrismo y América Latina. In: Lander, Edgardo (Hrsg.): La colonialidad del saber: eurocentrismo y ciencias sociales. Perspectivas latinoamericanas. Buenos Aires: CLACSO, S. 201–246. http://pensamientolatinoamericanounmdp.files.wordpress.com/2011/07/quijano-unidad-iv.pdf [07.05.2013].
Raveaud, Maroussia (2006): De l'enfant au citoyen. La construction de la citoyenneté à l'école en France et en Angleterre. Éducation et société. Paris: Presses Universitaires de France.
Schiffauer, Werner/Baumann, Gerd/Kastoryano, Riva/Vertovec, Steven (2002): Staat – Schule – Ethnizität. Politische Sozialisation von Immigrantenkindern in vier europäischen Ländern. Interkulturelle Bildungsforschung 10. Münster/New York: Waxmann.
Shohamy, Elana (2006): Language Policy: Hidden Agendas and New Approaches. London/New York: Routledge.
Türkmen, Ceren (2010): Subalternität, Differenz und Ethnisierung – Problematiken Postkolonialer Theorie im Kontext politischer Transformation. In: Reuter, Julia/Villa, Paula-Irene (Hrsg.): Postkoloniale Soziologie. Empirische Befunde, theoretische Anschlüsse, politische Intervention. Bielefeld: transcript, S. 281–301.

Melanie Kuhn, Isabell Diehm

Sprechen über das Sprechen der Kinder

Thematisierungsweisen ‚ungesprochener' Mehrsprachigkeit im elementarpädagogischen Feld

1. Einleitung

Historisch informierte Verweise vermögen die immense Bedeutung zu unterstreichen, die dem Bildungsbereich Sprache in aktuellen fachwissenschaftlichen und bildungspolitischen Diskursen in der Bundesrepublik Deutschland auch und gerade im elementarpädagogischen Bereich zugewiesen wird. So lässt sich etwa anhand der Konzepte *Muttersprache* und *Vaterland* zeigen, wie eng verwoben jener langwierige Prozess der Herausbildung eines deutschen Nationalstaates während des 18. und 19. Jahrhunderts mit dem ideologisch hoch aufgeladenen Konzept der Sprache, hier der Muttersprache, war (vgl. Ahlzweig 1994; Radtke 2008). Ihr kam enorme identitätsstiftende Relevanz zu und sie kann als ein konstitutives Element dieses historischen Prozesses gelten, an dessen Ende sich, so Helmuth Plessner (1974 [1935]), die „verspätete Nation" formiert hatte – mit verheerenden Folgen für die weitere historische Entwicklung Deutschlands und Europas. Dabei gehörten zur Konstituierung des deutschen Nationalstaates anhaltende sprachliche Homogenisierungsbestrebungen. Die Etablierung einer National- bzw. Mehrheitssprache erfolgte über *quasi* naturalisierte oder essentialisierte Konstrukte wie ‚Vaterland', ‚(Kultur-)Nation' (Fichte), ‚Volksgeist' (Herder, Hegel, Humboldt) und ‚Muttersprache', die von vorn herein Hierarchisierungen gegenüber anderen, nicht-deutschen ‚Völkern', ‚Nationen', ‚Kulturen' und mithin ‚Sprachen' mit sich führten (vgl. Radtke 2008). Die Idee der Abstammungsgemeinschaft, welche im deutschen Staatsangehörigkeitsgesetz bis heute juridisch verankert ist, im Jahr 2000 durch eine grundlegende Novellierung allerdings eine Relativierung erfuhr, impliziert noch immer ‚Vererbungsvorstellungen' bezogen auf die Konzepte *Herkunft* und *Muttersprache*. Letztere erscheint häufig noch immer als eine ‚mit der Muttermilch eingesogene', natürliche und mithin tief im Wesen der Menschen eingeschriebene Fähigkeit konzeptualisiert, der im Übrigen immer auch eine *quasi* ‚natürliche' Vorrangstellung gegenüber später erworbenen Sprachen zukam. Vor diesem Hintergrund hat sich – auch unter nachhaltiger Mitwirkung der Institution Schule – ein Verhältnis von Mehr- und Minderheitensprachen ausgebildet, das durch eine historisch tradierte Priorisierung von Sprachen bis heute asymmetrisch und hierarchisch geprägt ist (vgl. hierzu ausführlich ebd.).

Seit fünf Jahrzehnten nun kennt die Bundesrepublik Deutschland Einwanderung[1], die zunächst vor allem Arbeitsmigration war, und seit fünf Jahrzehnten steht die mehr*heits*sprachliche Kompetenz als integrations- und bildungspolitischer Motor in öffentlichen und politischen Debatten außer Frage. Alle diese bislang geführten, gleichsam in Konjunkturen verlaufenden Debatten um die Bedeutung von Sprache im Kontext von (Im-) Migration erweisen sich als Debatten, die „Sprache nur im Singular" aufrufen, dabei jedoch zugleich auch eine widersprüchlich erscheinende „Anerkennung kultureller Vielfalt" propagieren „bei Dethematisierung sprachlicher Vielfalt" (Krüger-Potratz 2013, S. 186 f.). Unbestritten sei, so Krüger-Potratz (ebd., S. 188), dass das Erlernen der deutschen Sprache für die Teilhabe an allen Bereichen des Lebens in Deutschland eine zentrale Rolle spiele. Ihre „Kritik gilt der Negierung der sprachlichen Realität bzw. der unterschiedlichen sprachlichen Ausgangslagen der Kinder und Jugendlichen und damit auch der mit der faktischen Mehrsprachigkeit einhergehenden Ressourcen" sowie jener „seit Ende des 18. Jahrhunderts […] erfolgreich durchgesetzten ‚Logik' der ‚Einsprachigkeit als Normalfall'" (ebd.).

Und vor diesem Hintergrund erstaunt es wenig, dass bereits kindlichen Sprachpraxen im elementarpädagogischen Alltag aktuell ein hohes Augenmerk zukommt. Die Sprachkompetenzen der Kinder werden von den Fachkräften über vielfältige Praktiken des Beobachtens, Erhebens und Dokumentierens in allgemeinen Bildungs- oder spezifischen sprachbezogenen Dokumentationsverfahren erfasst. Bei festgestellten Abweichungen von der Norm wird mit alltagsintegrierten oder separierenden Förderpraktiken interveniert und kompensiert. Mit solchen Differenzierungspraktiken entlang sprachlicher Kompetenzen gehen weitreichende Klassifizierungen und Positionierungen der Kinder einher. Entsprechend des zumeist unhinterfragten monolingualen Selbst(miss)verständnisses des deutschen Bildungssystems geht es bei diesen Dokumentations- und Förderpraktiken in aller

---

1 Selbstverständlich gab es Einwanderung nach Deutschland auch vor der Gründung der Bundesrepublik Deutschland im Jahr 1949; Bezugspunkt hier ist die arbeitsmarktbezogene Anwerbepolitik seit dem Jahr 1955 mit dem ersten bilateralen Anwerbevertrag zwischen der Bundesrepublik Deutschland und Italien.

Regel ausschliesslich um die deutsche Mehrheitssprache, die als allein bildungsrelevant und verwertbar gilt. Die Sprachpraxen und -kompetenzen der Kinder stellen daher auch in den sogenannten Entwicklungsgesprächen, welche der regelmäßigen Information der Eltern zum Bildungs- und Entwicklungsstand ihrer Kinder durch die Fachkräfte der Kindertagesstätten dienen, einen höchst relevanten Gegenstand dar. Hier sprechen Erwachsene über das Sprechen der Kinder und hier thematisieren und ggf. problematisieren sie auch deren sprachliche Praktiken. In diesen Gesprächen vollziehen sich Normalisierungspraktiken, in denen die Sprachkompetenzen einzelner Kinder relational eingeordnet und klassifiziert werden und mitunter auch Normierungspraktiken, mit denen auf das erzieherische Verhalten der Eltern einzuwirken versucht wird. Wenngleich es in diesen Gesprächen zumeist ausschliesslich um die *mehrheits*sprachlichen Kompetenzen der Kinder, also ihre Deutschkenntnisse, geht, widmet sich dieser Beitrag den vergleichsweise seltenen Thematisierungen der *erst*sprachigen Kompetenzen zwei- oder mehrsprachig aufwachsender Kinder durch Eltern und Fachkräfte. Dabei rücken wir eine Facette dieser Thematisierungen der *erst*sprachlichen Praktiken der Kinder ins Zentrum unserer Aufmerksamkeit: nämlich das Nichtsprechen*wollen*[2] ihrer Erst- oder Familiensprache im Kindergarten- oder Familienalltag. In den Blick geraten damit die elterlichen und professionellen Thematisierungs- und Problematisierungsweisen einer in gewisser Weise ‚ungesprochenen' Mehrsprachigkeit und die grundlegende Differenz zwischen sprachlicher Kompetenz und Performanz. An solchen Praktiken des Sprechens Erwachsener *über* die Sprachpraxen der Kinder lässt sich erstens rekonstruieren, wie diese in ihrer Abwesenheit entlang ihrer mehrsprachigen Kompetenzen, aber auch ihres bisweilen eigensinnigen und widerständigen performativen Vollzugs dieser Sprachpraktiken (fremd-)positioniert werden. Zweitens lässt sich an diesem *Sprechen über das Sprechen der Kinder* analysieren, wie sich Eltern und Erzieherinnen[3] im sprachpraktischen Diskurs selbstpositionieren – beispielsweise als kompetente und reflektierte, sprachensensible und -fördernde Begleiter(innen) der kindlichen Entwicklung.

2 Ohne selbst Aussagen über die Beweggründe der Kinder treffen zu können, verwenden wir in diesem Beitrag den Begriff des Nichtsprechen*wollens*, weil die Erwachsenen dieses Nichtsprechen der Herkunftssprachen in einem intentionalen Sinne deuten.
Zur weiterführenden Konzeptionalisierung des Nichtsprechen*wollens* sowie des Nichtsprechen*könnens* als Schweigen vgl. den körper- und machttheoretisch angelegten Beitrag von Magyar-Haas (2014).

3 Die Fachkräfte der elementarpädagogischen Einrichtungen sind mehrheitlich weiblich, weshalb wir für diesen Beitrag durchgängig von ‚Erzieherinnen' sprechen.

Im Folgenden wird zunächst das Forschungsprojekt, in dessen Kontext die hier analysierten Daten erhoben wurden, in seinen theoretischen und methodologischen Prämissen sowie methodischen Zugängen kurz umrissen; Elterngespräche als ein spezifisches Setting des elementarpädagogischen Alltags werden hierin verortet (2). Im nächsten Schritt entfalten wir unsere empirischen Analysen zu den Thematisierungsweisen von Eltern und Professionellen bei ‚ungesprochener' kindlicher Mehrsprachigkeit als Kompetenzphänomen (3.1), als Entwicklungsphänomen (3.2) und als Phänomen der Identitätsstiftung und -findung (3.3) und rekonstruieren damit verbundene entdramatisierende Modi der Normalisierung kindlicher Sprachpraxen sowie der Normierung elterlichen Erziehungsverhaltens. Mit einem systematisierenden Fazit schließen wir unsere Überlegungen ab (4).

2. Elterngespräche im Projektkontext

Das Datenmaterial, auf das wir uns im Folgenden beziehen, entstammt einem erziehungswissenschaftlichen Forschungsprojekt – dem Teilprojekt des von der Deutschen Forschungsgemeinschaft (DFG) geförderten Bielefelder Sonderforschungsbereichs 882 „Von Heterogenitäten zu Ungleichheiten" mit dem Titel: „Ethnische Heterogenität und die Genese von Ungleichheit in Bildungseinrichtungen der (frühen) Kindheit"[4]. Es ist als eine ethnographische Längschnittstudie mit einer maximalen Laufzeit von zwölf Jahren konzipiert. Theoretisch an die Praxistheorie *sensu* Reckwitz (2003) angelehnt werden Unterscheidungspraktiken von Professionellen im organisationalen Alltag der konsekutiv angelegten Bildungseinrichtungen Kindertagesstätte und Schule ethnographisch beobachtet und analysiert. Um der Re-Produktion von Bildungsungleichheit bei ihrem Durchlaufen der Bildungsorganisationen auf die Spur zu kommen, begleiten wir 52 Kinder mit und ohne sogenannten Migrationshintergrund seit drei Jahren und werden sie auch weiterhin im Übergang in die Grundschule, in der Grundschule und im Übergang in die Sekundarschule begleiten. Die pädagogischen Alltagspraktiken der Professionellen schließen Unterscheidungspraktiken ein, die z.B. auch Dokumentationspraktiken zur Beschreibung und Einschätzung der Lern- und Entwicklungsschritte der Kinder sind. In diesem Zusammenhang etwa werden Abweichungen von ‚normalen' Bildungsverläufen festgehalten; in Elterngesprächen werden sie dann thematisiert und problematisiert. Insofern gehören neben teilnehmenden

4 Die Leitung des Projekts liegt bei Isabell Diehm, Mitarbeiterinnen sind Claudia Machold, Miriam Mai, Lara Pötzschke und Melanie Kuhn (assoziiertes Projektmitglied).

Beobachtungen im pädagogischen Alltag, die Beobachtungen und Analysen der organisationsspezifischen Dokumentationspraktiken im Kindergarten und später in der (Grund-)Schule konstitutiv zum Forschungsdesign des Projekts. Sie systematisch auszuwerten verspricht, rekonstruierbar zu machen, inwiefern sich solche ungleichheitsrelevanten und -produzierenden Unterscheidungspraktiken im Laufe der Zeit als Ungleichheitsformationen in der Bildungskarriere eines Kindes aufschichten. Elterngespräche können wichtige Hinweise auf solchermaßen weitreichende Differenzierungspraktiken der Professionellen und deren Begründungen geben.

Die diesem Beitrag zugrunde gelegten Daten geben überwiegend formalisierte Bildungs- und Entwicklungsgespräche zwischen Erzieherinnen und Eltern(teilen) wieder, die in den einbezogenen Kindertagesstätten ein- bzw. zweimal jährlich durchgeführt werden. Im Fokus stehen dabei der Bildungs- und Entwicklungsstand des einzelnen Kindes, aber auch sein Verhalten, seine Aktivitäten und Freundschaftsbeziehungen in erster Linie im Kindergartenalltag, seltener auch in der Familie. Obwohl solche Gespräche zwischen Eltern und Erzieherinnen im frühpädagogischen Feld regemäßig stattfinden und ihre Durchführung in Bildungsplänen (Curricula) oder Kindergartengesetzen der deutschen Bundesländer nahe gelegt oder verbindlich geregelt ist, sind sie ein bislang nahezu kaum erforschtes Element elementarpädagogischer Alltagspraxis – dies gilt im Übrigen im nationalen wie im internationalen Kontext (vgl. Alasuutari/Markström 2011, S. 518, Mai/Pötzschke 2014; für eine Überblicksdarstellung empirischer Studien zu elementarpädagogischer Elternarbeit im Allgemeinen vgl. Westphal/Kämpfe 2012).[5] In praxistheoretischer Perspektive stellen Elterngespräche einen hochspezifischen Komplex sozialer Praktiken dar. Die Beteiligten verhandeln Vorstellungen vom Kind, Konzeptionen von Kindheit, diesbezügliche Normalitätsvorstellungen, aber auch Normabweichungen (Alasuutari/Markström 2011, S. 519; vgl. zur Konstruktion von Geschlecht Mai/Pötzschke 2014).

5 Für die Systematisierung vorliegender Studien zu Elterngesprächen im vorschulischen Feld vgl. weiterführend Alasuutari und Markström (2011, S. 518). Die beiden skandinavischen Autorinnen haben Arbeiten vorgelegt, die Elterngespräche im vorschulischen Bereich unter folgenden Perspektiven untersuchen: der Partnerschaft zwischen Eltern und Professionellen, der Grenzen zwischen Öffentlich und Privat, der Aushandlung von Verantwortlichkeiten und der Bedeutung von Elterngesprächen als Praktiken gesellschaftlicher Normierung (englisch vorliegend: Alasuutari 2009, 2010; Markström 2009, 2010). Im Rahmen des hier vorgestellten Forschungsprojekts widmet sich Miriam Mai mit ihrem Promotionsvorhaben explizit dieser Forschungslücke.

Für solche formalisierten Elterngespräche in Kindertagesstätten ist charakteristisch, dass sie unter „Ausschluss" der Kinder stattfinden, „wodurch sich dieses Setting als ‚mono-generational-erwachsen' konstituiert: Hier sprechen die Eltern und Professionellen *über* die Kinder" in deren Abwesenheit (Mai/Pötzschke 2014, S. 3, hvgh.i.O.). In gewisser Weise sind die erwachsenen AkteurInnen in diesem Setting vor die Aufgabe gestellt, vom *in situ* abwesenden Subjekt Kind über ihre sprachlichen Praktiken ein möglichst plastisches ‚Bild' zu zeichnen. Ihren Re-Präsentationen der Abwesenden, den jeweiligen Kindern, verleihen sie insbesondere durch drei Thematisierungsweisen Authentizität: erstens durch episodenhaftes Sprechen im Sinne einer Beschreibung konkret erlebter Situationen im jeweiligen Kindergarten- bzw. Familienalltag, zweitens – und dies erfolgt nur durch die Professionellen – durch Vergleiche mit anderen Kindern aus der Kindergartengruppe und drittens durch eine Positionierungen der Kinder innerhalb etablierter Entwicklungsnormen (vgl. zu letzterem auch Mai/Pötzschke 2014, S. 8; Bollig 2013). Das Verhalten und der Bildungs- und Entwicklungsstand eines Kindes werden in Elterngesprächen also entweder zu *konkret-individuellen* Kindern der jeweils zutreffenden Kindergartengruppe oder zu *abstrakt-generalisierten* und in Entwicklungsnormen repräsentierten Kindern in Beziehung gesetzt. Die „Charakterisierung, Evaluation und die Kategorisierung" (Alasuutari/Markström 2011, S. 529, eigene Übersetzung) von Kindern in Elterngesprächen erfolgt mithin überwiegend in einem relationalen Sinne. Beispielsweise wird unerwünschtes kindliches Verhalten als Kontrast zu und Verstärkung für das erwünschte Vorschulkind im intergenerationalen Verhältnis und im Verhältnis zur Institution herangezogen (vgl. Markström 2010, S. 312, eigene Übersetzung). An solchen Elterngesprächen lässt sich dementsprechend rekonstruieren, wie der Kindergarten als Organisation an der Produktion eines spezifischen Bildes vom Kind beteiligt ist, indem er Normalitätsvorstellungen mit hervorbringt (vgl. Alasuutari/Markström 2011, S. 520, eigene Übersetzung). Denn die impliziten und expliziten Äusserungen über Kindergartenkinder sind jeweils eingebettet in eine „institutionell situierte Normalität" (vgl. Markström 2010, S. 311, eigene Übersetzung). Insofern Elterngespräche als eine „Arena der Konstruktion" eines „normalen Vorschulkindes" zu verstehen sind, erhalten Eltern Hinweise darauf, „was von Pädagogen als Problem und als erwünschtes kindliches Verhalten" gesehen wird (Markström 2010, S. 312, eigene Übersetzung). Markström interpretiert in Anlehnung an Foucault (1994) den Einbezug von Eltern als eine Form der Gouvernementalität, „insofern Normen, Werte und selbstverständliche Tatsachen in den Gesprächen verhandelt werden" (ebd., S. 312, eigene Übersetzung) und begreift sie als einen Teil einer Pädagogisierung der Eltern (ebd.; Popkewitz 2003).

Während die analytische Stoßrichtung Markströms hier auf die Untersuchung von Normabweichungen zielt, die in Elterngesprächen markiert werden, um auf diese Weise Auskunft über Normalitätsvorstellungen zu erhalten, geht unsere Untersuchungsperspektive in diesem Beitrag in eine andere Richtung. Wie wir am empirischen Material zeigen werden, erfolgt die Konstruktion eines normalen Vorschulkindes in Elterngesprächen auch, indem seine (sprachlichen) Praktiken von den Professionellen normalisiert, sprich als *normal* deklariert werden – auch wenn diese von den Eltern zuvor problematisiert wurden.

3. Nichtsprechen*wollen* – Thematisierungs- und Problematisierungsweisen einer ‚ungesprochenen' Mehrsprachigkeit

Im folgenden Kapitel rekonstruieren wir, wie in den Gesprächen zwischen Professionellen und Eltern das Nichtsprechen*wollen* der Herkunftssprache der Kinder thematisiert wird: als eine Frage der Kompetenz, eine Frage der Entwicklung und als eine Frage der Identitätsstiftung und -findung. Während die Eltern dieses Phänomen zumindest latent zu problematisieren scheinen (insofern sie es jeweils in die Gespräche einbringen und es so zu einem thematisierungsrelevanten Gesprächsthema machen), entdramatisiert die Professionelle dieses Phänomen in verschiedenen Modi der Normalisierung und der hypothetischen Normierung elterlicher Erziehungspraktiken. Diese richten sich darauf, in die Sprachpraktiken des Kindes nicht regulierend einzugreifen.

3.1 Nichtsprechenwollen als ein Kompetenzphänomen

Folgende Gesprächssequenz zwischen einer Mutter des in unserer Studie ‚begleiteten' Kindes Leyla und einer Lehrerin stammt nicht aus einem Elterngespräch in der Kindertagesstätte, sondern einer Testsituation im Rahmen des Delfin4-Sprachstandserhebungsverfahren, das zwei Jahre vor der Einschulung von allen Vierjährigen im deutschen Bundesland Nordrhein Westfalen (NRW) obligatorisch zu durchlaufen ist (vgl. Fried/Briedigkeit/Isele/Schunder 2009).[6] Da hier – anders als in den folgenden Elternge-

6 Die erste Stufe dieses zweistufig angelegten Verfahrens findet in Zusammenarbeit einer Erzieherin und einer Lehrerin als Gruppentest von je vier Kindern in den Kindertagesstätten statt. Für die überwiegende Mehrzahl der Kinder ist der Test

sprächen – erstens die Mutter und nicht die Professionelle eine Deutung des Phänomens des Nichtsprechen*wollens* der Erstsprache vornimmt und zweitens ein erzieherischer Handlungsbedarf konstatiert wird, analysieren wir auch diese Sequenz zur ‚ungesprochenen' Mehrsprachigkeit, um so der empirischen Vielschichtigkeit unseres Untersuchungsgegenstands Rechnung zu tragen.

Anders als im Falle regulärer Elterngespräche kennen sich in diesem spezifischen Setting eines Sprachstanderhebungsverfahrens die Lehrerin und Mutter bislang nicht. Die Lehrerin verfügt – von den Testerfahrungen abgesehen – über keine weiteren Kenntnisse über das Kind und seiner Familie. Entsprechend der Vorgaben hat die Lehrerin nach Beendigung des Tests auf den Testdokumenten einen Eintrag vorzunehmen: Unter der Rubrik ‚Familiensprache' muss sie die Optionen ‚Deutsch', ‚Nicht-Deutsch', ‚zweisprachig mit Deutsch' ankreuzen, wofür sie bei der Mutter nachfragt.

> Die Lehrerin füllt die Unterlagen aus, fragt dann die Mutter: „Sprechen Sie zu Hause Deutsch?" Die Mutter antwortet: „Ja", während die Lehrerin ohne Innezuhalten direkt daran die nächste Frage anschließt: „Oder welche Sprache sprechen Sie?" Die Mutter sagt: „Ja, beziehungsweise es ist eigentlich Kurdisch. Aber sie weiß, dass ich auch Deutsch kann und die nutzt das gerne aus, halt. Aber die redet ja nur noch Deutsch und (.). Die Mutter stockt, die Lehrerin fragt: „Ja?", die Mutter fährt fort: „Wollt ich mir halt jetzt so (.) n bisschen Mühe geben, auch zu Hause Kurdisch zu sprechen. Aber die merkt das, dass ich Deutsch kann und auch der Papa kann Deutsch."

Durch ihre beiden direkt aneinander anknüpfenden Fragen, mit denen sie die Mutter auffordert, *eine* Sprache (im Singular) zu nennen, die zu Hause gesprochen wird, konstruiert die Lehrerin einen für sie offenbar selbstverständlich monolingualen Alltag als Bezugsrahmen. Die Formulierung „Deutsch? Oder…" legt nahe, dass sie nicht Zwei- oder Mehrsprachigkeit,

---

bereits nach der Stufe 1 beendet, wenn sie gemäß ihren Punktwerten in Gruppe grün (= kein Sprachförderbedarf) oder Gruppe rot (= Sprachförderbedarf) klassifiziert werden. An sich werden nur diejenigen Kinder, deren Punktwerte dazwischen liegen und die der gelben Gruppe (= erneute Überprüfung in Stufe 2) zugeordnet sind, einige Wochen später in einem Einzeltest im Beisein eines Elternteils von einer Lehrerin an einer Grundschule getestet (vgl. ausführlicher Diehm/Kuhn/Machold/Mai 2013; Kuhn/Mai 2014). Leylas Mutter hat allerdings von ihrem Einspruchsrecht Gebrauch gemacht und die zweite Testung ihres Kindes beim Schulamt beantragt, obwohl Leyla in Stufe 1 der grünen Gruppe zugeordnet worden war, was ihr ausreichende Sprachkenntnisse im Deutschen bescheinigt hat.

sondern lediglich Deutsch oder eben *eine* andere Sprache in Betracht zieht. Bestätigt die Mutter mit ihrer zweifachen Bejahung zunächst, dass zu Hause Deutsch gesprochen wird, führt sie auf die zweite Frage der Lehrerin hin das Kurdische als Familiensprache an. Sie formuliert damit eine Diskrepanz zwischen dem Eigentlichen („es ist eigentlich Kurdisch“) und dem zumindest derzeit Faktischen, dass *ein* Familienmitglied, das Kind Leyla, in der Familie aktuell „nur noch Deutsch“ spricht und sich im performativen Vollzug des familialen Sprachenalltags somit ausschließlich einer Sprache, der deutschen Mehrheitssprache, bedient. Das ‚nur noch Deutsch-Sprechen‘ und damit implizit auch das ‚nicht (auch) Kurdisch-Sprechen‘ Leylas erklärt die Mutter allerdings nicht mit einer mangelnden Kompetenz des Kindes in dieser *eigentlichen* Familiensprache, sondern mit dessen Wissen („sie weiß; die merkt das“) um die bilingualen Kompetenzen ihrer Eltern („dass ich auch Deutsch kann; und auch der Papa kann Deutsch“). Könnten die Eltern kein Deutsch, so legt diese Aussage nahe, würde das Kind wohl auch Kurdisch mit ihnen sprechen. Sie präsentiert die deutsch-sprachige *Performanz* des Kindes somit als ausgerichtet an den (oder dem Wissen um die) bilingualen *Kompetenzen* der Eltern. Insbesondere auch in der Rede vom *Ausnutzen* dieses Wissens präsentiert sie das Kind als eine gewiefte Akteurin im bilingualen familialen Setting, die auf eine kompetente und eigensinnige Weise ihre Sprachpraxis als monolingual-deutschsprachige vollzieht.

Vor diesem Hintergrund nun formuliert die Mutter einen zwar aktuellen („jetzt“), aber allem Anschein nach nicht sehr dringlichen erzieherischen Handlungsbedarf, wenn sie die etwas vage Absicht formuliert, sich „n bisschen Mühe geben zu [wollen]“. Zielt ihre anvisierte Intervention letztlich zwar auf eine Veränderung der (monolingual deutschen) sprachpraktischen Performanz des Kindes, sieht sie den Weg dorthin jedoch in einer Veränderung ihrer eigenen sprachlichen Praktiken. Sie bringt sich selbst als ein sprachliches Vorbild ins Spiel, wenn sie sich vornimmt, „zu Hause auch Kurdisch“ zu sprechen. Ob sich dieses „auch“ darauf bezieht, dass künftig *neben* dem Deutschen zu Hause *auch* Kurdisch gesprochen werden soll, oder ob es eher konditional formuliert ist – im Sinne von, wenn ich möchte, dass mein Kind zu Hause Kurdisch spricht, muss ich es auch tun –, muss an dieser Stelle offen bleiben. Indem die Mutter aber sogleich („Aber die merkt das, dass ich Deutsch kann und auch der Papa kann Deutsch“) ihre Tochter in ihrer Fähigkeit anführt, die sprachlichen Kompetenzen ihrer Eltern adäquat einschätzen zu können, relativiert sie zumindest implizit die Erfolgsaussichten ihrer beabsichtigten Bemühungen, auf die Sprachpraktiken ihrer Tochter verändernd einwirken zu können. Von der Mutter wird die derzeit ‚ungesprochene‘, performativ nicht vollzogene Mehrsprachigkeit des Kindes als dessen eigenwillige Leistung eines in zweifacher Weise kompetenten Kindes thematisiert, welches das in Rede stehende Kurdisch zum einen zwar sprechen *kann*, zum anderen aber einzuschätzen vermag, dass es Kurdisch nicht notweniger Weise mit den Eltern sprechen *muss*, um von ihnen verstanden zu werden.

Die Lehrerin kreuzt auf Leylas Ergebnisbogen daraufhin ‚zweisprachig mit Deutsch' an und kommentiert die Ausführungen der Mutter nicht weiter, was dem spezifischen Setting, dem Abschluss einer vom Kind erfolgreich durchlaufenen Testsituation und dem Zweck der Frage – nämlich das Kreuzchen im Dreifelderschema zur Familiensprache an der richtigen Stelle auf dem Testdokument machen zu können –, wohl angemessen ist.

3.2 Nichtsprechenwollen als ein Entwicklungsphänomen

Die beiden folgenden Sequenzen geben Ausschnitte aus formalisierten Bildungs- und Entwicklungsgesprächen zwischen einer Erzieherin und einer Mutter wider. Auch hier wird das Nichtsprechen*wollen* der Erstsprache auf Seiten der Kinder durch die Erwachsenen thematisiert und problematisiert, wobei es jeweils die Professionelle ist, die Beschreibungen und Deutungen dieses Phänomens vornimmt und erzieherische Handlungsbedarfe zurückweist. In der Thematisierungsweise des Nichtsprechen*wollens* als einem Entwicklungsphänomen lassen sich *zwei Modi der Normalisierung* des Phänomens und *ein Modus der Normierung* elterlicher Erziehungspraktiken rekonstruieren.[7]

In diesem Elterngespräch sprechen die Mutter und die Erzieherin Özlem länger über „das Deutsch" von Nevin. Dabei bestärkt Özlem die Mutter explizit darin, zu Hause mit dem Kind Türkisch zu sprechen und versichert der Mutter auf deren formulierte Befürchtungen hin, sein Deutsch sei nicht gut genug, dass sie „sich keinen Kopf" zu machen brauche, er habe alles „so schnell aufgeholt", da falle „absolut nichts auf."

> Dann sagt die Mutter: „Er redet kaum Türkisch mehr." Die Erzieherin nickt, sagt, „Das ist aber eine normale Phase, die alle Kinder durchmachen." Die Mutter entgegnet „Ach so", woraufhin die Erzieherin Özlem weiter ausführt: „Nevin ist jetzt vier. Nächstes Jahr sieht's schon anders aus. Mit Fünf geht das dann wieder los. Das habe ich oft hier bei den Kindern beobachtet. Nicht bei allen. Ich mach das jetzt ziemlich lange mit der Sprachförderung. […] Das ist so. Und dann kommt dieses Bewusstsein. Die konzentrieren sich jetzt auf diese Sprache."

---

7 Zur Unterscheidung zwischen Normierung und Normalisierung siehe unten.

Nachdem die Erzieherin die aktuellen deutschsprachigen Kompetenzen des Kindes Nevin als „absolut“ unauffällig und als nicht sorge- und interventionsbedürftig (sie solle sich „keinen Kopf machen“) charakterisiert hat, führt die Mutter ein, dass dieser „kaum mehr Türkisch rede“. Das „mehr“ deutet darauf hin, dass sich die sprachliche Alltagspraxis des Kindes verändert hat. Auch dieses ‚kaum mehr Sprechen der Erstsprache‘ kodiert die Erzieherin als ein zeitlich begrenztes („Phase“) und notwendig auftretendes („durchmachen“) Phänomen einer gewöhnlichen kindlicher Sprachentwicklung, das sie an das Alter des Kindes knüpft („Nevin ist jetzt vier“) und mit den spezifischen Erfordernissen des Zweitspracherwerbs begründet („Die konzentrieren sich jetzt auf diese Sprache“). In dieser teleologischen Logik wird Kindheit grundlegend als „Entwicklungskindheit“ konturiert (Honig 1999, S. 62), die auf einem *quasi* natürlichen Fortschrittsgedanken fusst. Mit Rekurs auf diese Entwicklungsidee kann das Nicht-Sprechen der Erstsprache als ein nicht-interventionsbedürftiges und *quasi*-natürliches, sich von selbst lösendes Phänomen konzeptualisiert werden („Nächstes Jahr sieht´s schon anders aus“). Die Autorität ihrer Einschätzung unterstreicht die Erzieherin Özlem dabei mit dem Hinweis auf ihre langjährigen („Sprachförder“-)Erfahrungen („oft beobachtet“) als professionelle Fachkraft.

Das von der Mutter als thematisierungsrelevant erzeugte sprachliche Verhalten des Kindes, ‚sein kaum mehr Türkisch Sprechen‘, wird von der Erzieherin jener Entwicklungslogik entsprechend auf eine ganz explizite Weise normalisiert, indem sie es ausdrücklich als *normal* labelt. Solche Praktiken des „Normalmachens“ (Bollig 2013, S. 104) oder des „als Normal-Erklärens“ (ebd., S. 106) stellen ein gängiges Muster in Elterngesprächen im elementarpädagogischen Feld dar (auch Mai/Pötzschke 2014, S. 8). Häufig werden sie eingesetzt, um elterliche Sorgen zu beschwichtigen und abzubauen. In diesem Sinne fungieren sie als eine Art „Unbedenklichkeitsausweis“ (Bollig 2013, S. 109). An dieser Stelle erweist sich die Relevanz des von Markström (2010, S. 311) und Alasuutari/Markström (2011, S. 520) gouvernementalitätstheoretisch informierten – und in ihren Arbeiten empirisch eindrucksvoll rekonstruierten – Befunds, der besagt, dass in vorschulischen Elterngesprächen „ordinariness and normality in children“ produziert werde. Insofern an diesen institutionell vorgesehenen Orten des Sprechens *über* das Kind (vgl. Mai/Pötzschke 2014, S. 3) weitreichende Charakterisierungs-, Evaluierungs- und Kategorisierungsprozesse vollzogen werden (vgl. Alasuutari/Markström 2011, S. 529), stellen sie *innerhalb* frühpädagogischer Organisationen eine höchst bedeutsame ‚Normalisierungsarena‘ dar. Zur analytischen Präzisierung erscheint es hilfreich, an die in den vorliegenden theoretischen und empirischen Auseinandersetzungen der Normalismusforschung diskutierte Unterscheidung zwischen Normierung und Normalisierung anzuschließen (Kelle/Mierendorff 2013; Kelle 2013; Bollig 2013). Demnach – so Kelle (2013, S. 16) in ihren begriffsanalytischen, von Foucault ausgehenden Überlegungen dazu – wäre zunächst festzuhalten, „dass gesellschaftliche Prozesse der Normierung und Normalisierung der Kindheit in engem Zusammenhang gedacht werden müssen – aber auch nicht einfach gleichgesetzt werden sollten." Kelle verweist auf „virulente semantische und diskursive Überblendungen beider Begriffe in unterschiedlichen Disziplinen" (ebd.) und stellt für den Kontext soziologischer Begriffsdifferenzierungen fest, „dass Normierung etwas stärker präskriptiv und Normalisierung etwas stärker deskriptiv konnotiert" sei (ebd., S. 18). Mit Bezug auf mathematische und messtechnische Definitionsversuche wird deutlich, „dass Prozesse der Normierung [...] Prozesse der Beurteilung voraussetzen" und sich „eher auf die Festlegung einer Norm" beziehen (ebd.). Demgegenüber „verweist ‚normalisieren' tendenziell eher auf die weiteren sozialen Prozesse der Ausrichtung an der umschriebenen Norm" (ebd.). Folgeoperationen wie Typisieren, Klassifizieren, Vergleichen und Relationieren seien dabei dem Komplex der Normalisierung zuzurechnen (vgl. ebd.). Angewandt auf die Kindheitsforschung befindet Kelle (vgl. ebd., S. 32), dass die Begriffe ‚Normierung' und ‚Normalisierung' von größerer analytischer Präzision seien als die Konzepte ‚Institutionalisierung' und ‚Standardisierung', insofern sie jene unterscheidenden, klassifizierenden und vergleichenden Operationen, welche das einzelne Kind in Relation zu Gruppen von Kindern betrachteten und auf einem Kontinuum platzierten, gesellschaftliche Institutionen und Praktiken besser erfassen könnten. In ein weiteres, für unsere vorliegenden Betrachtungen wichtiges Licht rückt Kelle das Konzept der ‚Normierung'. Wiederum angelehnt an Foucaults gouvernementalitätstheoretischer Einschätzung der Familie als dem „fundamentalen Relais der Regierung der Bevölkerung" konstatiert sie „eine doppelte Normierung der generationalen Ordnung (...), da die Normierung des elterlichen Verhaltens untrennbar mit der Normierung von Kindern und Kindheit verknüpft" sei (ebd., S. 33). Wenn wir im Folgenden von ‚Normierung' sprechen, verbinden wir damit also in Anlehnung an Kelle eher ‚Normsetzungen', die „präskriptive und prospektive Perspektiven" aufrufen, wenn wir von ‚Normalisierung' sprechen, sind „fortgesetzte Ausrichtungen von Praktiken an Normen" in „deskriptiver Perspektive" gemeint (ebd., S. 32).

Ganz generell betrachtet lassen sich in Elterngesprächen immer wieder Normalisierungsbemühungen seitens der Professionellen beobachten, so etwa wenn Sprachkenntnisse eines Kindes mit Aussagen wie „Das ist noch nicht altersgemäß" beurteilt und klassifiziert werden. Hier wird, worauf Kelle (2013) in den vorne zitierten Passagen hingewiesen hat, deskriptiv-vergleichend argumentiert. Die Entwicklung des infrage stehenden Kindes wird an einer bestehenden Norm, zumeist im Vergleich mit anderen Kindern, gemessen und eingeordnet, um Entwicklungs- oder Förderbedürfnisse (im Nachhinein) zu markieren. Es sind in Elterngesprächen aber auch Direktiven wie „Er muss häufiger in die Kita kommen“ oder „Sie sollte früher ins Bett gehen“ anzutreffen. In ihrem präskriptiven Charakter stellen sie gegenüber den Normalisierungen Normierungen im Sinne von Normsetzungen dar, hier wird im Voraus festgelegt, was zu beachten ist, damit sich ein Kind optimal entwickelt (vgl. hierzu auch Bollig 2013, S. 103).

Nimmt man von diesen Überlegungen ausgehend die Praktiken der Normalisierung, die im vorgestellten Elterngespräch vollzogen werden, erneut in den Blick, so fällt auf, dass die Normalisierung hier nicht über die „Ausrichtung und Anpassung“ kindlichen Sprachverhaltens „an das Normale“ erfolgt, wie es beispielsweise bei Sprachstandserhebungs- und Förderverfahren der Fall ist,[8] sondern vielmehr über „die Platzierung eines Verhaltens im Bereich des Auch/Noch-Normalen“ (Bollig 2013, S. 104). Indem das Phänomen von der Erzieherin dem „Bereich des Normalen“ zugewiesen wird, vermeidet sie eine „Zuschreibung von Anormalität“ (ebd.). Rekapituliert man erneut die Normalisierungspraktiken der Erzieherin, lassen sich daran zwei Modi genauer bestimmen.

Zum einen eine *Normalisierung im Modus der (alters- und herkunftsbezogenen) Generalisierung:* Indem sie das Phänomen des Nichtsprechen*wollens* als ein Entwicklungsphänomen konzeptualisiert, das „alle Kinder“ als eine „Phase durchmachten“, normalisiert die Erzieherin es im Modus der Generalisierung. Diese Generalisierung relativiert sie zunächst in der Bemerkung, es zwar „nicht bei allen“ Kindern, aber eben „oft beobachtet“ zu haben. Nichtsdestotrotz kommt sie im weiteren Verlauf des Gesprächs immer wieder darauf zurück, dass es bei *allen* Kindern auftrete. In der Logik des Entwicklungsparadigmas weist sie dabei der Differenzkategorie ‚Alter‘ eine zentrale Relevanz zu („Nevin ist jetzt vier; mit Fünf geht das dann wieder los.“). Neben dieser altersbezogenen Generalisierung bedient sie sich in ihren Praktiken des als Normal-Postulierens auch einer auf die (nationale) Herkunft bezogenen Generalisierung, wie sich im weiteren Verlauf des Elterngesprächs rekonstruieren lässt:

> Die Erzieherin weiter: „Das ist so. Die haben wirklich, die machen Pause. Und das ist egal, aus welcher Nationalität oder welcher Sprache sie kommen. Also welche Sprache sie vorher gesprochen haben. Das machen alle Kinder.“

8 Vgl. hierzu weiter Kelle 2010; Diehm/Kuhn/Machold/Mai 2013.

Wie es Mai und Pötzschke (2014, S. 8) bereits für die Differenzkategorie ‚Geschlecht' herausgearbeitet haben, lässt sich am hier untersuchten Material für das Ethnizitätsmerkmal ‚Sprache'[9] ein analoges Argumentationsmuster rekonstruieren: Durch den „Bezug auf das (Entwicklungs-)Alter und mittels einer generalisierenden Aussage" über „alle Kinder" im Zweitspracherwerb („egal, aus welcher Nationalität oder welcher Sprache sie kommen. Also welche Sprache sie vorher gesprochen haben.") wird eine „Zuschreibungspraktik vollzogen", die das zeitweise Nicht-Sprechen der Erstsprache zu einer *quasi*-natürlichen zweitsprachenerwerbspezifischen „Entwicklungsnorm macht."[10] Mit solchen generalisierenden Aussagen relationiert die Erzieherin Nevins derzeitige Sprachpraxis an derjenigen der abstrakt-generalisierten Kinder („alle Kinder") und weist sie vor dieser Folie als normal aus.

Zum anderen eine *Normalisierung im Modus der Exemplifizierung*: Zweimal setzt die Erzieherin Nevins Nichtsprechen*wollen* seiner Erstsprache in diesem Elterngespräch in Beziehung zu konkret-individuellen anderen Kindern, indem sie diese als Beispiele für ein ähnliches Sprachverhalten anführt:

> Die Mutter sagt: „Er versteht alles. Aber er gibt mir immer deutsche Antworten."
>
> Die Erzieherin Özlem nickt mehrfach und sagt: „Genau, genau. Das ist, das machen sie wirklich alle. Das macht mein Kind auch. Jetzt mit Fünf hat's angefangen zu fragen, ‚Ah, Tasse? Bardak'. Das war jetzt doch Bardak. Das war jetzt Türkisch. Jetzt fangen sie an zu differenzieren. Dabei hat sie auch nur rein Türkisch gelernt.
>
> Özlem weiter: „Igor war z.B. auch so. Igor haben Sie noch kennengelernt. Und bei dem war das genauso. Und das ist wirklich ein Phänomen. Ab fünf, zwischen fünf und sechs geht's los, dass sie dann dieses Bewusstsein für die andere, für die Muttersprache und dann fangen die an zu fragen und fordern das dann auch."

---

9 Nach Max Weber (1956) umfasst der Begriff ‚Ethnizität' die Differenzdimensionen: Sprache, Nationalität, Kultur und religiöses Bekenntnis.

10 Mai und Pötzschke (2014, S. 8) haben für die Differenzkategorie Geschlecht herausgearbeitet, wie in Elterngesprächen „geschlechtliche Unterscheidungskategorien zur Begründung und Erklärung der Fähigkeiten und Interessen des Kindes, die von der (geschlechtlich neutralen) aber altersstrukturierten Entwicklungsnorm ‚abweichen', eingesetzt [werden]." Desinteresse am Malen beispielsweise wird, indem es als ein für Jungen typisches Verhalten gelabelt wird, „entdramatisiert und normalisiert" (ebd.).

Ihre Generalisierung („das machen sie wirklich alle“) konkretisiert und plausibilisiert die Erzieherin, indem sie ihr eigenes Kind und ein bereits eingeschultes Kind aus Nevins Gruppe („Igor haben Sie noch kennengelernt. Und bei dem war das genauso.“) als konkrete Beispiele anführt. Nevins Nichtsprechen*wollen* in seiner Erstsprache erklärt sie zumindest für seine Altersphase vor dieser Vergleichsfolie zu einem völlig normalen Sprachverhalten. In diesem Sinne erfolgt die Normalisierung seiner sprachlichen Performanz im Modus der Exemplifizierung – auch hier ist es, wie zuvor bei Leyla, unstrittig, dass Nevin über türkische Sprachkompetenz verfügt („Er versteht alles.“). Indem sie ihr eigenes Kind als Beispiel heranzieht, weist sie ihre Erfahrungswerte mit dem Nichtsprechen*wollen* nicht nur als professionelle, sondern auch als familiale aus. Damit konstruiert sie einen geteilten Erfahrungsraum mit Nevins Mutter („Özlem nickt mehrfach und sagt: ‚Genau, genau; das macht mein Kind auch.‘“). Nicht nur bezogen auf das Nichtsprechen*wollen*, sondern auch mit Blick auf familiale Bildungs- und Sprachpraktiken, stellt sie heraus, dass *auch* ihr Kind, wie Nevin[11], „nur rein Türkisch gelernt“ habe. Sie positioniert sich so selbst als Angehörige einer Minderheit in der deutschen Mehrheitsgesellschaft. Entgegen den empirischen Befunden von Panagiotopoulou und Rosen (2014), die in einer Interviewstudie mit angehenden zweisprachigen Lehrerinnen und Lehrern mit sogenanntem Migrationshintergrund festgestellt haben, wie stark sich deren sprachliche Normalitätsvorstellungen bezogen auf öffentliche Erziehungskontexte an der Mehrheitssprache Deutsch ausrichten, geht die Erzieherin Özlem nicht nur mit ihrer eigenen Zweisprachigkeit offensiv und selbstbewusst um. Vielmehr scheint sie auch eine ihrer Aufgaben darin zu sehen, im Sinne von Empowerment, die häufig anzutreffende Zurückhaltung und Unsicherheit im Umgang mit den eigenen Erst- und/oder Familiensprachen auf Seiten der Eltern abbauen zu müssen.

Mittels der Konzeptualisierung des Nichtsprechen*wollens* als ein Entwicklungsphänomen schreibt Özlem der an das Alter gebundenen *quasi* natürlichen, später einsetzenden Entwicklung eines Eigeninteresses an der „Muttersprache“ eine zentrale Bedeutung zu („Jetzt mit Fünf hat‘s angefangen zu fragen; dann fangen die an zu fragen.“). Mit dieser Deutung des Nichtsprechen*wollens* als einem „Phänomen“, das sich, wenn die Kinder erst einmal ein Eigeninteresse und „Bewusstsein“ entwickelt haben, naturwüchsig von selbst erledigen wird, legt sie – in Übereinstimmung mit der Entwicklungslogik – nahe, dass man auf die Sprachpraktiken des Kindes

11 An anderer Stelle im Elterngespräch thematisiert die Mutter, dass Nevin kein Wort Deutsch gekonnt habe, als er in den Kindergarten gekommen sei. Die Erzieherin bestärkt die Mutter mehrfach darin, zu Hause Türkisch mit Nevin zu sprechen.

keinesfalls in verändernder Absicht erzieherisch einwirken solle. Dies lässt sich auch im weiteren Verlauf des Elterngesprächs zeigen, wenn es um *Normierungsversuche elterlicher Erziehungspraktiken* geht:

> Die Erzieherin fährt fort: „Was wichtig ist, dem Kind nicht immer zu sagen: ‚Sag mal, ich rede mit dir die ganze Zeit Türkisch, Italienisch oder sonst noch was und du antwortest mir Deutsch. Kannst du mir gefälligst in der Sprache‘ – das wäre nicht richtig. Sie sollen sich wohl fühlen. Sie sollen ankommen in der Sprache und wenn er das Bedürfnis hat, dann geht er schon in der Sprache auch anders antworten. Wichtig ist nur, dass man das nicht stigmatisiert, dass man sagt: ‚Du hast mit mir so oder so zu reden‘. [...] Einfach weiter machen. Ruhig weiter machen und er kommt schon."

Die Erzieherin normiert hier mittels einer Reihe plastischer Beschreibungen explizit das elterliche Erziehungsverhalten, indem sie klar stellt, was unbedingt zu vermeiden sei: Dem Kind solle nicht vorgeschrieben werden, in welcher Sprache es zu sprechen habe, und man dürfe es „nicht stigmatisier[en]". Sie unterstreicht ihre Rede noch, indem sie an das Vertrauen in seine natürliche „Bedürfnis"-Entwicklung *in puncto* Erstsprache und die selbstgesteuerte Veränderung seiner Sprachpraxis appelliert („dann geht er schon in der Sprache auch anders antworten; er kommt schon"). Mit der Normalisierung des Nichtsprechen*wollens* (im Sinne eines als Normal-Deklarierens) wird dieses Phänomen von der Erzieherin allerdings nicht nur zu einem *nicht*-interventions*bedürftigen* erklärt. Vielmehr führt sie einen erzieherisch-intervenierenden Zugriff auf die Sprachpraktiken der Kinder als potenziell hinderlich für den Erwerb der deutschen Mehrheitssprache („ankommen in der Sprache") und für das emotionale Empfinden des Kindes an („sich wohl fühlen sollen"). Auf diese Weise normiert sie die elterlichen Erziehungspraktiken explizit dahingehend, das Kind ‚in Ruhe zu lassen‘. Allerdings scheint es sich dabei eher um eine prophylaktische Normierung zu handeln, denn es bleibt in diesem Elterngespräch offen, ob die Mutter bislang überhaupt je versucht hat, das Kind zum Türkisch sprechen zu bewegen. Der Ratschlag der Erzieherin an die Mutter, „einfach" und „ruhig weiter[zu]machen", deutet jedenfalls darauf hin, dass die Erzieherin selbst eher nicht davon auszugehen scheint. Mit dieser Strategie der Normalisierung findet die Erzieherin Özlem Rückhalt in der einschlägigen praxisbezogenen Fachliteratur. In einem exemplarischen Elternbrief in einer an das Fachpersonal in Kitas adressierten Publikation findet sich folgender Formulierungsvorschlag:

> Bei manchen Kindern gibt es Phasen, in denen sie nur eine Sprache sprechen wollen – z. B. nur Deutsch. Dann antworten sie auf Deutsch,

auch wenn die Eltern in der Familiensprache mit ihnen sprechen. Solche Phasen sind ganz normal. Wenn Sie selbst konsequent bleiben und weiter in ihrer Muttersprache mit dem Kind sprechen, und wenn das Kind die Sprache auch bei anderen Gelegenheiten hört, dann geht sie nicht verloren, das Kind lernt weiter als Zuhörer – und wird sicherlich diese Sprache später auch wieder sprechen. (Ulich 2010, S. 66)

3.3 Nichtsprechenwollen als Phänomen der Identitätsstiftung und -findung

Das Nichtsprechen*wollen* der Erstsprache wird in der folgenden Sequenz als ein Phänomen der Identitätsstiftung und -findung interpretiert. In diesem Falle erfolgt die Normalisierung in einem dritten Modus, dem der Psychologisierung: Im nächsten Elterngespräch mit der Mutter Sameds, der deutsch-türkisch zweisprachig aufwächst, sind die Sprachkompetenzen des Kindes im Deutschen kaum Thema.[12] Die selbst deutschsprachige Mutter[13] und die deutsch-türkischsprachige Erzieherin Özlem sprechen vielmehr über „das Türkisch" von Samed. Die Erzieherin betont u.a. seine gute Aussprache und hebt mehrmals hervor, dass Samed immer wieder auch in der Kita Türkisch spreche und er sich häufig um jüngere und in der Kita neue türkischsprachige Kinder kümmere.

> Die Erzieherin Özlem fährt weiter fort: „Und dann wiederum eine ganz tolle Sache. […] Bekir, der Türkisch kann […], Makedonisch kann er auch noch, Deutsch, also was für Sprachen, aber sich dafür, das ist auch ganz normal, dass die Kinder in dem Alter sich genieren und das nicht möchten, die Muttersprache nicht sprechen, auch nicht benennen und sagen: ‚Ich bin Deutsch. Ich spreche nicht.' Sich dazu nicht anerkennen. Durch Samed ist da jetzt eine Wende. Der spricht Türkisch. Und er zwingt mich dazu. Er fordert das. […] Das macht dann jetzt auch Bekir. Das macht Bekir. Was er vorher absolut nicht. […] So, jetzt hat Samed mir bewiesen, Bekir spricht Türkisch."

Bekir ist ein Kind, das bislang durch das Nichtsprechen*wollen* des Türkischen als einer seiner Familiensprachen in der Kita aufgefallen ist. Auch in seinem Fall macht die Erzieherin Özlem Anstalten, dieses Verhalten zu

12 Das mag auch daran liegen, dass er im Delfin4-Sprachstandserhebungsverfahren den höchsten Punktwert aller in der Kita getesteten Kinder erreicht hat.

13 Sie selbst könne nicht Türkisch mit ihm sprechen, so die Mutter.

normalisieren mit dem Hinweis, dass dieses kompetente *mehr*sprachige Kind in einem Alter sei, in dem man sich gewöhnlich für seine „Muttersprache geniere" und sich ganz und gar auf die Mehrheitssprache, hier Deutsch, kapriziere. Sie argumentiert hier psychologisierend bezogen auf die inneren Zustände des Kindes, wenn sie diese Verweigerung der „Muttersprache" mit der identitären Selbstpositionierung („Ich bin Deutsch") des Kindes in migrationsgesellschaftlichen Verhältnissen begründet. Indem sie alters- und minderheitenspezifische Gründe für Bekirs Weigerung, die „Muttersprache" zu sprechen, miteinander verschränkt, legt sie nahe, dass sein derzeit letztlich assimilationistisches Sprachverhalten im Sinne einer völligen Anpassung an die Mehrheitssprache („ich spreche nicht") aus einer Minderheitenposition heraus als normal zu beurteilen sei. Ein Kind in Bekirs Situation und Alter wolle sich der mehrheitssprachlichen Norm angleichen, das sei ganz „normal", es wolle sein wie alle anderen (Gleichaltrigen) und erkenne seine „Muttersprache" daher nicht an („Sich dazu nicht anerkennen."). Inwieweit die Erzieherin mit dem Hinweis darauf, dass ein Genieren für die Muttersprache in diesem Alter ebenfalls normal sei, implizit auf Schamerleben in einer mehrheitssprachlichen Dominanzkultur (Rommelspacher 2006) abhebt, muss hier dahin gestellt bleiben. Sie argumentiert ausschließlich alters- und mithin entwicklungsabhängig, wobei sie psychische Normalreaktionen aufruft.

Samed hingegen wird als ein Kind eingeführt, das im Vergleich zu Bekir und allen anderen Kindern eine Wende herbeigeführt hat („Durch Samed ist da jetzt eine Wende."): Er spricht Deutsch und Türkisch, betont das Türkische dabei aber selbstbewusst, fast schon ‚missionarisch', wenn er nicht nur mit jüngeren, zweitsprachlich noch unerfahreneren oder neuen Kindern Türkisch spricht, sondern sowohl die türkischsprachige Erzieherin als auch Bekir dazu „zwingt", mit ihm Türkisch zu sprechen („Der spricht Türkisch. Und er zwingt mich dazu. Er fordert das."). Samed wird als ein starkes Kind mit Durchsetzungsvermögen dargestellt, das keine Scheu hat, Türkisch (selbst wenn es in der Mehrheitsgesellschaft wenig anerkannt sein sollte) zu sprechen. Mit seinem entschlossenen Auftreten hat er auch Bekir, den Verweigerer, dazu gebracht, Türkisch zu sprechen und der Erzieherin mithin bewiesen, dass Bekir auch diese Sprache sprechen kann.

Die Erzieherin Özlem präsentiert sich in diesem Elterngespräch als eine empathische und verständnisvolle Professionelle, die die Seelenzustände der Kinder zu deuten weiss, und zudem bereit ist, sich von einem Kind wie Samed belehren zu lassen: Sie geht auf seine Forderung ein, mit ihm in der Einrichtung auch Türkisch zu sprechen; sie signalisiert ihm gegenüber damit nicht nur viel Selbstwirksamkeit bezogen auf seine Sprachpraxis, sondern macht zugleich deutlich, dass sie die Kita als einen Ort erachtet, an dem Mehrsprachigkeit erwünscht ist und aktiv gepflegt wird. Vor diesem

Hintergrund wäre dann auch ihr Engagement zu verstehen, den zweisprachigen, mit Blick auf den ‚richtigen' Umgang mit sprachlichen Fragen zum Teil verunsicherten Eltern zur Seite zu stehen. Unter Inanspruchnahme spracherwerbs- und entwicklungstheoretischer Begründungshaushalte versucht sie diese dazu zu ermutigen, auch dann Vertrauen in die Sprachentwicklung ihrer Kinder zu haben, wenn diese z.B. ihre Erstsprache nicht sprechen wollen. Vor dem Hintergrund der ideologisch aufgeladenen Debatten um die bildungs- und integrationsrelevante Bedeutung der Mehrheitssprache Deutsch ist Özlems professionelle Haltung jedenfalls bemerkenswert: Im Vertrauen auf die sprachlichen Potentiale der Kinder und in Kenntnis spezifischer (zweit-)spracherwerbstheoretischer Ansätze vertritt sie im Umgang mit den Eltern eine Position, die vor allem von Normalisierungsabsichten getragen ist, welche sich als Entdramatisierungsstrategien interpretieren ließen. Eng daran geknüpft erweisen sich sogleich ihre Normierungsabsichten bezogen auf das elterliche Erziehungsverhalten im Umgang mit den kindlichen Sprachpraktiken. Normalisierungspraktiken und Normierungsbestrebungen fallen mithin nicht in eins, doch wird deutlich, wie stark aufeinander bezogen sie im pädagogischen Alltag auftreten.

4. Fazit

Elterngespräche stellen im elementarpädagogischen Alltag ein herausragendes Medium der Kommunikation zwischen Fachkräften, den Vertreterinnen der Organisation Kindertagesstätte, und Eltern, den RepräsentantInnen der Familien, dar. Sie haben expliziten Charakter – anders etwa als die gängigen ‚Tür-und Angel-Gespräche'. Auch diese sind als Möglichkeitsraum des (informellen) Austauschs anerkannte Kommunikationsformen, gleichwohl haben Elterngespräche – schon allein aufgrund ihrer formalen Verankerung – einen offiziellen Stellenwert im Alltag der Einrichtungen. Wie die vorangegangenen Ausführungen deutlich machen sollten, sind Elterngespräche ein Ort, an dem ‚Normales', ‚Nicht-Normales' und Abweichungen von der ‚Norm' zur Verhandlung stehen. Hier wird auf die einzelnen Kinder bezogen *gesprochen*, hier werden kindspezifische Erfahrungen in der Einrichtung oder der Familie ausgetauscht und ggf. gemeinsame Überlegungen angestellt, die den weiteren Umgang der Erwachsenen mit dem Kind betreffen. Im Kontext unseres Forschungsprojekts kommt den Elterngesprächen eine große Bedeutung zu, denn hier lassen sich durch die Beobachtung von Erklärungs-, Begründungs- und Beratungspraktiken Prozesse der Produktion von Normalität(en) und Nicht-Normalität(en) rekonstruieren ebenso wie Normierungsbestrebungen der Professionellen. Solche Einzelbeobachtungen können sich *à la longue*, wenn es um die systematische Analyse von bildungsverlaufsrelevanten Entscheidungen geht, als interessante Puzzleteile oder Mosaiksteine erweisen. Was, wann, wie und durch wen in Elterngesprächen normalisiert und was, wann, wie und durch wen als Abweichung konstruiert wird, könnte – dies jedenfalls sind unsere Annahmen und Erwartungen – u.a. auch Hinweise darauf geben, wie sich Unterscheidungspraktiken von Professionellen in Bildungseinrichtungen der (frühen) Kindheit zu dem aufschichten, was am Ende als die Bildungskarriere eines Kindes auszumachen ist. Im Falle ‚ungesprochener' Mehrsprachigkeit auf Seiten der Kinder, festgemacht am Phänomen des Nichtsprechen*wollens* ihrer Erstsprachen, hat uns die in diesem Beitrag unternommene Rekonstruktion von Normalisierungsstrategien auf Seiten der Professionellen vor Augen geführt, wie viele Facetten dieses Sprechen *über* das Sprechen der Kinder birgt – auch wenn sich in praxistheoretischer Perspektive über Motive und Hintergründe für die in den Elterngesprächen ausgetauschten Argumente und eingenommenen Positionen der AkteurInnen keine Aussagen machen lassen.

Literatur

Alasuutari, Maarit (2009): What Is so Funny about Children? Laughter in Parent-Practitioner Interaction. In: International Journal of Early Years Education, 17 (2), S. 105–118.

Alasuutari, Maarit (2010): Striving at Partnership: Parent-Practitioner Relationships in Finnish Early Educators' Talk. In: European Early Childhood Education Research Journal, 18 (2), S. 148–161.

Alasuutari, Maarit/Markström, Ann-Marie (2011): The Making of the Ordinary Child in Preschool. In: Scandinavian Journal of Educational Research, 55 (5), S. 517–535.

Ahlzweig, Claus (1994): Muttersprache – Vaterland. Die deutsche Nation und ihre Sprache. Opladen: Westdeutscher Verlag.

Bollig, Sabine (2013): „Individuelle Entwicklung" als familiales Projekt. Zur Normativität von Normalisierungspraktiken in kindermedizinischen Vorsorgeuntersuchungen. In: Kelle, Helga/Mierendorff, Johanna (Hrsg.): Normierung und Normalisierung der Kindheit. Weinheim/Basel: Juventa, S. 99–118.

Diehm, Isabell/Kuhn, Melanie/Machold, Claudia/Mai, Miriam (2013): Ethnische Differenz und Ungleichheit? Eine ethnographische Studie in Bildungseinrichtungen der frühen Kindheit. In: Zeitschrift für Pädagogik 59 (5), S. 644–655.

Foucault, Michel (1994): The Order of Things. An Archaeology of the Human Sciences. London/New York: Vintage Books.

Fried, Lilian/Briedigkeit, Eva/Isele, Patrick/Schunder, Rabea (2009): Delfin4 – Sprachkompetenzmodell und Messgüte eines Instrumentariums zur Diagnose, Förderung und Elternarbeit in Bezug auf die Sprachkompetenz. In: Zeitschrift für Grundschulforschung 2, S. 1–26.

Honig, Michael-Sebastian (1999): Entwurf einer Theorie der Kindheit: Die generationale Ordnung. Frankfurt a.M.: Suhrkamp.

Kelle, Helga (2010): Verfahren der Überprüfung von Sprachkompetenzen im Kontext medizinischer Früherkennung und Schuleingangsdiagnostik. In: Dies. (Hrsg.): Kinder unter Beobachtung. Kulturanalytische Studien zur pädiatrischen Entwicklungsdiagnostik. Opladen/Farmington Hills: Barbara Budrich, S. 207–254.

Kelle, Helga (2013): Normierung und Normalisierung der Kindheit. Zur (Un)Unterscheidbarkeit und Bestimmung der Begriffe. In:. Dies./Mierendorff, Johanna (Hrsg.): Normierung und Normalisierung der Kindheit. Weinheim/Basel: Beltz Juventa, S. 15–37.

Kelle, Helga/Mierendorff, Johanna (2013): Normierung und Normalisierung der Kindheit. Zur Einführung. In:. Dies./Mierendorff, Johanna (Hrsg.): Normierung und Normalisierung der Kindheit. Weinheim/Basel: Beltz Juventa, S. 7–14.

Krüger-Potratz, Marianne (2013): Sprachenvielfalt und Bildung. Anmerkungen zum Kern einer historisch belasteten Debatte. In: Die Deutsche Schule (DDS), 105 (2), S. 185–198.

Kuhn, Melanie/Mai, Miriam (2014): Ethnisierende Differenzierungen im Elementarbereich – Sprachstanderhebungsverfahren zwischen landes- und kommunalpolitischen Direktiven und situiertem eigenlogischen Vollzug. In: Geier, Thomas/Zaborowski, Katrin U. (Hrsg.): Migration: Auflösungen und Grenzziehungen. Perspektiven einer erziehungswissenschaftlichen Migrationsforschung. Wiesbaden: VS Verlag für Sozialwissenschaften (im Erscheinen).

Magyar-Haas, Veronika (2014): Schweigen des Körpers? Verhältnisse von Ausgesetztheit und Wahrnehmbarkeit. In: Geiss, Michael/Magyar-Haas, Veronika (Hrsg.): Zum Schweigen. Macht und Ohnmacht in Erziehung, Bildung und gesellschaftlichen Verhältnissen (im Erscheinen).

Mai, Miriam/Pötzschke, Lara (2014): Geschlechtliche Unterscheidungspraktiken aus ethnografischer Perspektive: „Aber ich, wir, wir sind alle gleich. Alle Madchen." In: Graff, Ulrike/Kolodzig, Katja (Hrsg.): Ethnographie – Pädagogik – Geschlecht. Projekte aus der Kindheits- und Jugendforschung. Perspektiven aus pädagogischer Forschung und Praxis. Wiesbaden (im Erscheinen).

Markström, Ann-Marie (2009): The Parent-Teacher Conference in the Swedish Preschool. A Study of an Ongoing Process as a 'Pocket of Local Order'. In: Contemporary Issues in Early Childhood, 10 (2), S. 122–132.

Markström, Ann-Marie (2010): Talking about Children's Resistance to the Institutional Order and Teachers in Preschool. In: Journal of Early Childhood Research, 8 (3), S. 303–314.

Panagiotopoulou, Argyro/Rosen, Lisa (2014): Sprachen werden benutzt, „um sich auch gewissermaßen abzugrenzen von anderen Menschen" – Lehramtsstudierende mit Migrationshintergrund reflektieren über Mehrsprachigkeit. In: Geier, Thomas/Zaborowski, Katrin U. (Hrsg.): Migration: Auflösungen und Grenzziehungen. Perspektiven einer erziehungswissenschaftlichen Migrationsforschung. Wiesbaden (im Erscheinen).

Plessner, Helmuth (1974 [1935]): Die verspätete Nation. Über die politische Verführbarkeit bürgerlichen Geistes. Frankfurt a.M.: Suhrkamp.

Popkewitz, Thomas S. (2003): Governing the Child and Pedagogicalization of the Parent: In: Bloch, Marianne N./Holmlund, Kerstin/Moqist, Ingeborg/ders. (Hrsg.): Governing Children, Families and Education: Restructuring the Welfare State. New York: Palgrave Macmillan, S. 35–61.

Radtke, Frank-Olaf (2008): Schule und Ethnizität. In: Helsper, Werner/Böhme, Jeanette (Hrsg.): Handbuch für Schulforschung (2. durchg. und erw. Auflage). Wiesbaden: VS Verlag für Sozialwissenschaften, S. 651–672.

Reckwitz, Andreas (2003): Grundelemente einer Theorie sozialer Praktiken. In: Zeitschrift für Soziologie 32 (4), S. 282–301.

Rommelspacher, Birgit (2006): Dominanzkultur: Texte zu Fremdheit und Macht. Berlin: Orlanda Frauenverlag.

Ulich, Michaela (2010): Elternbrief Deutsch. Wie lernt mein Kind 2 Sprachen, Deutsch und die Familiensprache? Staatsinstitut für Frühpädagogik (IFP) München. In: Dies./Oberhuemer, Pamela/Soltendieck, Monika: Die Welt trifft sich im Kindergarten. Interkulturelle Arbeit und Sprachförderung in Kindertageseinrichtungen. Berlin: Cornelsen Scriptor, S. 65–68.

Weber, Max (1956): Wirtschaft und Gesellschaft. Tübingen: Mohr.

Westphal, Manuela/Kämpfe, Karin (2012): Elternarbeit im Bereich Kita: empirische Forschungsergebnisse. In: Stange, Waldemar/Krüger, Rolf/Henschel, Angelika/Schmitt, Christoff (Hrsg.): Erziehungs- und Bildungspartnerschaften. Wiesbaden: Springer VS, S. 244–254.

Anna Schnitzer

Sprache(n) sprechen

Biographische Selbstpositionierungen jugendlicher Schülerinnen einer bilingualen Schulklasse in der Schweiz

1. Einleitung

Mit vier offiziellen Landessprachen – Deutsch, Französisch, Italienisch und Rätoromanisch – ist die Schweiz als Nationalstaat von einem Nebeneinander dieser verschiedenen Sprachgruppen geprägt, zu dem noch verschiedene ‚Migrationssprachen' kommen (vgl. Lüdi/Werlen 2005, S. 11). Sie kann insofern als ein mehrsprachiges Land gelten, individuelle Mehrsprachigkeit allerdings ist dennoch keine Selbstverständlichkeit (vgl. Jurt 2008, S. 216). Hutterli, Stotz und Zappatore unterscheiden in diesem Zusammenhang zwischen Vielsprachigkeit und Mehrsprachigkeit: Während in einer vielsprachigen Gesellschaft viele Sprachen nebeneinander gesprochen werden, bezieht sich Mehrsprachigkeit auf das Individuum und betont „das Miteinander und die Wechselbeziehungen zwischen den Sprachen" (Hutterli et al. 2008, S. 105). In der Schweiz verteilen sich die vier Landessprachen vergleichsweise homogenisiert nach dem ‚Territorialprinzip' und lediglich vereinzelt bzw. in den Grenzregionen zwischen diesen ‚Sprachterritorien' sind auch im Alltag mehrere Landessprachen präsent (vgl. Andermatt 2008, S. 307–316, Jurt 2008, S. 206–207; Lüdi/Werlen 2005, S. 7–24). Auch Zweisprachige Beschulung ist daher eher die Ausnahme, wobei in der deutschsprachigen Schweiz im institutionellen Setting der Schule immer sowohl Schweizerdeutsch als auch Standarddeutsch präsent ist, das als Unterrichtssprache spätestens in der ersten Primarschulklasse eingeführt wird.[1] Im Zentrum des vorliegenden Beitrags steht empirisches Datenmaterial aus einer Untersuchung in einer bilingualen Schulklasse im sprachli-

1 In den ersten Jahren wird allerdings von den Lehrpersonen auch im Unterricht noch Schweizerdeutsch gesprochen (vgl. Caprez-Krompàk 2010, S. 71–73).

chen ‚Grenzgebiet' der Romandie und der Deutschschweiz.[2] Zwei jugendliche Schülerinnen sollen als exemplarische Fallbeispiele näher betrachtet werden. Ich möchte dabei der Frage nachgehen, wie Jugendliche, die eine bilinguale Klasse in einer zweisprachigen Stadt[3] besuchen und deren Leben schon durch diese strukturellen Merkmale von mehreren Sprachen geprägt ist, sich in Bezug auf die Sprachenlandschaft positionieren, das heißt, welche Zuschreibungen, Zugehörigkeiten und Differenzen über sprachliche Positionierungen jeweils konstruiert und aktualisiert werden. Diese Frage soll anhand von sprachbiographischen narrativen Interviews bearbeitet werden, die mit den Jugendlichen geführt wurden.

Die Bearbeitung erfolgt in folgenden Schritten: Zur Einordnung wird zunächst kurz die Sprachensituation in der Schweiz sowie insbesondere in der bilingualen Klasse und dem Sprachraum der Erhebung dargestellt. Daran anschließend wird die konzeptuelle Einbettung und die methodische Vorgehensweise der Studie vorgestellt. Im Hauptteil wird anhand der Eingangspassagen der Interviews mit zwei Schülerinnen einer bilingualen Schulklasse aufgezeigt, inwiefern sich die beiden in Bezug auf ihre Mehrsprachigkeit positionieren und in welcher Weise über die Präsentation im Interview sprachliche Differenz markiert sowie Zugehörigkeiten zu Sprachgruppen konstruiert werden.

2. Die Sprachensituation in der Schweiz

Als Kontext des Materials, das Gegenstand dieses Beitrages ist, ist die Sprachensituation in der Schweiz und insbesondere in der Region, in der die Erhebung durchgeführt wurde, bedeutsam. Die Schweiz verfügt wie schon eingeführt über vier anerkannte Nationalsprachen: Deutsch, Französisch, Italienisch und Rätoromanisch. Sie ist damit strukturell gesehen ein mehrsprachiges Land. Schweizerdeutsch wird von einem Anteil von 64,9% der Sprecherinnen und Sprecher als Hauptsprache angegeben, die damit die größte Sprachgruppe darstellen.[4] Französisch nennen 22,6% der Bevölke-

---

2 Die im vorliegenden Beitrag bearbeiteten Daten stammen aus dem laufenden Dissertationsprojekt der Autorin.

3 „Zweisprachig" bezieht sich hier auf den offiziellen Status der Stadt, tatsächlich werden viel mehr als die zwei offiziellen Sprachen gesprochen.

4 Eine detaillierte Vertiefungsauswertung der Daten der Volkszählung aus dem Jahr 2000 zur „Sprachenlandschaft" liegt mit Lüdi und Werlen 2005 vor. Die hier angegebenen Prozentsätze beziehen sich auf Daten des Bundesamt für Statistik aus dem Jahre 2012 (vgl. http://www.bfs.admin.ch/bfs/portal/de/index/themen/01/05/blank/key/sprachen.html [12.03.2014]). Im Jahr 2014 wird im Auftrag des Bundesamts für

rung als Hauptsprache, Italienisch 8,2% und Rätoromanisch 0,5%. In der Volkszählung aus dem Jahr 2000 geben 9% der Bevölkerung eine Nichtlandessprache als Hauptsprache an, davon Serbisch/Kroatisch mit einem Anteil von 1,4% gefolgt von Albanisch, Portugiesisch, Spanisch und Englisch (Lüdi/Werlen 2005, S. 7–12). Wie einleitend bereits deutlich gemacht, entspricht die Sprachverteilung in der Schweiz einem ‚Territorialprinzip', das auch die Festlegung der jeweiligen Amtssprache in Gemeinden und Kantonen bestimmt. Das ‚Territorialprinzip' regelt, dass in den Verwaltungseinheiten die Sprache Amtssprache ist, die von einer Mehrheit der Bevölkerung hauptsprachlich gesprochen wird. Lediglich vier der insgesamt 26 Kantone sind offiziell mehrsprachig, d.h. sie verfügen über mehrere Amtssprachen. In den anderen Kantonen ist jeweils eine der vier Landessprachen dominant (Andermatt 2008, S. 307–316). Die Hauptsprachen der Bevölkerung sind demnach recht homogenisiert vertreten (vgl. Lüdi/Werlen 2005, S. 7–24). Da die offiziellen Amtssprachen die Sprache der Beschulung der Kinder und Jugendlichen regeln, sind auch zweisprachige Unterrichtsmodelle eher die Ausnahme. Daher wurde für die Studie eine offiziell zweisprachige Schweizer Stadt ausgewählt, in der die hauptsprachlich Französisch sprechende und hauptsprachlich Schweizerdeutsch sprechende Wohnbevölkerung annähernd gleich verteilt ist. Insofern bildet die Schilderung der Sprachensituation den groben Rahmen der Studie, da sich die Situation in der für die Erhebung ausgewählten Stadt nochmals anders darstellt. Der Ort der Erhebung liegt an der Sprachgrenze der deutsch- und französischsprachigen Schweiz. In dieser Stadt sind in besonderer Weise sowohl Französisch als auch Schweizerdeutsch, aber auch viele Nichtlandessprachen im alltäglichen Umgang präsent. Straßenschilder, Werbeplakate, Zugansagen werden sowohl auf Französisch als auch auf Standarddeutsch oder Schweizerdeutsch präsentiert und auf der Straße und in Geschäften der Innenstadt hört man permanent beide Sprachen. In Bezug auf das Schulsystem herrscht bislang allerdings in vielen Fällen eine Sprachentrennung vor. Es existieren ein französischsprachiges und ein deutschsprachiges Schulsystem nebeneinander – mit zum Teil recht differenten Regelungen wie etwa einem dreiversus vierjährigen Besuch des Gymnasiums – und die Beschulung erfolgt nicht zwangsläufig zweisprachig. Eltern – und im Falle der zweisprachigen Gymnasien auch die Jugendlichen selbst – können sich aber bewusst für einen zweisprachigen Schulbesuch entscheiden. Sowohl auf dem Niveau der Primar- und Sekundarschule, als auch für Gymnasium und Berufsausbildung sind zweisprachige Angebote verfügbar, vereinzelt im Rahmen von

Statistik eine Erhebung zu Sprache, Religion und Kultur durchgeführt; Ergebnisse sind für das Jahr 2015 angekündigt.

Modellversuchen. Zum Teil werden alle Klassen zweisprachig unterrichtet, zum Teil werden aber auch zweisprachige Zweige mit einzelnen zweisprachigen Klassen angeboten.[5]

3. Konzeptionelle Grundlagen und methodisches Vorgehen

Innerhalb dieses städtischen Raumes, in dem sowohl Französisch als auch Schweizerdeutsch fortlaufend präsent sind, wurde die Studie angesiedelt und ist daher geeignet, Aussagen zu diesem in besonderer Weise strukturierten Feld zuzulassen, die so nicht unbedingt gleichermaßen für andere Teile der Schweiz gelten können. Darin liegt aber auch das besondere Interesse des Projektes: Es verfolgt das *Ziel*, die sprachliche Praxis von mehrsprachigen Jugendlichen in einem Feld zu erfassen, in dem mehrere Sprachen präsent sind und in dem die Jugendlichen sich demnach zwangsläufig innerhalb dieser Sprachenlandschaft positionieren müssen. Für dieses Vorhaben wurde eine bilinguale Schulklasse eines Gymnasiums ausgewählt. Als *Kontext* wurde damit eine explizite institutionelle Zweisprachigkeit gesetzt sowie ein insofern privilegierter Rahmen, als die Entscheidung für einen zweisprachigen Zweig an der ausgewählten Schule bewusst erfolgen muss. Damit bilden eigene sprachliche Erfahrungen innerhalb eines institutionell zweisprachigen Settings – als Möglichkeitsraum für mehrsprachige Interaktionen – den gemeinsamen Erfahrungshintergrund der Jugendlichen.

Während im Feld alltagstheoretisch von ‚Zweisprachigkeit' die Rede ist, rückt als Gegenstand dieses Beitrages ‚Mehrsprachigkeit' in den Fokus der Betrachtung. Dies ist insofern relevant, als zum einen außerhalb des institutionell verankerten Rahmens mehrere Sprachen gesprochen werden und auch im schulischen Rahmen mit Standarddeutsch, Schweizerdeutsch und Französisch immer schon mehrere Sprachen präsent sind. *Sprache* wird im Rahmen der Untersuchung nach Monica Heller als soziale Praxis gefasst. Heller versteht Sprache als „a set of resources which circulate in unequal ways in social networks and discursive spaces, and whose meaning and value are socially constructed within the constraints of social organizational processes, under specific historical conditions" (Heller 2007, S. 2). Sie argumentiert „[...] against a notion of language as connected to but distinct from society and culture, and for a view of language as one form of social practice [...]" (Heller 2007, S. 2). Sprache wird also nicht getrennt von Gesellschaft

5 Aus Gründen der Anonymisierung wird in dem voranstehenden Absatz auf Quellenangaben verzichtet, da ansonsten eine Anonymisierung der Stadt und auch der Schule nicht bzw. nur schwer möglich wäre. Quellen liegen der Autorin jedoch vor.

und Kultur gedacht, sondern als soziale Praxis, die eng verschränkt ist mit der jeweiligen sozialen, gesellschaftlichen und kulturellen Rahmung, und bedingt durch diese in den jeweiligen Situationen sozial wirksam ist. In diesem Sinne findet mehrsprachige Praxis im Spannungsfeld von individuellen Voraussetzungen und gesellschaftlicher Rahmung statt, das sich aufspannt zwischen individueller Mehrsprachigkeit als Ressource in sozialen Interaktionen und der Form bzw. den Bedingungen, unter denen sie in sozialen Situationen aktualisiert wird und diese Situationen jeweils mit bedingt (vgl. Dausien 2006, S. 37).[6] Für das Forschungsprojekt wurde daher ein *methodisch mehrschrittiges Vorgehen* gewählt: Neben den beobachtbaren Sprachpraktiken der Jugendlichen ist auch deren Konstruktion ihrer biographischen Erfahrungen mit den von ihnen gesprochenen Sprachen Gegenstand der Untersuchung. Über einen ethnographischen Zugang wurden sprachliche Interaktionen in der aktuellen Praxis beobachtet (vgl. Heller 2008). Mit den Jugendlichen der beobachteten Klasse wurden zudem narrative (sprach)biographische Interviews geführt, um die „biographischen Sinndeutungen" rekonstruieren zu können, „die je konkretes Handeln in konkreten Situationen disponieren" (Dausien/Kelle 2005, S. 203). In Abgrenzung zur Biographieforschung geht es allerdings dabei vor allem um Einblicke in den *sprachlichen* Erfahrungsraum der Jugendlichen, wie dies in ähnlicher Weise auch von Brigitta Busch verfolgt wird, die allerdings auf das „Spracherleben" und das „Sprachrepertoire" abzielt (vgl. u.a. in diesem Band), während der Fokus für die vorliegende Forschung allgemeiner auf den Präsentationen und Deutungen der sprachbezogenen Erfahrungen liegt. Die Sprachwissenschaftlerin Rita Franceschini hat sich ebenfalls eingehend mit Sprachbiographien beschäftigt, verfolgt aber andere Fragestellungen, die vor allem auf den Spracherwerb und damit einhergehende Muster des Erzählens abzielen (vgl. u.a. Franceschini 2004, S. 126–127).[7]

---

6 Bettina Dausien formuliert dies in ähnlicher Weise in Bezug auf „Geschlechterverhältnisse und ihre Subjekte".

7 Die Auswertung des Materials erfolgt im Sinne des interpretativen Paradigmas qualitativer Forschung, orientiert an sequenzanalytischen Verfahren, wie sie z.B. von Gabriele Rosenthal (vgl. 2011) beschrieben werden. Darüber hinausreichend geben für den Umgang mit dem ethnographischen Material Breidenstein et al. eine gute Orientierung (vgl. 2013, S. 109–176). Bei meinem Vorgehen stehen allerdings weniger Verfahren des Codierens als vielmehr der sequenziellen Analyse im Vordergrund. Leitende Kriterien für die Auswahl der zu analysierenden Stellen sind dabei zum einen die Darstellung, zum anderen aber auch die Zuschreibung von Mehrsprachigkeit. Ich schließe mit dieser Formulierung an Jürgen Budde an, der dies in Bezug auf die Darstellung und Zuschreibung von Geschlecht mit Bezug auf West/Zimmerman analog formuliert (vgl. hierzu Budde 2009, S. 157).

Auch *Biographie* fasse ich im Anschluss an Bettina Dausien als soziale Praxis im Sinne eines soziologischen Konzepts auf. Dabei sind ‚Individuum' und ‚Gesellschaft' nicht getrennt voneinander, sondern nur verschränkt denkbar. „[D]ie Gestaltung einer Biographie ist immer die besondere Leistung eines Individuums, in Interaktion mit anderen," so Bettina Dausien, „aber sie ist zugleich angewiesen auf ‚allgemeine' gesellschaftliche Räume, die individuelle Handlungen und Entwürfe zulassen, unterstützen oder einschränken" (2006, S. 32). Biographien entstehen also im ‚Zusammenspiel' einzelner Individuen mit anderen Akteurinnen und Akteuren in einem spezifischen gesellschaftlichen Raum in spezifischer Weise entlang der Möglichkeiten, die diese Räume jeweils zulassen, nahebringen oder auch verhindern.

Biographische Erzählungen wiederum können als komplexe situative Ko-Produktionen einer spezifischen Interviewsituation gesehen werden. Als solche sind sie nicht in der Lage, uns Auskunft über ‚tatsächliche' Abläufe aus dem Leben der Biographinnen zu geben. Allerdings sind die Konstruktionen der Biographinnen und Biographen nicht beliebig. Wolfram Fischer-Rosenthal und Gabriele Rosenthal gehen davon aus, dass „sich sowohl das Vergangene aus der Gegenwart und der antizipierten Zukunft konstituiert als auch die Gegenwart aus dem Vergangenen und dem Zukünftigen" (Fischer-Rosenthal/Rosenthal 1997, S. 411).[8]

> In der „biographischen Selbstpräsentation" [...] finden wir nicht nur Zugang zum lebensgeschichtlichen Prozeß der Internalisierung der sozialen Welt im Laufe der Sozialisation, sondern auch zur Einordnung der biographischen Erfahrungen in den Wissensvorrat und damit zur Konstitution von Erfahrungsmustern, die zur gegenwärtigen und zukünftigen Orientierung in der Sozialwelt dienen. (Ebd., S. 412)

Damit kann also über die interpretative Rekonstruktion der sprachbiographischen Erzählungen der Jugendlichen rekonstruiert werden, was sie „im Laufe ihres Lebens erlebt haben, und wie dieses Erleben ihre heutige biographische Gesamtsicht bestimmt, das heißt, ihren heutigen Umgang mit ihrer Vergangenheit und ihre gegenwärtigen Handlungsorientierungen konstituiert [...]" (ebd., S. 413).

---

8 Wie Bettina Dausien sehen auch Fischer-Rosenthal und Rosenthal in dieser „Einordnung der biographischen Erfahrung" keine „individuelle Leistung" (Fischer-Rosenthal/Rosenthal 1997, S. 412), sondern verstehen sie im Anschluss an Schütz und Luckmann als sozial bedingt (vgl. Schütz/Luckmann 1979).

Für den vorliegenden Beitrag sollen nun die biographischen Konstruktionen zweier Jugendlicher in den Blick genommen werden. Welche Dimensionen dabei im *Sprechen* der Jugendlichen *über* ihr Sprechen und ihre Sprache(n) in der Analyse herausgearbeitet werden können, wird im nächsten Teil dieses Beitrags an empirischem Material aufgezeigt werden.

3. Sprachzugehörigkeiten und Differenzproduktion in biographischen Erzählungen

Im Zentrum des vorliegenden Beitrags stehen die Eingangspassagen der Interviews zweier 17-jähriger Mädchen, Elodie und Jarah.[9] Die Eingangsfrage war offen formuliert, zielte allerdings nicht auf die Lebensgeschichte im Allgemeinen, sondern auf die Lebensgeschichte *und* Erfahrungen, die die Jugendlichen mit verschiedenen Sprachen gemacht haben.[10] Die Interviewführung orientierte sich an den für narrative Interviews verbreiteten Empfehlungen (vgl. etwa Rosenthal 2011, S. 151–166). Das Interview mit Elodie fand auf Standarddeutsch, das mit Jarah auf Französisch statt. Die Sprache wählten die Mädchen zu Beginn des Interviews aus, die Forscherin antwortete in der vorhergehenden Kommunikation jeweils in der von ihnen angebotenen Sprache. Die ersten Sequenzen der Eingangspassagen werden in ihrer sequenziellen Logik dargestellt, um die Positionierungen und damit Markierungen von Zugehörigkeiten, aber auch Differenzen deutlich zu machen, die sich in der eröffnenden Phase des Interviews rekonstruieren lassen.

Elodie – Zugehörigkeit durch Verstehen und Verständigung

Zu Beginn des Interviews mit Elodie[11] wird vor allem ihr Fokus auf Mehrsprachigkeit als Quelle der Verständigung deutlich, aber auch einschneidende Ausschlusserfahrungen, erfahrene ethnisierende Zuschreibungen

9 Die Pseudonyme haben die Mädchen selbst für die Anonymisierung ausgewählt.

10 In der Erzählaufforderung werden die Jugendlichen gebeten, ihre Lebensgeschichte zu erzählen und dabei auch an Situationen zu denken, in denen Sprache(n) bedeutsam war(en).

11 Ich möchte an dieser Stelle ganz herzlich Simone Brauchli und Bettina Wyer danken, mit denen ich gemeinsam die Eingangspassage interpretiert habe. Auf die gemeinsame Arbeit am Material gehen wesentliche Inhalte der im Folgenden ausgeführten Darstellung zurück.

und ihre Strategie des ‚Sprachenlernens', um erfahrene Differenzmarkierungen zu kompensieren.

Elodie kommt in der ersten Sequenz nach der Erzählaufforderung zunächst auf Verständigungsprozesse zu sprechen:

> Also meine früheste Erinnerung ist wahrscheinlich, die Erinnerung an an Spielplatz als ich im Sandkasten mit einer Freundin gespielt habe, ich glaub da war ich im Alter von, hm ((schmatzendes Geräusch)) von fünf \((schmunzelnd)) hm\/I: ((schmunzelt))/ aber (2) \((nachdenkend)) uhh\ fünf oder früher noch ähm, ich glaub da konnten wir uns noch nich so gut verständigen, wir haben uns eher mit Gesten und mit mit Mimik verständigt (2) aber, ähm wir versta- wir haben uns trotzdem verstanden (4). (Elodie, Z. 34–39)

Das Interview beginnt Elodie mit einer sehr versöhnlichen Sequenz einer gemeinsam gelungenen nonverbalen Verständigungssituation mit ihrer ‚Sandkastenfreundin'. In dieser Sequenz ist ‚Verständigung' eine Gemeinschaftsleistung: „wir haben uns eher mit Gesten und mit mit Mimik verständigt" (Z. 38), die unabhängig von der gesprochenen Sprache sind. Zunächst liest sich die Sequenz so, als wären die beiden noch zu klein gewesen, um sich sprachlich zu verständigen, aber die Altersangabe „fünf oder früher noch ähm" liegt weit nach den Anfängen des Spracherwerbs. Nicht etwa, weil sie noch nicht sprechen konnten, verweist Elodie auf „Gestik" und „Mimik", sondern weil ihnen keine gemeinsam gesprochene Sprache zur Verfügung stand. Es wird hier also die Darstellung deutlich, dass die beiden Mädchen unabhängig von gesprochenen Sprachen mit Gesten und Mimik eine gelungene Verständigungssituation herstellen konnten: „wir haben uns trotzdem verstanden". Mit „Gesten" und „Mimik" werden Aspekte der Körpersprache relevant gesetzt, mit denen Verständigung unabhängig vom Primat des Sprachlichen möglich wurde.

Nach der positiv besetzten Eingangssequenz, in der sie sich verständigt hat und verstanden wurde, kommt sie direkt auf „Probleme" zu sprechen, die sie mit dem Eintritt in Bildungs- und Betreuungsinstitutionen zusammenbringt. Mit der Institutionalisierung in Kindergarten und Schule ist Elodie nicht mehr Teil eines ‚Wirs', wenn es um Verständigung geht, sondern es wird ihre Eigenleistung, für Verständigung zu sorgen, und hier wird nun auch die Umgebungssprache thematisch. Anders als in der nonverbalen Verständigungssituation aus der ‚vorschulischen' Zeit wird nun die gesprochene Sprache und das sprachliche Verstehen als zentrales Medium bedeutsam:

> Ähm (2) ähh zwar hatt ich in der Schule und im Kindergarten immer Probleme gehabt mich zu verständigen weil ich nich so gut Deutsch

konnte weil, meine E:ltern eher, ähm (1) ja eher nur im im Beru:f eigentlich die Sprache Deutsch brauchen und ähm, sie eigentlich nie gelernt haben richtig und ähm (3) für mich war es halt schwierich weil ich zu Hause eine andere Sprache geredet habe als in der Schule und im Kindergarten, aber (2) ((ausatmen)). (Elodie, Z. 39–44)

Elodie positioniert sich in Bezug auf die Umgebungssprache Deutsch als fremdsprachig, als jemanden, der es schwer hatte, eigenständig für Verständigung zu sorgen. Die Zeit in Schule und Kindergarten konstruiert sie als eine Zeit, in der die Verständigung, anders als in der Zeit mit der Freundin im Sandkasten, nicht mehr problemlos gelingt, sondern in der Verständigungsversuche problembehaftet sind. Als Grund dafür, dass sie sich nicht verständigen konnte, nennt sie ihre „nich so guten" Deutschkenntnisse. Hier macht sie nun den bereits früher erwarteten Bezug zur Familie auf. Die Tatsache, dass sie eine andere Familiensprache als Deutsch hatte, markiert sie als ‚problematische' Ausgangssituation für ihren eigenen Deutscherwerb. Gleichzeitig verdeutlicht sie durch diese Positionierung, dass die Interviewsprache, in der sie sich zum Zeitpunkt des Interviews sehr sicher bewegt, diese inzwischen erlernte Zweitsprache darstellt. Die Aussage, dass ihre Eltern Deutsch nie „richtig" gelernt haben, impliziert, dass es möglich ist, eine Sprache „richtig" zu lernen. Als Hypothese dafür, weshalb der Eintritt in die Bildungsinstitutionen als problematisch markierte Situation für die Verständigung dargestellt wird, lässt sich formulieren, dass sie eventuell im institutionellen Rahmen in engerem Masse mit der hegemonialen Sprache bekannt wird, und ihr so Differenzmarkierungen erst bewusst werden.

In diesen ersten Sequenzen unterscheidet Elodie bereits zwischen „verstehen" und „verständigen" und markiert damit deutlich, dass Verständigung in ihrem Leben in Bezug auf Sprache eine unsichere Grösse ist, die nicht immer auf ein Verstehen hinausläuft. Hier lässt sich analytisch weiterführend der Verständigungsbegriff von Habermas einführen: „Sprache ist nach Habermas ein doppeltes Medium, nämlich ‚Medium der Verständigung und […] Medium der Handlungsorientierung und der Vergesellschaftung von Individuen'" (Habermas 1995, S. 41, zitiert nach Treibel 2006, S. 67). Oder anders formuliert: Um zu Verständigung zu gelangen, müssen die Lebenswelten der kommunizierenden Individuen zur Überlappung gebracht werden. Diese Überlappung kann kommunikativ hergestellt werden, wenn die Verständigung aufgrund fehlender Gemeinsamkeiten der Lebenswelten nicht gelingt. Für die Verständigung ist also das Gemeinsame der Lebenswelten, aber auch ein Bewusstsein für die bestehenden Differenzen zentral. Im Zuge des Verständigungsprozesses werden die Handlungsorientierungen der Beteiligten kommunikativ aufeinander abgestimmt.

Elodie – Differenz und Ausschluss durch Aussehen

Ohne Verständigung ist im Kontakt mit den anderen Kindern mitmachen, mitreden können schwer vorstellbar. Elodie spricht zwar nicht von einem vollständigen Scheitern der Verständigung, aber von einer erschwerten, mit Problemen verbundenen. Die Erfahrung in den frühen Bildungsinstitutionen – Kindergarten und Primarschule – stellt Elodie retrospektiv in Differenz zu der ‚Sandkastenverständigung' als eine sehr einschneidende dar, in der sie ‚ein Gefühl des Ausgeschlossenseins' als zentral markiert. Dennoch führt sie in der folgenden Sequenz argumentativ das ‚Gefühl des Ausgeschlossenseins' nicht auf „die Sprache" bzw. Schwierigkeiten der Verständigung zurück:

> Ich hab mich **nie** wegen der **Sprache** ausgeschlossen gefühlt, dass ist das war mehr ähm (1) mein asiatisches **Aussehen** ((schmunzelt)) (Elodie, Z. 44–45)

Elodie begründet ihre Ausschlusserfahrungen mit ihrem körperlichen Erscheinungsbild und damit einhergehenden ethnischen Zuschreibungen. Die logische Folgerung aus der vorgängig rekonstruierten Begründungskette wäre hier ein Verweis auf die Sprache bzw. die Sprachen, der aber nicht erfolgt. Sie zögert an der Stelle auch kurz, ehe sie die Ausgrenzung auf das „asiatische Aussehen" bezieht. Das in ihrer Retrospektive durch ihr „asiatisches Aussehen" bedingte Ausgeschlossensein ist ein sehr absolutes, da sich das Aussehen im Gegensatz zu einer Sprache, die man sich aneignen kann, nur bedingt ändern lässt. An diese Begründung ihrer Ausschlusserfahrungen schliesst sie eine Beschreibung ihres Herkunftsmilieus an und kommt dann wieder auf die Umgebungssprache Deutsch zu sprechen:

> ich=ich=wuchs in einem, in einem Milieu auf das, ähm, voll war von, Ausländern aber von von Ausländern wie Türken Albanern und sie hatten halt selber ihre **Sprachen** und ähm, da konnt ich nicht mitreden und Deutsch haben sie eher wenig gesprochen, nur die Lehrerin sch- sprach Deutsch aber, die anderen konnten **auch** Deutsch=irgendwie und immer besser als ich und (2). (Elodie, Z. 45–49)

Nach den zunächst sprachlichen („nicht so gut deutsch", „zu Hause eine andere Sprache geredet") und ethnischen Zuschreibungen („asiatisches Aussehen") charakterisiert sie nun ihr Herkunftsmilieu über nationalstaatliche Zugehörigkeiten. Zugleich verknüpft sie diese mit den gesprochenen Sprachen, denn sie spricht davon, dass „die Ausländer" „ihre eigenen Sprachen" hatten und sie in der Primarschule zunächst nicht mitreden konnte. Die einzige, die Deutsch sprach, war die Lehrerin, obwohl die anderen

„auch Deutsch konnten“. Die anderen Kinder konnten zwar nur „irgendwie“ Deutsch, aber immer noch besser als sie. Sie ordnet hier ihre eigene Sprachkompetenz – zumindest in der Schulsprache – auf einem sehr niedrigen Niveau ein. Diese Sequenz kann als eine Illustration der vorher als Tatsache eingeführten Ausschlusserfahrungen gelesen werden. Elodie positioniert sich hier neben den über ihre Nationalitäten und ihre Sprachen als Wir-Gruppe konstruierten anderen Kindern („Türken“, „Albanern“) als allein und aussen Stehende. Im Gegensatz zu den anderen ist sie nicht Teil eines „Wirs“. Auch in dieser Sequenz nimmt sie im Zuge der Thematisierung des Ausschlusses wieder Bezug auf die fehlende gemeinsame Sprache. Das ‚Sich-verstehbar-machen‘ aus der ersten Sequenz steht dem ‚Nicht-mitreden-können“ entgegen.

Elodie – Überwindung der Differenz durch Sprachenlernen

Nach dieser Schilderung früher Ausschlusserfahrungen in der Schule geht Elodie zu einer Darstellung ihrer Strategie des Sprachenlernens über.

> Ich war sprachlich gesehen und auch im Unterricht in der ersten z- Klasse vielleicht noch im Nachteil (2) ab dann, in der zweiten Klasse war ich eine der Schnellsten ((schmunzelt)) schnellsten Le:se r/I: ((lacht kurz leise auf))/ und ich war immer am f- frühesten fertig mit den Aufgaben, und es änderte sich es (1) auch mit den, Freunden ähm, ich konnte mich auch verständigen mi- ihnen sagen wie ich mich fühle, und ähm (2) öh ich wurde nicht mehr, so oft **aus**geschlossen wegen meinem Aussehen. (Elodie, Z. 49–54)

So wie sie in der vorherigen Sequenz ihre geschilderten massiven Ausschlusserfahrungen explizit mit dem Aussehen, implizit aber deutlich mit ihrer bis dahin noch ‚problembehafteten‘ Aneignung der Schul- und Umgebungssprache begründet, relativiert sie auch hier ihren „sprachlichen Nachteil“ zu Beginn der Schulzeit. Sie war nur „vielleicht“ und „noch“ im Nachteil. Sprache wird von Elodie bislang an keiner Stelle in ihrer Argumentation explizit für die Begründung als negativ dargestellter Erfahrungen herangezogen. Stattdessen wird das Sprachenlernen nun als eine Strategie zur Aufhebung der Differenz eingeführt. Ihr Sprachhandeln kann so gelesen werden, dass sie versucht über Sprachenlernen und schulische Leistung zu kompensieren, was sich nicht nur sprachlich kompensieren lässt. Ihr Sprachenlernen kann als hochgradige Anpassungsleistung gedeutet werden, als eine Strategie, eine Differenz zu verringern oder aufzuheben, die körperlich markiert und nicht über sprachliche Anpassung aufzuheben ist.

Elodies Darstellung ihres Deutsch- und dann auch des Französischerwerbs ist von der Überzeugung von der eigenen Kompetenz geprägt. In ihrem Sprachenlernen vollzieht sie das Gegenteil der Anpassungsleistung der Eltern, die Deutsch beide „eigentlich nie gelernt haben richtig". Sie ist diejenige, die sich aktiv um Verständigung bemüht, und zwar in beide Richtungen, in Richtung der Familie und in Richtung der ‚dominanten' Kultur, was ihr in ihrer Darstellung zunächst auch gelingt. Auf ihre Mehrsprachigkeit rekurriert sie als Ressource, es gelingt ihr mit deren Hilfe eine Verständigung, ein Gefühl des Aufgehobenseins zu erreichen. Hier und auch in der ersten Sequenz, in der sie die Verständigung mit der Kindergartenfreundin anspricht, wird ihre Deutung deutlich, dass die Differenz über Verständigung überwunden werden kann. Auch ihr Streben nach gelingender Verständigung und danach, das Fremdheitsgefühl zu verlieren, lässt sich hier zeigen.

Wie in der nächsten Sequenz deutlich wird, gelingt Elodie durch ihre eingeschlagene Strategie individuellen Leistungsstrebens und individueller Verantwortungsübernahme die Auflösung der Differenz zu den anderen Kindern nicht, im Gegenteil:

> Aber dann kam plötzlich ähm dass (1) ähm im in der Schule ich zu: schnell war mit der Sprache=ich lernte zu: schnell und ähm \((schmunzelnd)) dann wurde ich wegen dem ausgeschlossen\ weil ich eher, weil ich halt immer früher=fertich=war=mitn=Aufträgen und, ich ich machte den ganzen Lernprozess auch mit dem Französisch, aber das is jetzt ein **kleiner** Sprung ((schmunzelt)) /I: mhm ((schmunzelt))/ \((schmunzelnd)) in die fünfte Klasse\ (Elodie, Z. 54–59)

Sie fällt in der Klasse dadurch auf, dass sie die Sprache – Deutsch und dann später Französisch –, aber auch den Unterrichtsstoff sehr schnell lernt. Dadurch tut sich eine neue Differenz zu ihren Klassenkameradinnen und -kameraden auf, die erneut zu Ausschlusserfahrungen führt. Jetzt erfolgt die Zuschreibung als ‚Streberin', die durch ihr schnelles Lernen auffällt und von den Mitschülerinnen und Mitschülern durch diese ‚Abweichung von der Norm' als nicht dazugehörig markiert wird. Elodie konstruiert hier eine Ablösung der Ursachen der Ausgrenzung: durch ihre Strategie des Sprachenlernens und die Leistungsorientierung kann sie die Fremdheit nicht ablegen, die die anderen ihr erneut zuschreiben.

Was an dieser Passage gezeigt werden kann, und worin sie sich von der zweiten gleich vorzustellenden Eingangspassage unterscheidet, ist Elodies Deutung ihrer Mehrsprachigkeit als Quelle von Verständigung, als Medium der Überwindung von Differenz und als Möglichkeit der Vereinbarung der zentralen Lebensbereiche, auf die sie Bezug nimmt – ‚Familie' und ‚Gleichaltrigengruppe‘ bzw. ‚Schule‘. Daneben strukturieren verschiedene von Elodie auf ethnisierende Zuschreibungen zurückgeführte Ausschlusserfahrungen diese Passage dominant mit, auch wenn die Aneignung der Schulsprache zunächst aufgrund des „noch nicht richtig Sprechens“ und dann des „zu gut Sprechens“ sich zweifach als diese Ausschlusserfahrungen begründend lesen lässt. Es lässt sich vermuten, dass Elodies Deutungen ihrer mehrsprachigen Praxis in der Interviewsituation – dass ihre Ausschlusserfahrungen sich eben nicht sprachlich, sondern mit ihrem Aussehen begründen lassen – eng mit ihrer aktuellen Lebenssituation als ‚erfolgreiche‘ Schülerin einer bilingualen Klasse zusammenhängen, und ihre frühen Erfahrungen im Licht der aktuellen Deutungen erscheinen.

Jarah – die Erfahrung des Speziell-Seins

Zu Beginn des Interviews mit Jarah[12] wird vor allem die Markierung ihrer Familienkonstellation als eine „spezielle“ Situation des Aufwachsens deutlich, aber auch wie bei Elodie einschneidende Ausschlusserfahrungen sowie eine „komplizierte“ Verständigung durch die fehlende Beherrschung der hegemonialen Sprache.

Jarah spricht im Gegensatz zu Elodie gleich in der ersten Sequenz des sprachbiographischen Interviews von ihrer Familie:

> Mhm. Ehm alors hmm. Déjà j’viens d’une famille **assez** spéciale, parce que ma mère elle est chinoise mon père est suisse, **moitié** suisse moitié italien donc euh après j’parle beaucoup de langues / *:okay/* on me dit souvent. (Jarah, Z. 17–19)

> Mhm. Ähm dann hmm. Also erst einmal komme ich aus einer **ziemlich** speziellen Familie, weil meine Mutter Chinesin ist und mein Vater Schweizer, **halb** Schweizer halb Italiener also äh daher spreche ich viele Sprachen / *:okay/* sagt man mir oft. (Übersetzung der Autorin)

In einem zögerlichen Herantasten beginnt sie mit einer Einschätzung ihrer Familie als „ziemlich speziell“ und begründet dies mit den Nationalitäten der Eltern. Es ist zu vermuten, dass diese Einschätzung auf der Erfahrung gründet, dass ihre Familie und sie als Teil davon von anderen als anders

12 Wesentliche Interpretationsideen sind in gemeinsamen Interpretationssitzungen entstanden. Ich möchte Rebecca Mörgen, Marion Pomey, Peter Rieker und Tobias Studer ganz herzlich für die gemeinsame Arbeit danken, und dafür, dass ich unsere gemeinsamen Gedanken letztlich ‚als meine‘ präsentieren darf!

und „speziell“ markiert wird. Direkt nach der Einordnung ihrer Familie als „ziemlich speziell“ ruft sie ethnische Zuschreibungen auf und benennt die nationale Herkunft ihrer Eltern: Die Mutter „ist Chinesin“, und beim Vater genügt es nicht, ihn als Schweizer einzuführen, sondern er ist „halb Schweizer halb Italiener“. Damit untermauert sie die Präsentation ihrer Familie und macht den Vater und damit sich noch spezieller. Direkt im Anschluss stellt sie über ihre Eltern und die ihnen zugeschriebene Herkunft den Bezug zu den von ihr gesprochenen Sprachen her: „daher spreche ich viele Sprachen“. Mit dem ‚Bescheidenheitsgestus‘ der persönlichen Zurücknahme – „sagt man mir oft“ – macht sie deutlich, dass nicht nur sie der Meinung ist, dass das viele Sprachen seien, sondern dass sie oft in dieser Weise adressiert wird. Zugleich legitimiert sie sich damit als eine Jugendliche, die für das im Zuge der Erzählaufforderung formulierte Interesse eine sehr geeignete Gesprächspartnerin darstellt. Sie spricht nicht nur die beiden Sprachen, die in der Schule präsent sind, sondern noch drei weitere.

In dieser Darstellung konstruiert sie sowohl den Grund für den Status des „ziemlich speziellen“, als auch den für das Sprechen „vieler“ Sprachen außerhalb dessen, was sie beeinflussen kann. Sie ist in diese Familie hineingeboren, es passiert mit ihr. Die aus dem politischen, aber auch Teilen des wissenschaftlichen Migrationsdiskurses bekannte Verknüpfung, dass durch Migration „Sprachschwierigkeiten“ und damit „Integrationsdefizite“ erwachsen würden, ist hier bei Jarah eine andere: Über die Migrationsgeschichte der Eltern, die durch die Benennung der Nationalitäten angedeutet wird, kommt es dazu, dass sie viele Sprachen spricht. Nationalitäten *ermöglichen* hier Sprachen, ihre eigene Nationalität expliziert sie dabei nicht.

In diesen ersten Sätzen entfaltet Jarah eine ‚bunte Vielfalt‘ ohne klare Eindeutigkeiten. Nationalitäten müssen nichts mit gesprochenen Sprachen zu tun haben; der Vater ist zweimal etwas „Halbes“, was wiederum Fragen zu dessen Geschichte aufwirft; und aufgrund dieser Familienwurzeln spreche sie viele Sprachen. In der folgenden Passage nun zählt sie diese auf:

> J’parle le chinois, le l’italien=le français=l’allemand pis la l’anglais avec l’école, pis (1) ouais y’a des **avantages** mais aussi beaucoup de **désavantages** parce que j, j’maîtrise pas une langue parfaitement / :mhm/ pis ouais c’est ça le gros désavantage. Sinon je je sais encore euh la prononciation, j’sais assez bien, pis sinon voilà. (Jarah, Z. 19–22)
>
> Ich spreche Chinesisch, Italienisch=Französisch=Deutsch und dann Englisch noch durch die Schule, dann (1) ja das hat **Vorteile** aber auch viele **Nachteile** weil ich, ich beherrsche keine Sprache perfekt / :mhm/ dann ja das ist der grosse Nachteil. Ansonsten äh die Aussprache, die kann ich ganz gut, ansonsten ja. (Übersetzung der Autorin)

Die Sprachen benennt sie hier im Anschluss an die in der vorherigen Passage zugeschriebenen Nationalitäten als ‚globale' Sprachen, ohne näher auf Differenzierungen, oder regionale Varietäten einzugehen. Der sprachliche Alltag oder der Sprachgebrauch wird in dieser Aufzählung noch nicht präzisiert und es stellt sich zudem die Frage, was Jarah mit der Formulierung: „J'parle" [ich spreche] bezeichnet.

Nach einer kurzen Pause bleibt sie weiter im Modus der Argumentation und spricht davon, dass das Vorteile habe, aber auch viele Nachteile. Sie benennt in der Folge keine konkreteren Vorteile, so als würden diese ohnehin im Raum stehen, oder wären nicht nennenswert, sondern geht auf *die* Nachteile ein, wobei sie nur einen Nachteil konkreter benennt: Sie „beherrsche" zwar viele Sprachen, aber keine perfekt. Dass in dieser fehlenden Perfektion bei gleichzeitiger „Beherrschung" der Sprachen der große Nachteil läge, ist auf den ersten Blick nicht sehr überzeugend. Im Gegenteil könnte man das Beherrschen mehrerer Sprachen als großen Vorteil erachten. Allerdings ist es im schulischen Kontext durchaus denkbar, dass in dessen Leistungsanspruch eben doch eine Perfektion erwartet wird, und zwar in zumindest einer Sprache. Zudem ließe sich hier die Lesart bilden, dass der fachliche und gesellschaftspolitische Diskurs, der ja in gewissen Strömungen eben davon ausgeht, dass nur in der Einsprachigkeit die erforderliche Perfektion erreicht werden könne, hier seine ‚Früchte' trägt und zu dem Druck führt, unter dem das Sprachhandeln der jungen Sprecherin zu stehen scheint. Sie formuliert hier den Anspruch, dass zumindest eine der Sprachen perfekt beherrscht werden müsse, um den gesellschaftlichen und schulischen Ansprüchen zu genügen. Zudem schwingt im umgekehrten Sinne die Unterstellung mit, dass, wären es weniger Sprachen oder nur eine Sprache, sie zumindest diese perfekt beherrschen wurde. Dies resümiert sie damit, dass das „den großen Nachteil" darstelle. Möglich ist, dass ihr nur dieser eine Nachteil reflexiv zugänglich ist, dass neben dem einen großen mehrere kleine bestehen, oder dass die „vielen Nachteile", die sie zunächst benennt, aber dann nicht mit Konkretisierungen füllt, für sie nicht sagbar sind. Als einen Vorteil hingegen erachtet sie im Anschluss an ihre Ausführungen zu der nicht vorhandenen Perfektion im Sprachen-Sprechen „die Aussprache". Gleichwohl präzisiert Jarah auch hier nicht, in welcher Sprache, und es ist die Frage, ob sie sich global auf alle fünf Sprachen bezieht, oder eine bestimmte im Blick hat, etwa das Französische, das in der Interviewsituation gerade gesprochen wird. Die Globalität ist an der Stelle insofern verwunderlich, als die von ihr genannten Sprachen sich in verschiedener Hinsicht doch sehr unterscheiden. Nach diesem Verweis auf die Aussprache als ‚äußere Form', die sie gut beherrschte, bricht sie ab und differenziert nicht weiter, wie das für die anderen Aspekte des Sprechens einer Sprache denkbar wäre: etwa Vokabular, Grammatik, Satzbau. Die

Tatsache, dass sie von sich sagt, sie „beherrsche“ die verschiedenen Sprachen, allerdings nicht perfekt und dann als Unterfütterung dieser Positionierung lediglich die Aussprache nennt, ist überraschend. Statt der angekündigten vielen Nachteile nennt sie jetzt sogar eine Kompetenz, die sie sich zuschreibt. Dass die „vielen Nachteile“ nicht benannt werden können, stärkt die Lesart, dass diese nicht sagbar sind oder sich zwar in der Sprache ausdrücken, aber nicht in ihr begründet liegen.

Jarah – die Konstruktion des Anderen

In der folgenden Sequenz fügt Jarah der Konstruktion des Anderen und des Besonderen über die Markierung ihrer Familie als eine „spezielle“ und die erfahrene Zuschreibung, sie spreche viele Sprachen, hinaus noch einen weiteren Aspekt hinzu. Sie hat in einer deutschsprachigen Stadt mit einem chinesisch-italienisch-schweizerischen Elternhaus die französische Schule besucht. Was sie zunächst als „ziemlich speziell“ bezeichnet hat, wird nun zu „komisch“, „merkwürdig“, „seltsam“.

> Pis c'qui est bizarre c'est=que=j'ai=fait=l'école=en=français, mais ch, je, j'habite à [deutschsprachige Stadt] ((lacht leise)) / :mhm ((lachend))/ Alors ouais c'était assez compliqué pour moi parce que, à mes hobbies quand j'tais p'tite je je parlais pas beaucoup vu qu'c'était pas une langue que j'maîtrisais, je ouais, je, j'me=sentais=pas=bien j'sais=pas, à cause d'la langue surtout. (Jarah, Z. 22–27)

> Dann was komisch ist ist=dass=ich=die=Schule=auf=Französisch=gemacht=hab, aber, ich, ich wohne in [deutschsprachige Stadt] ((lacht leise))/ mhm ((lachend)) / :Also ja das war ziemlich kompliziert für mich weil, bei meinen Hobbys als ich klein war sprach ich nicht viel weil das keine Sprache war, die ich beherrschte, ich ja, ich, ich=fühlte=mich=nicht=wohl ich=weiss=nicht, vor allem wegen der Sprache. (Übersetzung der Autorin)

Sie markiert nun einen weiteren Aspekt als „kompliziert“: bei der Ausübung ihrer Hobbies beherrschte sie die Sprache der anderen nicht. Um welche Sprache es sich dabei handelt und um welche Hobbies, präzisiert sie nicht. Da sie eine deutschsprachige Stadt als Ort des Aufwachsens nennt, könnte es sein, dass sie diese „komplizierte Situation“ auf „Hobbies“ bezieht, die sie im deutschsprachig institutionalisierten Rahmen ausübte, und im Zuge derer die fehlende Beherrschung der Umgebungssprache eine Verständigung mit den anderen Kindern und den anleitenden Erwachsenen schwierig machte. Hier lässt sich die Lesart schärfen, dass sie doch, und eventuell schon bei der Schilderung der „speziellen Familie“, von Nachteilen spricht, aber nicht von Nachteilen der „vielen Sprachen“, sondern von einer ‚Last‘ der Biographie. Sie wächst in einer „speziellen“ Familie mit verschiedenen Sprachen auf, wobei zudem die Entscheidung der Eltern hinzukommt, sie in der deutschsprachigen Umgebung nicht auf die deutschsprachige, sondern auf die französischsprachige Schule zu schicken. Damit gehen Erfahrungen der Besonderung, der Ausgrenzung, des Andersgemachtwerdens einher, die in den Schilderungen von Jarah anklingen und klären könnten, wieso die nur angezeigten, aber nicht gefüllten „vielen Nachteile“ nur auf der latenten Ebene sagbar sind.

Jarah – die fehlende Beherrschung der hegemonialen Sprache

In der eben angeführten Sequenz stellt Jarah den Zusammenhang zwischen dem Beherrschen einer Sprache, deren Gebrauch und dem Wohlfühlen her. Sprachlich mitteilen kann sie sich nur dann, wenn sie die Sprache(n) der anderen beherrscht. In den Situationen, in denen es um den (außerschulischen) Kontakt mit anderen Kindern ging, konnte sie nicht sprechen, weil sie deren Sprache nicht beherrschte. Mit dieser Schilderung lässt sie das Bild eines Kindes aufscheinen, dem es nur schwer gelingen kann, in außerschulischen Situationen mit anderen Kindern in Austausch zu kommen. Die kausale Verknüpfung, die Jarah hier präsentiert, ist die des vor allem durch eine fehlende Sprachbeherrschung verunmöglichten Wohlfühlens in sozialen Situationen außerhalb von Schule und Familie. Das ‚Unwohlsein‘, das sie hier benennt, führt sie vor allem auf „die“ Sprache zurück: Hier könnte nun eventuell ein Nachteil liegen, ein generelles Unwohlsein, das sie vorher nicht benennen konnte, und das sich nun auf „eine“ Sprache bezieht. Der Nachteil wäre dann nicht, dass sie fünf Sprachen „beherrscht“, sondern dass sie an dem Ort, an dem sie ist, die eine dominante, hegemoniale Sprache nicht versteht und nicht sprechen kann. Insofern scheinen ihr die „vielen“ Sprachen nicht zu nützen, wenn sie gerade jene nicht beherrscht, die sie gerade kontextuell braucht.

Dennoch lässt sich hier auch eine versteckte Kompetenzinszenierung nachzeichnen: Sie spricht nicht von einer Verunmöglichung und die ‚Kompliziertheit‘ wird auf die Zeit, als sie „klein war“ bezogen. Damit konstruiert sie sich vor dem Hintergrund der aktuellen Interviewsituation – mittlerweile Schülerin im bilingualen Gymnasium – als kompetente Akteurin, die die schwierige Situation zumindest in Hinblick auf den Verlauf ihrer Schulbiographie auflöst. Die Sprachen werden von außen an sie herangetragen und sie muss und kann (inzwischen) damit umgehen. Bislang werden keine anderen Akteure eingeführt, die diese „vielen" Sprachen aktiv mit ihr Sprechen. Sie ist es, die sich hier positioniert und die aus der „speziellen" Familie heraus „seltsame" und „komplizierte" Situationen durchlebt.

Die vorgestellte Passage aus dem Interview mit Jarah unterscheidet sich von der Eingangspassage des Interviews mit Elodie vor allem dahingehend, dass hier den „vielen" Sprachen zugeschrieben wird, was sich als ‚Last der Biographie' rekonstruieren lässt: Ausschlusserfahrungen, die Erfahrung des Speziell-Seins, die komplizierte Verständigung. Sehr selbstkritisch wird von Jarah implizit der Anspruch formuliert, mindestens eine der vielen Sprachen, die ihr zugeschrieben werden, zu denen sie sich aber auch selbst aktiv positioniert und ins Verhältnis setzt, in Perfektion zu beherrschen. Hier wird ein durch ein bestimmtes Bild von Einsprachigkeit geprägter Erwartungsdruck zum Ausdruck gebracht, dem nicht entsprochen werden kann, weil eben gerade nicht nur eine Sprache – insbesondere nicht die hegemoniale Sprache der Mehrheitsgesellschaft – biographisch repräsentiert wird. Die Sprachen werden Jarah zugeschrieben, sind durch die familiäre Herkunft und Entscheidungen der Eltern erforderlich – sie wählt sie nicht. Es kommt in dieser Eingangspassage kein Stolz auf, sondern der Druck der Anforderung, die Sprachen zu beherrschen, und wenn möglich perfekt, da Jarah zur Verständigung auf die Beherrschung der Sprachen angewiesen ist. Neben dieser Darstellung ihrer mehrsprachigen Sprachpraktiken als ‚Belastung' oder zumindest erschwerte Bedingung im Alltag scheint zum Ende der Sequenz auf, dass die „komplizierte" Situation, die sie für ihre Kindheit schildert, in der Retrospektive von Jarah auch als in kompetenter Weise aufgelöste oder zumindest bearbeitete biographische Herausforderung konstruiert wird.

4. Fazit

Während also bei Elodie ihre Mehrsprachigkeit als Quelle der Verständigung und Medium zur Überwindung von Differenz konstruiert wird, entsteht in den Konstruktionen von Jarah ihr Speziell- und Anderssein erst über die fehlende Beherrschung hegemonialer Sprachen und die Präsenz „vieler" Sprachen in ihrer Familie. Dabei lassen sich in beiden Interviews in Bezug auf die Ausschlusserfahrungen, die bei beiden Mädchen biographisch präsent sind, unterschiedliche Dimensionen des Unsagbaren aufzeigen: Sequenziell lassen sich die Ausschlusserfahrungen von Elodie durchaus mit der Verunmöglichung der sprachlichen Verständigung durch ihre fehlende Beherrschung der hegemonialen Sprache und der darauffolgenden Besonderung durch ihr ‚zu schnelles Aufholen' zusammenbringen. Für sie selbst aber ist lediglich die Begründung in ethnischen Zuschreibungen sagbar. Bei

Jarah zeigt sich, dass die biographisch erfahrenen „Nachteile" des Lebens mit mehreren Sprachen unsagbar bleiben, während eine Verknüpfung von sprachlicher Differenz und erfahrenem Ausschluss anders als bei Elodie durchaus sagbar ist. Diese unterschiedlichen Konstruktionen, die die Mädchen in der Darstellung ihrer Mehrsprachigkeit vornehmen, lassen sich möglicherweise wiederum biographisch deuten: Während Elodie ihr Sprachenlernen als gewählte Strategie darstellt – die Familiensprache zur Verständigung mit den Eltern, Schweizerdeutsch für die Verständigung mit den Gleichaltrigen in Schule und Freizeit und Französisch als Erweiterung ihrer Handlungsmöglichkeiten unter anderem im Sport[13] –, ist der Umgang mit den verschiedenen Sprachen für Jarah eine Notwendigkeit, ohne die ihr Alltag nicht funktioniert. Sie hat keine Strategie zur Wahl, sondern die Bedingungen verlangen ihr das Sprechen der Sprachen ab.

In den vorgestellten Passagen nehmen die beiden Jugendlichen vielfältige *Positionierungen* und damit *Zugehörigkeitsmarkierungen* vor und greifen dabei gleichzeitig verschiedene soziale Differenzlinien auf. Sie beziehen sich auf verschiedene „Zugehörigkeitskontexte", wie die Herkunftsfamilie, Gleichaltrige im Quartier, in der Schule oder in der Freizeit, aber auch Nationalitäten und ethnische Gruppen. Die Bedeutsamkeit der verschiedenen Kontexte fassen Christine Riegel und Thomas Geisen als Quelle für „vielfältige Identifikationen und Selbstverortungen. Sie sind aber auch entscheidend, um über sozial umstrittene und womöglich knappe Ressourcen zu verfügen, und Wirkungsmacht und Handlungsfähigkeit zu entfalten" (Riegel/Geisen 2010, S. 7).

Im Kontext einer bilingualen Klasse, in dem die Jugendlichen vor den Interviews beobachtet wurden, stellen sich diese Fragen in besonderer Weise. Hier wirken verschiedene, mehr oder weniger stark institutionell geprägte Rahmenbedingungen für das jugendliche Handeln und die jugendlichen Selbstverortungen zusammen: Der schulische Leistungsdruck, der verbunden ist mit dem Anspruch, den Schulalltag und den Schulstoff in zwei verschiedenen Sprachen zu bewältigen – in einem sozialen Gefüge, das von ganz unterschiedlichen Kompetenzen in den jeweiligen Sprachen geprägt ist und das an die Schülerinnen und Schüler institutionell bedingt zugleich den Anspruch heranträgt, dem bilingualen Setting und seinen Anforderungen an das schulische Lernen gerecht zu werden. Während die Mehrsprachigkeit der beiden Mädchen mit ihren verschiedenen Bezugspunkten der Zugehörigkeit zu einem Teil in der Schule unsichtbar bleibt, ist die Vielsprachigkeit durch das Territorialitätsprinzip und die Fluidität der

13 Dies wird erst in den folgenden, hier nicht zitierten Sequenzen deutlich.

Sprachgrenzen gegeben – als ein Charakteristikum der Region, in der Elodie und Jarah die Schule besuchen.

In den vorgestellten Interviewpassagen wird deutlich, dass „Zugehörigkeitsmerkmale keine festen, unveränderlichen Größen sind, sondern über soziale Differenzbildung hergestellt werden", so auch Riegel und Geisen (2010, S. 7). „Zugehörigkeiten [sind] immer auch Gegenstand von Aushandlungsprozessen. Ausgehandelt werden nicht nur die Kriterien der Zugehörigkeit oder der symbolischen Mitgliedschaft, sondern auch welche Folgen es jeweils hat, wenn jemand als zugehörig gilt oder als nichtzugehörig ausgegrenzt wird" (ebd.). Diese Aushandlungsprozesse bestimmen den Schulalltag und auch die Selbstpräsentationen der Eingangspassagen der Jugendlichen. Die Zusammenhänge zwischen biographischer und situativer Selbstverortung sollen abschließend für beide Mädchen ergänzend kurz skizziert werden. Zu Beginn des Beitrages wurde die Frage aufgeworfen, wie sich die Jugendlichen in Bezug auf die Sprachenlandschaft positionieren, und welche Zuschreibungen, Zugehörigkeiten und Differenzen über sprachliche Positionierungen jeweils konstruiert und aktualisiert werden. Jarah positioniert sich in den schulischen Beobachtungssequenzen deutlich als französischsprachig, eventuell mangels Alternativen, die der schulische Raum ihr lässt. Die ‚versteckte Kompetenzinszenierung', die in der Eingangspassage des Interviews gelesen werden kann, lässt sich hier wiederfinden. Zugleich werden in der Eingangspassage auch starke Setzungen des ‚Anders-, und ‚Speziell-Seins' aufgerufen, verbunden mit einer deutlichen Differenzmarkierung gegenüber den Gleichaltrigen. Der familiäre Hintergrund, die „vielen" zu Hause gesprochenen Sprachen, bleiben sowohl bei Jarah als auch bei Elodie in den beobachteten schulischen Situationen vollkommen unsichtbar. Obwohl Elodie in den ersten Sätzen der Eingangspassage ihre sprachlichen Kompetenzen in den beiden in der Schule gesprochenen Sprachen als zweit- und drittsprachliche markiert, agiert sie in Beobachtungen immer wieder als kompetente ‚Worthelferin', die die Worte ‚liefert', die ihre Banknachbarinnen und -nachbarn für die schulische Kommunikation benötigen. Zugleich kann das Erlernen der Sprachen als Handlungsstrategie im Umgang mit den Zuschreibungen des ‚Andersseins' und des fehlenden ‚Wirs' zur Überwindung der damit einhergehenden Differenzerfahrungen gelesen werden.

In diesem Beitrag stand die Rekonstruktion der biographischen Positionierungen im Interview im Zentrum der Betrachtungen. Darüber hinausgehend kann, wie im vorherigen Absatz angedeutet, die Kombination der beiden Zugänge – die Beobachtung der *Sprachpraktiken* und die Rekonstruktion des *Sprechens* der Jugendlichen *über* ihre (sprach)biographischen Erfahrungen – ein differenziertes Verständnis des sprachlichen Alltags der Jugendlichen, aber auch der alltäglichen Anforderungen in einer bilingualen Schulklasse aufzeigen. „In Erfahrungen und autobiographischen Erzählungen wird ein Zusammenhang von Handeln/Interaktion (‚doing biographie'), Erleben und Reflektieren hergestellt, der nur über Einbeziehung der ‚Binnenperspektive' der Handelnden und ihrer (narrativen) Präsentation bzw. Kommunikation zugänglich wird", so Bettina Dausien und Helga Kelle (2005, S. 207). „Wenn die These plausibel ist, dass soziale Situationen durch die biographischen Erfahrungen der Akteure strukturiert sind, dann sind die Modi dieser ‚biographischen Artikulation' (vgl. Schütz/Luckmann 1979: 85 ff.) in ihrer ganzen Breite zu untersuchen und nicht durch die Grenzen einer Methode von vornherein einzugrenzen" (ebd.). So kann auch die Frage der Selbstpositionierungen und des Positioniert-Werdens mit damit einhergehenden Differenzsetzungen, der Herausbildung und Reproduktion sozialer Zugehörigkeiten und insbesondere auch sozialer Ungleichheiten differenzierter in den Blick genommen werden.

Hinweise zur Transkription

,	kurzes Absetzen
(3)	Dauer der Pause in Sekunden
nei:n	Dehnung des Vokals
((lachend))	Kommentar der Transkribierenden
\((lachend)) ja so war das\	kommentiertes Phänomen
nein	betont
selten	leise
manch-	Abbruch
(sagte er)	unsichere Transkription
dann=sind=wir	schneller Anschluss
/mhm/	Rezeptionssignal

Literatur

Andermatt, Bernhard (2008): Föderal-territoriale Sprachenpolitik in der Schweiz: Ein Zielkonflikt zwischen Sprachfrieden und Minderheitenschutz? In: Lüdi, Georges/Seelmann, Kurt/Sitter-Liver, Beat (Hrsg.): Sprachenvielfalt und Kulturfrieden. Sprachminderheit – Einsprachigkeit – Mehrsprachigkeit: Probleme und Chancen sprachlicher Vielfalt. Fribourg: Academic Press, S. 297–323.

Breidenstein, Georg/Hirschauer, Stefan/Kalthoff, Herbert/Nieswand, Boris (2013): Ethnografie. Die Praxis der Feldforschung. Konstanz: UVK-Verlagsgesellschaft.

Budde, Jürgen (2009): Herstellung sozialer Positionierungen. Jungen zwischen Männlichkeit und Schule. In: Pech, Detlef (Hrsg.): Jungen und Jungenarbeit. Eine Bestandsaufnahme des Forschungs- und Diskussionsstandes. Baltmannsweiler: Schneider-Verlag Hohengehren, S. 155–168.

Caprez-Krompàk, Edina (2010): Entwicklung der Erst- und Zweitsprache im interkulturellen Kontext. Eine empirische Untersuchung über den Einfluss des Unterrichts in heimatlicher Sprache und Kultur (HSK) auf die Sprachentwicklung. Münster/New York: Waxmann.

Dausien, Bettina (2006): Geschlechterverhältnisse und ihre Subjekte. Zum Diskurs um Sozialisation und Geschlecht. In: Bilden, Helga/Dausien, Bettina (Hrsg.): Sozialisation und Geschlecht. Theoretische und methodologische Aspekte. Opladen: Budrich, S. 17–44.

Dausien, Bettina/Kelle, Helga (2005): Biographie und kulturelle Praxis. Methodologische Überlegungen zur Verknüpfung von Ethnographie und Biographieforschung. In: Völter, Bettina/Dausien, Bettina/Lutz, Helma/Rosenthal, Gabriele (Hrsg.): Biographieforschung im Diskurs. Wiesbaden: VS Verlag für Sozialwissenschaften, S. 189–212.

Fischer-Rosenthal, Wolfram/Rosenthal, Gabriele (1997): Warum Biographieanalyse und wie man sie macht. In: Zeitschrift für Sozialisationsforschung und Erziehungssoziologie 17 (4), S. 405–427.

Franceschini, Rita (2004): Sprachbiographien: das Basel-Prag-Projekt (BPP) und einige mögliche Generalisierungen bezüglich Emotion und Spracherwerb. In: Franceschini, Rita/Miecznikowski, Johanna (Hrsg.): Leben mit mehreren Sprachen. Vivre avec plusieurs langues: Sprachbiographien. Bern: Peter Lang, S. 121–145.

Franceschini, Rita/Miecznikowski, Johanna (Hrsg.) (2004): Leben mit mehreren Sprachen. Vivre avec plusieurs langues : Sprachbiographien. Bern: Peter Lang.

Habermas, Jürgen (1995): Theorie des kommunikativen Handelns. Zur Kritik der funktionalistischen Vernunft. Band 2. Frankfurt a. M.: Suhrkamp.

Heller, Monica (2007): Bilingualism as Ideology and Practice. In: Dies. (Hrsg.): Bilingualism. A Social Approach. New York: Palgrave Macmillan, S. 1–22.

Heller, Monica (2008): Doing Ethnography. In: Li Wei/Moyer, Melissa G. (Hrsg.): The Blackwell Guide to Research Methods in Bilingualism and Multilingualism. Oxford: Blackwell Publishing, S. 249–262.

Hutterli, Sandra/Stotz, Daniel/Zappatore, Daniela (2008): Do you parlez andere lingue? Fremdsprachen lernen in der Schule. Zürich: Pestalozzianum an der PHZH.

Jurt, Joseph (2008): Globalisierung und sprachlich-kulturelle Vielfalt. Unter anderem aufgezeigt am Beispiel der Schweiz. In: Lüdi, Georges/Seelmann, Kurt/Sitter-Liver, Beat (Hrsg.): Sprachenvielfalt und Kulturfrieden. Sprachminderheit – Einsprachigkeit – Mehrsprachigkeit: Probleme und Chancen sprachlicher Vielfalt. Fribourg: Academic Press, S. 201–223.

Lüdi, Georges/Werlen, Iwar (2005): Sprachenlandschaft in der Schweiz. Eidgenössische Volkszählung 2000. Unter Mitarbeit von Sarah Colombo, Philippe Lüdi, Max Mader, Kerstin Schmidt und Fee Steinbach. Neuchâtel: BFS.

Riegel, Christine/Geisen, Thomas (2010): Zugehörigkeit(en) im Kontext von Jugend und Migration – eine Einführung. In: Dies. (Hrsg.): Jugend, Zugehörigkeit und Migration. Subjektpositionierung im Kontext von Jugendkultur, Ethnizitäts- und Geschlechterkonstruktionen (2., durchges. Aufl.). Wiesbaden: VS Verlag für Sozialwissenschaften, S. 7–23.

Rosenthal, Gabriele (2011): Interpretative Sozialforschung. Eine Einführung (3., aktualisierte und ergänzte Aufl.). Weinheim: Juventa.

Schütz, Alfred/Luckmann, Thomas (1979): Strukturen der Lebenswelt. Band 1. Frankfurt a. M.: Suhrkamp.

Treibel, Annette (2006): Einführung in soziologische Theorien der Gegenwart (7. Aufl.). Wiesbaden: VS Verlag für Sozialwissenschaften.

Claudia Seele

Differenzproduktion durch sprachliche Praktiken

Ethnographische Beobachtungen zur Mehrsprachigkeit in luxemburgischen Kinderbetreuungseinrichtungen

Einleitung

> Ich beobachte Lucas (3; 6)[1] dabei, wie er auf dem Teppich im Gruppenraum mit den Tierfiguren spielt. Er sucht die Löwen heraus und stellt sie zusammen in das von ihm bereits vorbereitete umzäunte Terrain. Dabei kommentiert er auf Luxemburgisch: „Kuck, e Léiw!" [*Guck, ein Löwe!*] Dann wirbelt er die Tiere im Gatter durcheinander und erklärt nun auf Französisch: „Tout mélanger!" [*Alles mischen!*]. (MRE Butzegäertchen, 22.10.2010)

Sprachliche Diversität ist ein selbstverständlicher Bestandteil sowohl der Luxemburger Gesellschaft im Allgemeinen als auch des Alltagsgeschehens in frühpädagogischen Einrichtungen. Mehrsprachigkeit kann hier keineswegs als bloßer Sonderfall abgetan werden, sondern gehört, wie zunehmend auch in anderen nationalen Kontexten, zum alltäglichen Inventar pädagogischer Praxisfelder (vgl. Gogolin 2010). Dabei ist der Luxemburger Diskurs um Mehrsprachigkeit durchaus zwiespältig: Einerseits gilt sie als Integrations*ziel* und positives Merkmal nationaler Identität. Anderseits wird sie gerade in Bezug auf die Bildungsprozesse von Kindern vielfach als Integrations*problem* und -hindernis wahrgenommen (vgl. Horner/Weber 2008). So wird die Bewältigung sprachlicher Heterogenität in erziehungswissenschaftlichen, sozial- und bildungspolitischen ebenso wie in medialen Diskursen

---

1 Alle Orts- und Personennamen wurden anonymisiert. Altersangaben erfolgen in Jahren und Monaten (J; M). Die Übersetzungen (kursiv und in eckigen Klammern) wurden von der Autorin vorgenommen.

immer wieder als eine besondere Herausforderung für die professionelle Praxis hervorgehoben. Dabei werden unter anderem Forderungen nach früher Sprachförderung, Schulvorbereitung sowie der Förderung von sozialer Integration und Chancengleichheit laut. Während diese Diskurse sich umgehend der programmatischen Frage zuwenden, wie mit Mehrsprachigkeit umgegangen werden *soll*, wird im vorliegenden Artikel vielmehr danach gefragt, wie denn im institutionellen Alltag mit dieser Situation und den damit verbundenen komplexen Anforderungen und Erwartungen umgegangen *wird*. Der Beitrag schließt damit an das Anliegen des Bandes an, Sprache als soziale Praxis zu begreifen und zu rekonstruieren, wie sich durch Sprachpraktiken soziale Wirklichkeiten konstituieren. Wie also wird die soziale Wirklichkeit der Kindertageseinrichtung durch den Umgang mit Sprache(n) hervorgebracht?

Der Artikel gliedert sich wie folgt: Zur Kontextualisierung der ethnographischen Beobachtung situierter Praktiken soll in einem ersten Schritt ein Überblick über die komplexe Luxemburger Sprachensituation gegeben werden (1). Vor dem Hintergrund eines kritisch soziolinguistischen Verständnisses von Sprache als lokal situierter, sozialer Praxis (vgl. Pennycook 2010) wird dann in einem zweiten Schritt die methodologische Herangehensweise einer *Ethnographie der Mehrsprachigkeit* (Heller 2006, 2008; Blackledge/Creese 2010) expliziert (2), die den Gebrauch von Sprache zur differentiellen Adressierung und Positionierung sozialer Akteur_innen und damit die konstitutive Rolle sprachlicher Praktiken bei der Hervorbringung institutioneller Ordnungen in den Vordergrund rückt. Dieser Ansatz wird verknüpft mit einer *Ethnographie der Frühpädagogik* (Honig/Neumann 2013), die die Selbstkonstitution der frühpädagogischen Praxis im Medium ihres Vollzugs beobachtet und somit die Frage aufwirft, wie im Alltag der Betreuungseinrichtungen mit und durch Sprache Pädagogik „gemacht“ wird. Den Kern des Artikels bilden dementsprechend die Analysen ausgewählten Datenmaterials aus der ethnographischen Feldforschung in drei luxemburgischen Kindertageseinrichtungen[2] (3), die sich vor allem an der zentralen Fragestellung ausrichten, *wie* im Alltag der Einrichtungen mit sprachlicher Diversität konkret umgegangen wird und wie dabei Differenzen nicht nur aufgegriffen, sondern immer auch erzeugt werden. Im letzten Schritt sollen die dargestellten Ergebnisse der ethnographischen Studie

2 Die Forschung ist Kern meines Promotionsprojekts „Doing Difference in the Early Years. An Ethnographic Research on Dealing with Cultural and Linguistic Diversity in Luxembourgian Early Childcare Settings“ welches vom luxemburgischen *Fonds National de la Recherche* (FNR) gefördert und an der Universität Luxemburg unter der Supervision von Prof. Dr. Michael-Sebastian Honig durchgeführt wird.

zusammengefasst und Schlussfolgerungen daraus gezogen werden, wie sich Sprache als soziale Praxis im Kontext von Heterogenität und Differenz konkret gestaltet (4). Wie wird dieser Kontext durch sprachliche Praxen mit hervorgebracht und reproduziert? Und vor allem: Wie werden durch Sprachpraxen im mehrsprachigen Setting der Kindertageseinrichtung jene Differenzen erzeugt, die konstitutiv für die soziale Ordnung des pädagogischen Feldes sind?

1. Die Sprachensituation in Luxemburg

Die Sprachensituation in Luxemburg zeichnet sich gegenüber anderen europäischen Nationalstaaten, in denen sich historisch ein monolingualer Standard als hegemonial durchgesetzt hat, durch eine besondere Vielschichtigkeit aus. Überkommene Vorstellungen einer Einheit von Sprache, Nation und Kultur (vgl. Makoni/Pennycook 2007) werden hier in besonders eindringlicher Weise infrage gestellt. So hat sich, historisch betrachtet, im Zuge häufig wechselnder Fremdherrschaften über luxemburgisches Territorium, verbunden mit den geographisch bedingten Erfordernissen politischer und ökonomischer Allianzen mit den Nachbarländern Frankreich und Deutschland, ebenso wie durch deren kulturellen Einfluss auf die luxemburgische Gesellschaft eine relativ stabile dreisprachige Situation herausgebildet (z.B. Berg 1993; Davis 1994; Gilles et al. 2010). Mit der Einführung des sogenannten „Sprachengesetzes" von 1984 (Chambre des Députés 1984) wurde diese historisch etablierte Dreisprachigkeit schließlich offiziell kodifiziert (vgl. auch Berg 1993, S. 18–22; Fehlen 2009, S. 33–35). So lautet der erste Artikel des Gesetzes: „La langue nationale des Luxembourgeois est le luxembourgeois" [*Die Nationalsprache der Luxemburger ist das Luxemburgische.*]. Im zweiten Artikel wird das Französische als traditionelle Sprache der Gesetzgebung bestätigt, während der dritte Artikel sowohl Französisch, Deutsch als auch Luxemburgisch als administrative Sprachen zulässt.

In der alltäglichen Praxis allerdings geht die Mehrsprachigkeit der Luxemburger Gesellschaft noch weit über die offizielle Triglossie hinaus. Mit der Industrialisierung kamen seit dem Ende des 19. und Beginn des 20. Jahrhunderts vorerst viele italienische, später dann vermehrt portugiesische Einwanderer_innen ins Land. Als Folge der wirtschaftlichen Umorientierung seit der Stahlkrise Mitte der 1970er-Jahre und mit der Niederlassung wichtiger europäischer Institutionen haben sich weitere sozioökonomische Veränderungen ergeben, die zur Etablierung Luxemburgs als wichtigem internationalen Finanz- und Verwaltungsstandort beigetragen haben. Beinahe die Hälfte (44,5%) der ansässigen Bevölkerung von

537.000 Einwohner_innen besitzt nicht die luxemburgische Staatsbürgerschaft (STATEC 2013). Der Großteil der ausländischen Wohnbevölkerung (36,9%) stammt aus Portugal, gefolgt von Frankreich (14,7%), Italien (7,6%), Belgien (7,4%) und Deutschland (5,2%). 14,4% sind andere EU-Bürger_innen und 13,7% Nicht-EU-Bürger_innen (ebd., S. 9). Dazu kommen während der Woche täglich 157.600 Grenzpendler_innen (sogenannte „*frontaliers*"), von denen etwa die Hälfte (49,4%) aus Frankreich und jeweils ca. ein Viertel (25,1%) aus Belgien und Deutschland kommen (ebd., S. 12).[3] Die meistgesprochenen Sprachen im Land sind demzufolge, neben den drei gesetzlich verankerten Sprachen Luxemburgisch, Französisch und Deutsch, auch noch Englisch, Portugiesisch und Italienisch (Fehlen 2009, S. 78–88; für einen differenzierten Überblick über die Luxemburger Sprachensituation vgl. auch Horner/Weber 2008).

Die Rolle des Luxemburgischen als „Nationalsprache", wie es im Gesetz von 1984 heißt, ist in diesem Zusammenhang sehr ambivalent. Horner und Weber (2008) konstatieren zwei konkurrierende Strategien nationaler Identifikation, wobei eine Betonung des Luxemburgischen als Hauptträger und Garant für die Kontinuität nationaler Identität und des gesellschaftlichen Zusammenhalts auf der einen Seite einem Bekenntnis zur historisch gewachsenen sowie offiziell verankerten Mehrsprachigkeit als dem bezeichnenden Merkmal Luxemburgs auf der anderen Seite gegenübersteht. Dabei lässt sich der Diskurs um Mehrsprachigkeit noch differenzieren, indem man entsprechend ihres gesellschaftlichen Ansehens und ökonomischen Mehrwerts zwischen zwei verschiedenen Formen von Mehrsprachigkeit unterscheidet. Einerseits gibt es eine erwünschte, institutionalisierte, wirtschaftlich profitable, elitäre und *legitime* Mehrsprachigkeit, die sich häufig an einem monolingualistischen Ideal der mehrfachen Einsprachigkeit, also einer sehr guten Kompetenz in mehreren, klar voneinander getrennten und sozial anerkannten Sprachen orientiert (vgl. Fehlen 2009, S. 47–52). Zum anderen gibt es eine als defizitär, problematisch und hinderlich angesehene, *illegitime* Mehrsprachigkeit, bei der sich verschiedene Sprachen „vermischen", keine Sprache „richtig" gesprochen wird, das Sprechen bestimmter (sozial wenig anerkannter und wirtschaftlich wenig profitabler) Sprachen als Anzeichen verfehlter oder verweigerter Integration, Rückständigkeit und als Grund für gesellschaftliche Probleme (z.B. auch für Schulversagen) angesehen wird (ebd.).

---

3 Diese komplexe Situation ist zudem noch regional differenziert. Während in der Hauptstadt und im industrialisierten Süden des Landes der Anteil ausländischer Einwohner_innen zumeist überwiegt, sieht das Verhältnis im eher ländlich geprägten Osten und Norden Luxemburgs genau umgekehrt aus (CEFIS 2010, S. 10–12).

2. Mehrsprachigkeit im Luxemburger Bildungs- und Betreuungssystem

Im Zusammenhang des Luxemburger Bildungssystems ist zunächst bemerkenswert, dass sich dort alle drei amtlich anerkannten Sprachen in unterschiedlicher Form und Gewichtung wiederfinden. Sowohl während der fakultativen Früherziehung für Kinder ab drei Jahren (*Précoce*) als auch während des sich über zwei Jahre erstreckenden obligatorischen Vorschulunterrichts (dem ersten Zyklus des *enseignement fondamental* für Kinder von vier bis sechs Jahren) steht die Förderung des Luxemburgischen im Vordergrund (Presse- und Informationsamt der Luxemburger Regierung 2008, S. 5–6). Zu Beginn der Grundschule im Alter von ca. sechs Jahren erfolgt dann die Alphabetisierung auf Deutsch, welches auch die Hauptverkehrssprache in der Primarstufe darstellt. Französisch wird gegen Ende des zweiten Zyklus, also im Alter von ca. sieben Jahren, zunächst in separatem Sprachunterricht eingeführt. Mit dem Eintritt in die Sekundarstufe im Alter von ca. zwölf Jahren nimmt dann die Bedeutung des Französischen als Unterrichtssprache immer weiter zu, wobei der Anteil französischsprachigen Unterrichts in den allgemeinbildenden, studienvorbereitenden *Lycées classiques* höher ist als in den eher berufspraktisch orientierten *Lycées techniques*, in denen weiterhin das Deutsche dominiert. Dabei erweist sich das luxemburgische Schulsystem als überaus selektiv (vgl. MENFP 2013; CEFIS 2010, S. 18–20; für die luxemburgischen PISA Ergebnisse vgl. MENFP/Université du Luxembourg 2013). Vor allem an die Schülerinnen und Schüler mit romanischen Familiensprachen wie Portugiesisch, Französisch oder Italienisch werden komplexe sprachliche Anforderungen gestellt, die sich nicht zuletzt aus dem hohen Stellenwert des Deutschen als Sprache der primären Alphabetisierung und Beschulung ergeben (für detailliertere Ausführungen zur sprachlichen Beschaffenheit des luxemburgischen Bildungssystems vgl. z.B. Horner/Weber 2008; Berg et al. 2011; Weber/Horner 2012, S. 110–113).

Auch trotz entgegenlaufender bildungs*politischer* Bestrebungen, herrscht in der *Praxis* des Bildungssystems größtenteils noch immer ein an monolingualen Standards orientiertes Ideal des dreifachen Muttersprachlers vor, welches als selektives Moment im luxemburgischen Schulsystem fungiert. So schreibt Fehlen (2009, S. 50): „[D]ie Durchsetzung der legitimen multilingualen Kompetenz als *hidden curriculum* erscheint als das eigentliche Ziel der Luxemburger Schule". Legitime Sprachkenntnisse (vgl. Bourdieu 1991) stellen somit ein entscheidendes Selektionskriterium im luxemburgischen Bildungssystem dar. Dies wird auch von Davis (1994) konstatiert, die in ihrer ethnographischen Studie in luxemburgischen Schulen und Familien zu dem Schluss kommt, dass das sprachliche Kapital, welches die Schüler_innen mitbringen, zu einem großen Teil ihren akademischen und damit auch ihren weiteren beruflichen Erfolg bestimmt. Dabei finden sowohl die Sprachrepertoires der Kinder aus nicht migrierten, sozial schlechter gestellten Familien als auch diejenigen der Kinder mit Migrationshintergrund kaum bis keine Berücksichtigung in der Unterrichtspraxis (ebd., S. 86).

Der vorschulischen Kindertagesbetreuung kommt in diesem Zusammenhang eine stark vorbeugende und kompensatorische Bedeutung zu. Sie grenzt sich vom Bildungssystem einerseits durch ihre ministerielle Zuordnung zum luxemburgischen Familienministerium,[4] andererseits durch ihr dezidiert sozialpädagogisches und nicht vorschulisches Bildungsverständnis ab (vgl. Scheiwe 2009). Obwohl es politisch hier keinerlei eindeutige Vorgaben gibt, liegt der Schwerpunkt der vor- und außerschulischen Bildung und Betreuung im Allgemeinen auf der Förderung des Luxemburgischen, wobei davon ausgegangen wird, dass die Beherrschung dieser gemeinsamen Sprache nicht nur die spätere Unterrichtskommunikation im Allgemeinen erleichtert, sondern auch auf die Alphabetisierung im Deutschen vorbereitet.[5] In den staatlich reglementierten *Maisons Relais pour Enfants* (MRE) für null- bis vierjährige Kinder, auf die sich meine ethnographischen Beobachtungen konzentriert haben, zählt es zu den programmatischen Zielen und deklarierten Bildungsaufgaben, das „Luxemburgische als alltägliche Umgangssprache und als Ausdruck einer gemeinsamen Identität" zu pflegen (Majerus 2009, S. 32). Die Förderung des Luxemburgischen als „Integrationssprache" (vgl. z.B. Council of Europe/MENFP 2006, S. 11; Weber/Horner 2012, S. 112) zielt nicht nur auf eine integrative Sprachpraxis „im Inneren" der Institution, sondern soll dem Zusammenhalt der heterogenen Gesellschaft als Ganzer zugutekommen. Gleichzeitig wird von den *Maisons Relais* auch ein konstruktiver, respektvoller und integrativer Umgang mit Differenzen erwartet (Baltes-Löhr 2009; Majerus 2009), der sich aber zumeist auf kulturelle, religiöse oder geschlechtliche, weniger auf linguistische Diversität bezieht.

---

4 Nach den Neuwahlen und der politischen Restrukturierung im Herbst 2013 sind die Bereiche der formalen und non-formalen Bildung inzwischen unter einem gemeinsamen, neu formierten Ministerium für Bildung, Kindheit und Jugend zusammengefasst. Die Folgen für das Verhältnis von *care* und *education* sind indes noch nicht abzusehen.

5 Mit Weber und Horner (2012, S. 112) kann man argumentieren, dass das Luxemburgische aufgrund seines vergleichsweise geringen Standardisierungsgrades und seiner traditionellen Vorherrschaft in den mündlichen, informellen und alltagsnahen Domänen der luxemburgischen Sprachlandschaft leichter Einzug in die vorschulische Bildung gefunden hat, da diese sich vom Bereich der Schule auch durch ein Verständnis „non-formaler Bildung" (vgl. Achten 2012) abzuheben versucht.

Für die Forschung besteht nun die Herausforderung darin, dieser politischen Programmatik nicht unreflektiert anheimzufallen, um die frühpädagogische Praxis nicht auf die bloße Umsetzung normativer Vorgaben zu reduzieren. Bei all den komplexen und vielschichtigen Erwartungen an diese Praxis ist am Ende wenig darüber bekannt, *wie* sich der Umgang mit Mehrsprachigkeit im Alltag der Kindertageseinrichtungen tatsächlich vollzieht (zur empirischen Eigenlogik pädagogischer Praxis vgl. z.B. Honig 2004). Dieses *Wie* der konkreten alltäglichen Sprachpraxis in den Einrichtungen steht im Zentrum meines ethnographischen Forschungsprojekts, auf das ich im nun folgenden Abschnitt näher eingehen werde.

3. Zur Methodologie einer Ethnographie der Mehrsprachigkeit

Die einleitende Fragestellung der Studie bestand darin, wie soziale Differenzen in der alltäglichen Interaktion zwischen Kindern, Erzieher_innen und anderen Erwachsenen in frühkindlichen Bildungs- und Betreuungseinrichtungen im Sinne eines *doing difference* (Fenstermaker/West 2001) praktisch hervorgebracht werden. Ausgehend von dieser Frage hat sich im Zuge der ersten explorativen Beobachtungen und ihrer Analysen schnell herauskristallisiert, dass in diesem plurilingualen Setting vor allem sprachliche Unterschiede eine entscheidende Rolle bei der Zuschreibung und Markierung differenter Identitätspositionen spielen. Sprache ist hier von vornherein eng mit Fragen der Zugehörigkeit und Identifikation, mit Ein- und Ausschlussprozessen sowie mit Erwartungen an soziale Kohäsion und Befürchtungen einer gesellschaftlichen Desintegration verbunden (vgl. García 2010). Entsprechend der paradigmatischen Offenheit eines ethnographischen Forschungsansatzes (vgl. Wolcott 1999) hat sich die Forschungsfrage im Folgenden dahingehend konkretisiert, wie Differenzen mit und durch Sprachpraktiken erzeugt werden.

Methodologisch orientiert sich die Forschung dabei am Ansatz einer *Ethnographie der Mehrsprachigkeit* (z.B. Heller 2006, 2008; Blackledge/Creese 2010). Aus einer soziolinguistischen Perspektive wird Mehrsprachigkeit hier nicht als das bloße Nebeneinander von diskreten und isolierbaren Einzelsprachen verstanden; vielmehr stellt sie sich in der Forschung als eine *soziale Praxis* dar, in der die Grenzen zwischen verschiedenen Sprachen ebenso wie die zwischen verschiedenen Gruppen von Sprecher_innen nicht unhinterfragt gegeben sind, sondern immer wieder neu hervorgebracht und verhandelt werden (Heller 2008, S. 252; Blackledge/Creese 2010, S. 58). Der analytische Fokus verschiebt sich somit von der Sprache als statischem System zu den konkreten und vielgestaltigen semiotischen Ressourcen, die die Sprecher_innen in ihrem alltäglichen *Gebrauch* von Sprache einsetzen (Blommaert 2010, S. 102). Im Vordergrund stehen konkrete Sprach*praktiken* sowohl in ihrer lokalen Situiertheit als auch in ihren relationalen Bezügen zu den historischen, sozio-politischen und institutionellen Kontexten, in denen sie sich vollziehen (vgl. Pennycook 2010). Dabei sind mit Sprachpraktiken nicht lediglich verbale Akte gemeint. Als Teil übergreifender Praktiken-Komplexe beinhalten sie immer auch körperliche, materielle und parasprachliche Aspekte. Die Unterscheidung zwischen *Sprach*praktiken und anderen Formen von Praktiken stellt demnach keine rein gegenstandsbezogene dar, sondern ist vielmehr eine *beobachterabhängige*, die den forschenden Blick auf jene Prozesse lenkt, in denen Sprache und Mehrsprachigkeit eine Bedeutung bei der Konstitution sozialer Ordnungen zukommt (vgl. zu diskursiven Praktiken Reckwitz 2008, S. 203). In einem methodenpluralen Zugang werden über die Interaktionsebene hinaus auch übersituative Materialisierungen von Sprachpraktiken in Form von Dokumenten und Artefakten ebenso wie deren Prekonfigurierung durch historische, politische und organisatorische Rahmenbedingungen mitberücksichtigt. Diese materiellen und sozio-historischen Bedingungen sind dabei nicht als statisch gegebener Kontext anzusehen, sondern werden in der alltäglichen Praxis lokal angeeignet und *rekontextualisiert* (vgl. Pennycook 2010).

Sprachpraktiken stellen ein wichtiges Medium der Konstitution von Sozialität dar. Indem Sprache zur differentiellen Adressierung und Positionierung sozialer Akteur_innen gebraucht wird, kommt ihr nicht nur eine konstitutive Rolle bei der praktischen Hervorbringung institutioneller Ordnungen zu – sie trägt auch zur Reproduktion von Differenz und Ungleichheit bei (z.B. Miller/Ginsburg 1989; Palludan 2007). Aus der Soziolinguistik entlehnte Konzepte, wie die auf Goffman (1981) zurückgehende Idee der durch Sprache aufgerufenen *Rahmen*, können als analytische Instrumente dienen, um empirisch zu rekonstruieren, wie sich Akteur_innen über sprachliche Praktiken im multilingualen Setting zeitlich und räumlich positionieren bzw. positioniert werden (Collins/Slembrouck 2009). Insbesondere Garcías Beschreibung der dynamischen mehrsprachigen Praxis im Sinne eines *translanguaging* scheint geeignet, vorherrschende monolingualistische Normen zu hinterfragen und den ethnographischen Blick für die vielgestaltigen sprachlichen (und nicht-sprachlichen), multilingualen und multimodalen Praktiken zu sensibilisieren, durch die die Beteiligten ihre Wirklichkeit als sinnhafte konstruieren (García 2008, S. 44–51).

> Rather than focusing on the language itself and how one or the other might relate to the way in which a monolingual standard is used and has been described, the concept of translanguaging makes obvious that there are no clear-cut boundaries between the languages of bilinguals. What we have is a languaging continuum that is accessed. (García 2008, S. 47)

Der Begriff des *translanguaging* zielt darauf ab, Mehrsprachigkeit nicht von der Sprache und ihren normativen linguistischen Standards her zu denken, sondern von der Position der Sprechenden und ihrer konkreten Sprechpraxis aus (ihrem *languaging*). In dieser Sprechpraxis gehen die von der außenstehenden Beobachterin als voneinander unterschieden wahrgenommenen und kategorisierten „Sprachen" fließend ineinander über und verlieren weitestgehend ihren Charakter als fest umrissene, abgrenzbare Einheiten.

Der Fokus auf die lokalen Sprachpraktiken wird zudem ergänzt durch den methodologischen Ansatz einer *Ethnographie der Frühpädagogik* (Honig/Neumann 2013), dem es darum geht, „den Blick auf die Selbsterzeugung der frühpädagogischen Praxis im Medium ihrer Vollzugswirklichkeit" (ebd., S. 6) zu lenken. Das „Pädagogische" wird hier also nicht als Attribut der Praxis in frühkindlichen Betreuungseinrichtungen vorausgesetzt, sondern als stetig neu zu erbringende Leistung ebendieser Praxis aufgefasst. Durch diese Verknüpfung einer *Ethnographie der Mehrsprachigkeit* mit einer *Ethnographie der Frühpädagogik* werden erziehungswissenschaftliche und soziolinguistische Problemstellungen vereint, indem die Hervorbringung sozialer Wirklichkeiten durch Sprachpraktiken in pädagogischen Feldern in den Mittelpunkt des empirischen Forschungsinteresses rückt. Die Forschungsfrage, wie Differenzen in und mit Sprachpraktiken hervorgebracht werden, schließt damit an das übergreifende theoretische Rekonstruktionsinteresse an, wie diese Praktiken zur Konstitution frühpädagogischer Wirklichkeiten beitragen. Wie wird im Alltag der Betreuungseinrichtungen mit und durch Sprache Pädagogik „gemacht"?

4. Methoden der Datengenerierung und -auswertung

Um der Frage nach dem *Wie* der sprachlichen Praxis in frühpädagogischen Settings empirisch nachzugehen, wurden in einem Zeitraum von mehr als eineinhalb Jahren (von Oktober 2010 bis Mai 2012) ethnographische Beobachtungen in drei verschiedenen Einrichtungen der Bildung und Betreuung für null- bis vierjährige Kinder in Luxemburg durchgeführt.[6] Entsprechend dem iterativ-zyklischen Vorgehen ethnographischer Forschung (vgl.

6 Da die Auswertung der Daten noch nicht abgeschlossen ist, beschränkt sich die Auswahl der Beobachtungsbeispiele für diesen Beitrag auf die beiden *Maisons Relais* MRE „Butzegäertchen" und MRE „Lëtzeduerf". Die dritte Einrichtung ist keine *Maison Relais* sondern ein *Foyer de Jour* (zur organisationalen Differenzierung des luxemburgischen Betreuungssystems vgl. Honig/Haag 2011); das Foyer verfolgt einen anderen, bilingualen Ansatz und wurde als kontrastiver Fall in das Sample mitaufgenommen.

z.B. Amann/Hirschauer 1997) haben sich dabei Phasen intensiver Beobachtungen mit Phasen der Auswertung und der Rückmeldung der Beobachtungsergebnisse an die Forschungsteilnehmer_innen miteinander abgewechselt. Die Analyse der Daten in Form von Beobachtungsprotokollen, Feldtagebucheinträgen, Foto-, Video-, und Audioaufnahmen orientiert sich an der *Grounded Theory* Methodologie (Glaser/Strauss 1967; Strauss/Corbin 1998) in ihrer konstruktivistischen Ausrichtung (vgl. Charmaz 2000). Demnach sind Konzepte und Kategorien nicht in den Daten inhärent und werden von der neutralen Forscherin „entdeckt", sondern entstehen aus der Interaktion zwischen Forscherin, Feld und Daten (ebd., S. 522). Auch die Feldnotizen selbst sind nicht völlig „theoriefrei", sondern werden von der Ethnographin unter einem bestimmten Blickwinkel und in einem reflexiven Prozess des Teilnehmens, Beobachtens und Schreibens generiert (Emerson/Fretz/Shaw 1995, S. 167). Im Zuge der Auswertung werden zunächst in einem ersten offenen Kodieren (ebd., S. 142–152) wiederkehrende Themen, Problemstellungen und Prozesse im empirischen Material identifiziert. Hier werden vor allem diejenigen Stellen in den Daten vorsondiert, an denen besonders „dicht" der Umgang mit Sprache und Mehrsprachigkeit im Alltag der Betreuungseinrichtungen nachvollzogen werden kann. Durch eine vergleichende, relationale Analyse werden in einem zweiten Schritt die verschiedenen Segmente des Korpus zueinander in Beziehung gesetzt und nach Ähnlichkeiten, wiederkehrenden Mustern, aber auch nach Brüchen und Widersprüchen befragt. Mithilfe von den Erhebungs- und Auswertungsprozess kontinuierlich begleitenden methodologischen und analytischen Memos sowie in der stetigen Diskussion mit Kolleg_innen haben sich schließlich die interpretativen Befunde herauskristallisiert, die die Grundlage für die folgenden Ausführungen bilden. Dabei stellen die ausgewählten Dimensionen eine exemplarische und vorläufige Auswahl dar, die sich zum einen an der thematischen Fokussierung des vorliegenden Beitrags und zum anderen an den nach dem bisherigen Stand der Auswertung relevantesten Unterscheidungslinien ausrichtet.

5. Erste Ergebnisse – Die pädagogische Praxis im Spannungsfeld zwischen monolingualer Programmatik und translingualen Praktiken

Translanguaging als verständigungsorientierte Alltagspraxis

Obgleich Luxemburgisch in den Konzepten der Einrichtungen als die allgemeine Umgangssprache dargestellt wird, erweist sich die Realität als viel komplexer und durchaus vielsprachig. Der Programmatik einer monolingualen Förderung im Luxemburgischen steht hier die Pragmatik der alltäglichen mehrsprachigen Kommunikation gegenüber. Zahlreiche Beobachtungsnotizen zeugen von translingualen Praktiken, in denen die gesellschaftlich vorherrschende Mehrsprachigkeit, die den familiären Alltag der Kinder und auch den Hintergrund vieler Erzieherinnen und Erzieher prägt, in den Einrichtungsalltag hineinreicht.

> David (2; 1) läuft durch den Raum und ruft auf Französisch: „Chaussures, chaussures.“ [*Schuhe, Schuhe.*] Die Erzieherin Rebecca fragt ihn auf Luxemburgisch: „Sichs du deng Schlapp?“ [*Suchst du deine Hausschuhe?*] Er antwortet nun ebenfalls auf Luxemburgisch: „Jo.“ [*Ja.*]. (MRE Butzegäertchen, 11.11.2010)

Während ich als Beobachterin in meinen Protokollen durchaus zwischen Luxemburgisch und Französisch unterscheide und diese Differenz auch markiere, scheint dieser Unterschied für die Kommunikation der beteiligten Akteur_innen eine eher untergeordnete Rolle zu spielen. Hier zeigt sich eine Interaktion auch über sprachliche Grenzsetzungen hinweg, wobei die unterschiedlichen, aktiven und rezeptiven, sprachlichen Ressourcen flexibel einbezogen werden, um eine Verständigung zu erreichen.

Allerdings scheinen sich diese mehrsprachigen Momente und Situationen vor allem am Rande des Geschehens oder in einer Art Übergangsbereich abzuspielen, wenn es also gerade nicht um das pädagogische „Kerngeschäft“ geht. So finden sich vor allem in den Fluren, die als transitionale Räume die Sphären der Familien und der Betreuungseinrichtung gewissermaßen überbrücken, viele Aushänge und Plakate in mehreren Sprachen. Auch Bücher und Lieder in verschiedenen Sprachen, insbesondere in Deutsch und Französisch, sind selbstverständlicher Bestandteil der frühpädagogischen Praxis und transportieren die gesellschaftliche Mehrsprachigkeit in den Einrichtungsalltag hinein. Vor allem der Austausch mit den Eltern, sei es in Tür- und Angelgesprächen oder in verschiedenen Formen von Dokumentationspraxen wie in Wandertagebüchern, Lerngeschichten, Portfolios usw., verläuft häufig mehrsprachig, was wiederum auf die räumliche Verortung dieser Kommunikationsformen in den Übergangsbereichen der Institution verweist. Auch Kinder, die sich noch in der Eingewöhnungszeit befinden, also gewissermaßen ebenfalls im „Übergang“, werden von den Erzieherinnen und Erziehern teilweise, soweit möglich, in ihren Familiensprachen angesprochen.

Ist das Ziel also reine Verständigung und die Überbrückung möglicher Verstehenshindernisse, ist Mehrsprachigkeit durchaus eine wichtige Ressource der Alltagsgestaltung in luxemburgischen *Maisons Relais*. In Kinderbetreuungseinrichtungen geht es aber eben nicht nur um die pragmatische

Bewältigung des Alltags, sondern immer auch um Bildung, d.h. um *Pädagogik*. Die Vermittlung dieser beiden Bezugskontexte von Sprachpraktiken, Verständigung vs. Bildung, ist eine Aufgabe, die sich den Erzieher_innen in jeder Situation aufs Neue stellt.

„Op Lëtzebuergesch!" – Die praktische Hervorbringung einer monolingualen Norm

Vor dem Hintergrund dieser alltäglichen Mehrsprachigkeit stellt das Sprechen der luxemburgischen Sprache nicht einfach die *Normalität* dar, sondern vielmehr eine *Norm*, die nur unter bestimmten Umständen greift und als solche erst eingeführt und durchgesetzt werden muss, wie der folgende Protokollausschnitt verdeutlicht:

> Claire (3; 5) erzählt der Erzieherin Elisabeth auf Französisch, dass Andi (ein anderes Kind, mit dem Claire häufig spielt) heute nicht da ist, weil er noch schlafen würde. Elisabeth antwortet auf Luxemburgisch: „Ech verstinn dech net. Wat sees du?" [*Ich verstehe dich nicht. Was sagst du?*] Claire wiederholt ihre Aussage auf Französisch, worauf Elisabeth meint: „Op Lëtzebuergesch!" [*Auf Luxemburgisch!*] Claire sagt erst nichts, dann noch einmal „dormir" [*schlafen*]. Elisabeth erwidert: „Schloofen heescht dat." [*Schlafen heißt das.*]. (MRE Butzegäertchen, 09.11.2010)

Die Erzieherin Elisabeth spricht mit ihren Kolleginnen und Kollegen und auch mit Claire durchaus des Öfteren Französisch, versteht also sehr wohl, was Claire ihr erzählen will. Sie negiert dies jedoch in dieser spezifischen Situation. Verständigung ist demnach nicht das Problem, um das es geht. Vielmehr wird die pädagogische Ambition, das Luxemburgische zu fördern, hier in den Vordergrund gerückt. Dabei genügt es nicht einfach, dass die Erzieherin mit Claire Luxemburgisch spricht und dabei offensichtlich auch verstanden wird. Elisabeth verlangt auch, dass Claire die Sprache selbst aktiv anwendet und stellt ihr dafür das entsprechende Vokabular bereit. Dadurch, dass die Erzieherin sich in ihrer Praxis auf die programmatische Erwartung einer Förderung im Luxemburgischen bezieht, wird diese Situation von einer alltäglichen Interaktion, wie sie sich überall in Luxemburg abspielen könnte, in eine spezifisch *pädagogische* Interaktion transformiert. Würde Claire die von ihr erwarteten Kenntnisse des Luxemburgischen auch aktiv benutzen, könnte sie damit die Wirksamkeit der sprachförderlichen Praxis der Erzieher_innen performativ unter Beweis stellen (vgl. auch Neumann 2011). Die Einführung und Durchsetzung einer monolingualen Norm in einem ansonsten plurilingualen Setting erlaubt es insofern, das pädagogische Programm in der Praxis „sichtbar“ zu machen und eröffnet den Fachkräften somit die Möglichkeit zur pädagogischen Selbstvergewisserung.

Die unterschiedliche Eigenlogik der Sprachpraktiken von Kindern und Erwachsenen

Während die Erzieher_innen in gewissen Situationen an einer monolingualen Norm festhalten und damit beschäftigt sind, die pädagogische Ordnung zu wahren, folgen die Sprachpraktiken der Kinder einer eigenen Logik (vgl. auch Jung 2009). Für sie stellt *translanguaging* nicht nur eine Ressource zur Verständigung dar, sondern auch zur spielerischen Auseinandersetzung mit ihrer sozialen und materiellen Umwelt.

> Alexander (3; 5) und Jonas (3; 6), die beide vorwiegend Deutsch zuhause sprechen, ersinnen während des Frühstückessens ein kleines „Sprachspiel“. So sagen sie „Apfel“ zu den Trauben und „Traube“ zum Apfel, danach „Auge“ für Traube und „Birne“ für Apfel. Sie haben sichtlich Spaß dabei, mit den Worten zu experimentieren. Finn, der etwas jünger ist als die beiden (2; 6) und Luxemburgisch in der Familie spricht, lässt sich dagegen nicht auf dieses Spiel ein. Als er ein Stück Apfel nimmt, Alexander darauf zeigt und auf Luxemburgisch „Trauwe“ [*Traube*] sagt, erwidert er: „Nee, Apel!“ [*Nein, Apfel!*]. (MRE Butzegäertchen, 12.04.2012)

Diese Beobachtung verweist auf ein implizites metalinguistisches Wissen der Kinder um die Kontingenz von Benennungen (d.h. die arbiträre Beziehung zwischen Bezeichnendem und Bezeichnetem), welches in ihrem kreativen Spielen mit Sprache zum Ausdruck kommt.[7] Auch die Fähigkeit, den eigenen Sprachgebrauch in der Interaktion an das Gegenüber anzupassen, wird hier deutlich, wenn Alexander von der deutschsprachigen Kommunikation mit Jonas zum Luxemburgischen mit Finn übergeht.

Im weiteren Verlauf der Beobachtungssequenz zeigt sich, dass die Praxis der Erzieherin, entgegen dem *translanguaging* der Kinder, sehr viel mehr an der monolingualen Programmatik und dem damit verbundenen Ideal einer strikten Trennung der Sprachsphären orientiert ist.

7 Verschiedene Studien konnten zeigen, dass der Erwerb solches metasprachlichen Wissens durch das Aufwachsen mit mehreren Sprachen begünstigt wird (vgl. z.B. Auer 2009; Tracy 2009).

> Nun ist die Butter fast alle. Die Erzieherin Ilona sagt: „Do ass nach Botter am Frigo." [*Da ist noch Butter im Kühlschrank.*] Alexander wendet ein: „Nee, am… am Kühlschrank." Ilona beharrt: „Nee, am Frigo. Mir sinn hei am Butzegäertchen an do schwätzen mir op Lëtzebuergesch." [*Nein, im „Frigo". Wir sind hier im Butzegäertchen und da reden wir Luxemburgisch.*]. (Fortsetzung, MRE Butzegäertchen, 12.04.2012)

Durch die Berufung auf die außerhalb des Spiels liegende Norm, Luxemburgisch zu sprechen, wird den translingualen Praktiken der Kinder eine monolinguale pädagogische Ordnung gegenübergestellt. So greift Ilona erst dann disziplinierend ein, als Alexander versucht, auch sie in das Spiel einzubeziehen, indem er die pädagogische Relation situativ umkehrt und in *ihren* Sprachgebrauch interveniert. Durch ihre Aufforderung, in der *Maison Relais* Luxemburgisch zu sprechen, verweist sie die Jungen sozusagen wieder an „ihren Platz" innerhalb der institutionellen Ordnung zurück. Diese wird durch den Gebrauch des Luxemburgischen charakterisiert, sodass auch hier die Kinder als Adressaten pädagogischer Praxis angesprochen und positioniert werden.

Praktiken der Verräumlichung und die Konstitution des Pädagogischen

Durch die Intervention der Erzieherin in dem vorhergehenden Beispiel wird ein pädagogisch-programmatischer *Rahmen* (vgl. Goffman 1981) aufgerufen, der sich über den monolingualen Gebrauch des Luxemburgischen definiert. Über die Bindung dieser Sprache an einen bestimmten Ort („hier im Butzegäertchen") wird dieser soziale Raum zugleich als ein *pädagogischer* Raum konstituiert, in dem eine bestimmte Praxis der Sprachverwendung vorgesehen ist, welche wiederum vor allem im Zeichen der *Förderung* der luxemburgischen Sprache stehen soll. Damit ist der Raum des Pädagogischen in der Betreuungseinrichtung nicht einfach gegeben, sondern wird im Sinne einer relationalen und dynamischen Ordnung des Nahen und Fernen (vgl. Schmidt 2004) erst situativ hervorgebracht. Sprache, bzw. die Beschränkung auf eine bestimmte Sprache, dient hierbei als *ein* mögliches Mittel dieser sozialen Konstruktion und vor allem auch Abgrenzung des Raumes (vgl. Pujolar 2009). Vor diesem Hintergrund ist es auch verständlich, dass die Erzieher_innen mich als Forschende vornehmlich in Deutsch ansprechen und auch die Eltern und andere Erwachsene in den jeweils von ihnen bevorzugten Sprachen adressieren. Sie positionieren uns damit gewissermaßen „außerhalb" ihres institutionellen Zusammenhangs, oder zumindest außerhalb von Pädagogisierungsanforderungen, die sich vornehmlich auf die Interaktion zwischen den Fachkräften und Kindern beziehen.

> Beim Mittagessen sitze ich zusammen mit Nino, Nayla, Josephine und Lucile (alle zwischen 3 und 4 Jahre alt) an einem Tisch. Nayla unterhält sich während des Essens mit Lucile auf Französisch und erklärt ihr eine Art Rollenspiel, das sie nachher spielen wollen, bei dem sie die Hexe und Lucile die Prinzessin sein soll. Dann wendet sich Nayla zu Josephine und fragt sie auf Luxemburgisch, ob sie mitspielen will. Ich weiß zwar nicht, ob sie verstanden hat, worum es geht, aber sie sagt gleich, ohne zu zögern, Ja. Nino fragt (auf Luxemburgisch), ob er auch mitspielen kann. Nayla meint, das geht nicht, weil schon alle Rollen vergeben sind, aber dass er beim nächsten Mal mitspielen könne. (MRE Lëtzeduerf, 26.05.2011)

Die beteiligten Kinder interagieren hier translingual, in dem Sinne, dass sie sich ohne Schwierigkeiten über sprachliche „Grenzen" hinweg verständigen, deren Vorhandensein in dieser Situation überhaupt erst durch den Eingriff der Erzieherin Klara relevant gesetzt wird.

> Nayla und Lucile unterhalten sich dann weiter auf Französisch. Doch als Klara, die Erzieherin, die am Nebentisch sitzt, die beiden reden hört, beugt sie sich zu ihnen herüber und sagt: „Mir schwätzen awer op Lëtzebuergesch, ne Meedecher" [*Wir sprechen aber Luxemburgisch, ne Mädchen.*]. Nachdem Klara sich wieder zu ihrem Tisch gedreht hat, fangen Nayla und Lucile an, sich gegenseitig ins Ohr zu flüstern und ich kann sie nicht mehr hören. (Fortsetzung, MRE Lëtzeduerf, 26.05.2011)

Durch das Ins-Ohr-Flüstern schaffen sich Nayla und Lucile eine Art *Hinterbühne* außerhalb der offiziellen *Vorderbühne*, die hier als „nur Luxemburgisch" definiert wurde (vgl. auch Heller 2006, S. 110). Damit stellen sie gleichzeitig unter Beweis, dass sie zwischen den verschiedenen Sprachsphären und dem jeweils legitimen Sprachgebrauch differenzieren können und dementsprechend einen Unterschied machen zwischen der Kommunikation unter Kindern und derjenigen unter Kindern *in Kinderbetreuungseinrichtungen*. Denn trotz ihrer verallgemeinernden Formulierung („Wir sprechen aber Luxemburgisch.") bezieht sich die Regel nur auf die öffentlich wahrnehmbaren sprachlichen Interaktionen der Kinder innerhalb der Institution.

> Nach dem Essen klingelt das Telefon. Es scheint ein Elternteil am Telefon zu sein, mit dem Alex, der Gruppenleiter, in recht gebrochenem

Französisch und ganz kurzen Sätzen spricht. Als er aufgelegt hat, sagt Klara lachend zu ihm: „Alex, ech hu gemengt, du kanns besser Franséisch schwätzen.“ [*Alex, ich habe gedacht, du kannst besser Französisch sprechen.*] Er lacht auch, sagt aber nichts weiter dazu. (Fortsetzung, MRE Lëtzeduerf, 26.05.2011)

Im weiteren Verlauf der Situation wird deutlich, wie durch die monolinguale Normierung der kindlichen Sprachpraktiken implizit auch eine Unterscheidung zwischen Kindern und Erwachsenen erzeugt wird. Während die Kinder innerhalb der Betreuungseinrichtung zu Monolingualität verpflichtet werden, werden den Erwachsenen durchaus mehrsprachige Kompetenzen zugestanden. Sie werden sogar gefordert und sind für die Kommunikation außerhalb des Rahmens der Einrichtung unverzichtbar. Von Alex zum Beispiel wird erwartet, dass er „gutes“ Französisch redet – er ist aber auch nicht direkt „im“ Raum der *Maison Relais*, sondern kommuniziert am Telefon über deren Grenzen hinaus.

6. Schlussfolgerungen – Differenzproduktion durch sprachliche Praktiken

Das Spannungsverhältnis zwischen einer monolingualistischen Betonung des Luxemburgischen auf der einen Seite und einer translingualen Verständigung über scheinbare sprachliche Grenzziehungen hinweg auf der anderen Seite zieht sich von der Ebene gesellschaftlicher Repräsentationen von Sprache und Mehrsprachigkeit über den Bereich diesbezüglicher bildungs- und sozialpolitischer Erwartungen und Rahmenbedingungen bis in die konkrete Praxis im institutionellen Alltag frühpädagogischer Einrichtungen, wo diese Spannung von den beteiligten Akteur_innen täglich situationsbezogen bewältigt werden muss. Die ethnographischen Beobachtungen weisen darauf hin, dass die verschiedenen praktischen Reaktionen der Professionellen auf diese dilemmatische Grundkonstellation dazu tendieren, eine monolinguale Ordnung inmitten eines gefühlten „Durcheinanders” von Sprachen einzurichten. Es ist weniger die Mehrsprachigkeit als solche als vielmehr dieses wahrgenommene „Durcheinander“, welches die eigentliche Herausforderung für die pädagogische Praxis darstellt – ist sie doch, wie weiter oben gezeigt wurde, vor allem auf Praktiken der Ordnungsbildung angewiesen, um dem Betreuungsalltag etwas „Pädagogisches“ abzugewinnen. Die von bildungs- und sozialpolitischer Seite an sie herangetragene Forderung nach einer frühen Sprachförderung und sozialer Integration wird also von den pädagogischen Fachkräften aufgenommen und beantwortet, indem sie eine Monolingualisierung des sprachlichen

Verkehrs in den Einrichtungen anstreben. Da diese Praxis allerdings kaum der gesellschaftlichen Alltagswirklichkeit außerhalb der Betreuungseinrichtungen entspricht, stellt sie vielmehr eine *feldspezifische* Normierung dar. Als solche ist sie in zweierlei Hinsicht konstitutiv für den Prozess der Hervorbringung einer (früh-)pädagogischen Wirklichkeit in den untersuchten *Maisons Relais pour Enfants*.

Erstens grenzt sich der Bereich der frühkindlichen Bildung und Betreuung in den MRE durch seine „Spezialisierung" auf das Luxemburgische *nach außen* von den ihn umgebenden Feldern der familialen und schulischen Erziehung ab.[8] Durch die Herstellung einer institutionellen Norm, die der Normalität des alltäglichen Sprachgebrauchs entgegensteht, wird die sprachliche Realität mehrsprachiger Individuen gewissermaßen fragmentiert und auf unterschiedliche, einsprachig konzeptualisierte Bereiche aufgeteilt (vgl. Heller 2006). Diese Vorstellung von Mehrsprachigkeit als mehrfacher Einsprachigkeit drückt sich in einer strikten Trennung der so definierten sozialen Teilbereiche aus. Während also die Familiensprachen in die häuslich-familiäre Sphäre verwiesen werden und Deutsch und Französisch als formalisierte Schriftsprachen in die Verantwortung der Schule fallen, schafft sich die frühpädagogische Praxis durch die exklusive Förderung des Luxemburgischen ihren eigenen Zuständigkeitsbereich non-formalen Lernens (vgl. Honig/Neumann 2011). Die beobachteten monolingualisierenden Praktiken lassen sich somit als *institutionelle Praktiken*, d.h. als Praktiken der Institutionalisierung eines frühpädagogischen Feldes, lesen.

Zweitens werden durch die situative Bestimmung des Luxemburgischen als institutioneller Norm Differenzen *im Inneren* der Einrichtungen erzeugt, die für die soziale Ordnung des Pädagogischen konstitutiv sind. Begreift man Sprache als soziale Praxis, dann dient sie eben nicht nur der Verständigung sondern immer auch der sozialen Positionierung und Differenzierung. Die monolinguale Norm verlangt den Kindern eine Anpassungsleistung ab, durch die sie überhaupt erst *als Kinder* und damit zugleich als Adressat _innen pädagogischer Praxis positioniert werden. Dabei wird nicht nur die Unterscheidung von Kindern und Erwachsenen enaktiert (vgl.

---

8 Man könnte noch hinzufügen, dass diese Praxis sich auch von derjenigen in den nicht konventionierten (d.h. nicht an das luxemburgische Familienministerium vertraglich gebundenen), privat-gewerblichen Betreuungseinrichtungen unterscheidet, in denen häufig Französisch die Umgangssprache darstellt. Auch von diesen, als qualitativ minderwertig oder zumindest fragwürdig angesehenen Einrichtungen, möchten sich die MRE abgrenzen. Ein laufendes Projekt der Universität Luxemburg beschäftigt sich mit dem institutionellen Alltag in diesen Einrichtungen, über die bis dato noch wenig bekannt ist.

Kelle 2005; Honig 2009), gleichzeitig wird in der institutionellen Praxis die am Bildungsmotiv orientierte sprachliche Ordnung der Erwachsenen *über* die verständigungsorientierte translinguale Sprachpraxis der Kinder gestellt. Insofern vor allem diejenigen Kinder, die nicht sozusagen „von Haus aus" Luxemburgisch sprechen, vor der Herausforderung stehen, diese beiden sprachlichen Ordnungen miteinander zu vermitteln, werden hierbei zugleich auch die Kinder untereinander als Ungleiche konstituiert. Sie verfügen in diesem Sinne nicht nur über unterschiedliche Ausgangsbedingungen, sondern auch über ungleiche Teilhabechancen (vgl. Neumann 2011; Neumann/Seele 2013). Diese doppelte Unterscheidung, einerseits von Kindern und Erwachsenen, andererseits von Kindern untereinander, stellt eine Grundvoraussetzung dar, um die alltägliche Verwendung des Luxemburgischen in den *Maisons Relais* als Leistung der pädagogischen Praxis auszuweisen. Erst vor dem Hintergrund dieser doppelten Differenz wird das von den Kindern geforderte Sprechen des Luxemburgischen zu einem Zeugnis für die Wirksamkeit der pädagogischen Sprachförderpraxis, die von den *Maisons Relais* erwartet wird. Durch die praktische Bezugnahme auf diesen Erwartungshorizont tragen die beschriebenen Sprachpraxen einen wesentlichen Teil zur Konstitution des pädagogischen Raumes innerhalb der MRE bei.

Die vorhergehenden ethnographischen Beobachtungen zeigen aber ebenso, dass sich die pädagogische Praxis nicht nur als Disziplinierungsgeschehen und sprachliche Normierung beschreiben lässt. Neben dem Bildungs- und Förderungsmotiv ist die tägliche sprachliche Praxis eben immer auch durch eine grundlegende Verständigungsorientierung gekennzeichnet. Die beobachteten monolingualisierenden Praktiken gehen demzufolge einher mit und stehen in einem Spannungsverhältnis zu den alltäglichen translingualen, sprachübergreifenden, -wechselnden und -mischenden Praktiken, die das frühpädagogische Praxisfeld genauso prägen wie den gesellschaftlichen Alltag in Luxemburg im Allgemeinen. Was in diesem Kontext als legitime sprachliche *Kompetenz* gilt, lässt sich nicht als feststehende oder gar messbare innere Bezugsgröße erfassen, sondern ist vielmehr als ein relationaler Prozess der Angleichung und Abstimmung zwischen individuellen sprachlichen Praktiken und institutionellen Anforderungen und Normen zu begreifen. Da solche Normen aber immer nur situativ greifen, erfordert dieser Abstimmungsprozess von den Kindern ein komplexes praktisches Gespür für den jeweils situationsangemessenen Sprachgebrauch.[9] Dies drückt sich zum Beispiel darin aus, dass Kinder unter Kin-

9 Dabei ist zu bedenken, dass die in der Praxis aus- und aufgeführten Sprach*policies* zwischen den jeweiligen Institutionen (Familie, verschiedene Formen der vorschu-

dern anders sprechen als mit Erwachsenen bzw. in der Gegenwart von Erwachsenen, oder auch mit Erwachsenen anders sprechen – je nach Rahmung der Situation als eine informell-alltagliche oder formell-pädagogische. Indem die Kinder sich dieses praktische Gespür aneignen, lernen sie nicht einfach nur Luxemburgisch oder wie man „richtig" spricht, sie positionieren sich auch innerhalb einer institutionellen Ordnung und lernen sich als *Kinder in Kinderbetreuungseinrichtungen* zu verhalten.

Literatur

Amann, Klaus/Hirschauer, Stefan (1997): Die Befremdung der eigenen Kultur. Ein Programm. In: Hirschauer, Stefan/Amann, Klaus (Hrsg.): Die Befremdung der eigenen Kultur. Zur ethnographischen Herausforderung soziologischer Empirie. Frankfurt a. M.: Suhrkamp, S. 7–52.

Auer, Peter (2009): Competence in performance. Code-switching und andere Formen bilingualen Sprechens. In: Gogolin, Ingrid/Neumann, Ursula (Hrsg.): Streitfall Zweisprachigkeit – The Bilingualism Controversy. Wiesbaden: VS Verlag für Sozialwissenschaften, S. 91–110.

Baltes-Löhr, Christel (2009): Umgang mit Differenzen. In: Ministère de la Famille et de l'Intégration; Entente des Foyers de Jour; Syndicat des Villes et Communes Luxembourgeoises; Université de Luxembourg (Hrsg.): Maisons Relais pour Enfants. Le Manuel – Das Handbuch. Luxemburg: Éditions le Phare, S. 88–117.

Berg, Charles/Kneip, Nico/Sahr, Romain/Weis, Christiane (Hrsg.) (2011): Changing Educational Competences in a Context of Language Diversity. Luxembourg Related Outcomes from a European Project. Luxemburg: Universität Luxemburg.

Berg, Guy (1993): „Mir wëlle bleiwe, wat mir sinn". Soziolinguistische und sprachtypologische Betrachtungen zur Luxemburger Mehrsprachigkeit. Tübingen: Niemeyer.

Blackledge, Adrian/Creese, Angela (2010): Multilingualism. A Critical Perspective. London/New York: Continuum.

Blommaert, Jan (2010): The Sociolinguistics of Globalization. Cambridge: Cambridge University Press.

Bourdieu, Pierre (1991): Language and Symbolic Power. Cambridge: Polity Press.

CEFIS – Centre d'Étude et de Formation Interculturelles et Sociales (2010): Chiffres clés sur la population du Luxembourg. Présentés à l'occasion de la Conférence Nationale pour l'Intégration du 20 novembre 2010. Luxemburg: Imprimerie saint-paul.

Chambre des Députés (1984): Loi du 24 février 1984 sur le régime des langues. In: Memorial. Amtsblatt des Großherzogtums Luxemburg, 16, S. 196–197.

Charmaz, Kathy (2000): Grounded Theory. Objectivist and Constructivist Methods. In: Denzin, Norman K./Lincoln, Yvonna S. (Hrsg.): Handbook of Qualitative Research. Thousand Oaks: Sage, S. 509–535.

lischen Tagesbetreuung, Précoce, Vorschule, Schule) stark variieren können, was bei einem Institutionen*wechsel* von den Kindern wiederum erhebliche Anpassungsleistungen verlangt (vgl. auch Christmann 2011).

Christmann, Nadine (2011): Der Vielfalt (k)eine Chance geben – zur Rolle der Mehrsprachigkeit im pädagogischen Alltag einer luxemburgischen Vor- und Grundschule. In: Diehm, Isabell/Panagiotopoulou, Argyro (Hrsg.): Bildungsbedingungen in europäischen Migrationsgesellschaften. Ergebnisse qualitativer Studien in Vor- und Grundschule. Wiesbaden: VS Verlag für Sozialwissenschaften, S. 73–83.

Collins, James/Slembrouck, Stef (2009): Goffman and Globalization. Frame, Footing and Scale in Migration-Connected Multilingualism. In: Collins, James/Slembrouck, Stef/Baynham, Mike (Hrsg.): Globalization and Language in Contact. Scale, Migration, and Communicative Practices. London/New York: Continuum, S. 19–41.

Council of Europe; MENFP – Ministère de l'Éducation Nationale et de la Formation Professionnelle Luxembourg (2006). Language Education Policy Profile. Grand Duchy of Luxembourg. Strasbourg: Language Policy Division.

Davis, Kathryn Anne (1994): Language Planning in Multilingual Contexts. Policies, Communities, and Schools in Luxembourg. Amsterdam/Philadelphia: John Benjamins.

Emerson, Robert M./Fretz, Rachel I./Shaw, Linda L. (1995): Writing Ethnographic Fieldnotes. Chicago/London: The University of Chicago Press, S. 142–168.

Fehlen, Fernand (2009): BaleineBis. Une enquête sur un marché linguistique multilingue en profonde mutation. Luxemburgs Sprachenmarkt im Wandel. Luxemburg: Imprimerie saint-paul.

Fenstermaker, Sarah/West, Candace (2001): ‚Doing Difference' Revisited: Probleme, Aussichten und der Dialog in der Geschlechterforschung. In: Heintz, Bettina (Hrsg.): Geschlechtersoziologie. Wiesbaden: Westdeutscher Verlag, S. 236–249.

García, Ofelia (2008): Bilingual Education in the 21st Century. A Global Perspective. Malden, MA: Wiley-Blackwell.

García, Ofelia (2010): Languaging and Ethnifying. In: Fishman, Joshua A./García, Ofelia (Hrsg.): Handbook of Language and Ethnic Identity. Disciplinary and Regional Perspectives. Bd. 1 (2. Aufl.). Oxford: Oxford University Press, S. 519–534.

Gilles, Peter/Seela, Sebastian/Sieburg, Heinz/Wagner, Melanie (2010): Sprachen und Identitäten. In: IPSE – Identités, Politiques, Sociétés, Espaces (Hrsg.): Doing Identity in Luxemburg. Subjektive Aneignungen – institutionelle Zuschreibungen – soziokulturelle Milieus. Bielefeld: transcript, S. 63–104.

Glaser, Barney G./Strauss, Anselm L. (1967): The Discovery of Grounded Theory. Chicago: Aldine.

Goffman, Erving (1981). Forms of Talk. Philadelphia: University of Pennsylvania Press.

Gogolin, Ingrid (2010). Stichwort: Mehrsprachigkeit. In: Zeitschrift für Erziehungswissenschaft 13 (4), S. 529–547.

Heller, Monica (2006): Linguistic Minorities and Modernity. A Sociolinguistic Ethnography (2. Aufl.). London/New York: Continuum.

Heller, Monica (2008): Doing Ethnography. In: Li, Wei/Moyer, Melissa G. (Hrsg.): The Blackwell Guide to Research Methods in Bilingualism and Multilingualism. Malden: Blackwell, S. 249–262.

Honig, Michael-Sebastian (2004): Wie bewirkt Pädagogik was sie leistet? Ansatz und Fragestellung der Trierer Kindergartenstudie. In: Honig, Michael-Sebastian/Joos, Magdalena/Schreiber, Norbert (Hrsg.): Was ist ein guter Kindergarten? Theoretische und empirische Analysen zum Qualitätsbegriff in der Pädagogik. Weinheim/München: Juventa, S. 17–37.

Honig, Michael-Sebastian (2009): Das Kind der Kindheitsforschung. Gegenstandskonstitution in den *childhood studies*. In: Ders. (Hrsg.): Ordnungen der Kindheit. Pro-

blemstellungen und Perspektiven der Kindheitsforschung. Weinheim/München: Juventa, S. 25–51.
Honig, Michael-Sebastian/Haag, Christian (2011): Nationale Kinderbetreuung in Luxemburg. Eine Bestandsaufnahme. In: Ministère de la Famille et de l'Intégration, Grand-Duché de Luxembourg (MFI) (Hrsg.): Strukturen der Bildung, Erziehung und Betreuung für Kinder bis zu 12 Jahren. Bestandsaufnahme und Qualitätsentwicklung im Dialog. Luxemburg: MFI, S. 5–27.
Honig, Michael-Sebastian/Neumann, Sascha (2011): Bildung jenseits von Familie und Unterricht. Programm und Praxis der *Maison Relais pour Enfants*. In: forum für Politik, Gesellschaft und Kultur 312, S. 28–31.
Honig, Michael-Sebastian/Neumann, Sascha (2013): Ethnografie der Frühpädagogik. Einführung in den Themenschwerpunkt. In: Zeitschrift für Soziologie der Erziehung und Sozialisation 33 (1), S. 4–9.
Horner, Kristine/Weber, Jean-Jacques (2008): The Language Situation in Luxembourg. In: Current Issues in Language Planning 9 (1), S. 69–128.
Achten, Manuel (2012): Von der Tagesbetreuung zur non-formalen Bildung. Die Entwicklung der Kindertagesbetreuung in Luxemburg und zukünftige Herausforderungen. In: forum für Politik, Gesellschaft und Kultur 322, S. 50–52.
Jung, Petra (2009): Kindertageseinrichtungen zwischen pädagogischer Ordnung und den Ordnungen der Kinder. Eine ethnographische Studie zur pädagogischen Reorganisation der Kindheit. Wiesbaden: VS Verlag für Sozialwissenschaften.
Kelle, Helga (2005): Kinder und Erwachsene. Die Differenzierung von Generationen als kulturelle Praxis. In: Hengst, Heinz/Zeiher, Helga (Hrsg.): Kindheit soziologisch. Wiesbaden: VS Verlag für Sozialwissenschaften, S. 83–108.
Majerus, Mill (2009): Ziele der Maisons Relais. In: Ministère de la Famille et de l'Intégration; Entente des Foyers de Jour; Syndicat des Villes et Communes Luxembourgeoises; Université de Luxembourg (Hrsg.): Maisons Relais pour Enfants. Le Manuel – Das Handbuch. Luxemburg: Éditions le Phare, S. 27–35.
Makoni, Sinfree/Pennycook, Alastair (2007): Disinventing and Reconstituting Languages. Clevedon: Multilingual Matters.
MENFP – Ministère de l'Éducation nationale et de la Formation professionnelle (2013): Les Chiffres Clés de l'Éducation Nationale. Statistiques et Indicateurs 2011–2012. Luxemburg: MENFP.
MENFP – Ministère de l'Éducation nationale et de la Formation professionnelle, SCRIPT; Université du Luxembourg, Forschungseinheit EMACS (Hrsg.) (2013): PISA 2012. Nationaler Bericht Luxemburg. http://www.men.public.lu/catalogue-publications/secondaire/etudes-internationales/pisa-2012/PISA-2012.pdf [28.01.2014].
Miller, Darla F./Ginsburg, Marc B. (1989): Social Reproduction and Resistance in Four Infant/Toddler Daycare Settings: An Ethnographic Study of Social Relations and Sociolinguistic Codes. In: Journal of Education 171 (3), S. 31–50.
Neumann, Sascha (2011): Welche Unterscheidungen machen einen Unterschied? Zur sozialen Selektivität der Sprachverwendung in „Maisons Relais pour Enfants". In: Zeitschrift für Soziologie der Erziehung und Sozialisation 31 (4), S. 349–362.
Neumann, Sascha/Seele, Claudia (2014): Von Diversität zu Differenz. Ethnographische Beobachtungen zum Umgang mit Plurilingualität in frühpädagogischen Settings. In: Tervooren, Anja/Engel, Nicolas/Göhlich, Michael/Miethe, Ingrid/Reh, Sabine (Hrsg.): Ethnographie und Differenz in pädagogischen Feldern. Internationale Entwicklungen erziehungswissenschaftlicher Forschung. Bielefeld: transcript, S. 349–365.

Palludan, Charlotte (2007): Two Tones: The Core of Inequality in Kindergarten? In: International Journal of Early Childhood 39 (1), S. 75–91.
Pennycook, Alastair (2010): Language as a Local Practice. London/New York: Routledge.
Presse- und Informationsamt der Luxemburger Regierung (2008): Apropos… Sprachen in Luxemburg. Luxemburg: Imprimerie Fr. Faber.
Pujolar, Joan (2009): Immigration in Catalonia. Marking Territory through Language. In: Collins, James/Slembrouck, Stef/Baynham, Mike (Hrsg.): Globalization and Language in Contact. Scale, Migration, and Communicative Practices. London/New York: Continuum, S. 85–105.
Reckwitz, Andreas (2008): Praktiken und Diskurse. Eine sozialtheoretische und methodologische Relation. In: Kalthoff, Herbert/Hirschauer, Stefan/Lindemann, Gesa (Hrsg.): Theoretische Empirie. Zur Relevanz qualitativer Forschung. Frankfurt a.M.: Suhrkamp, S. 187–209.
Scheiwe, Kirsten (2009): Bildung und Betreuung in Kindertageseinrichtungen und Vorschulen in Europa. In: Recht der Jugend und des Bildungswesens 57 (1), S. 63–77.
Schmidt, Kai (2004): Das Freispiel und der geordnete Raum. Die Praxis eines Programms. In: Honig, Michael-Sebastian/Joos, Magdalena/Schreiber, Norbert (Hrsg.): Was ist ein guter Kindergarten? Theoretische und empirische Analysen zum Qualitätsbegriff in der Pädagogik. Weinheim/München: Juventa, S. 157–192.
STATEC – Institut national de la statistique et des études économiques (2013): Luxemburg in Zahlen. Luxemburg: STATEC. http://www.statistiques.public.lu/catalogue-publications/luxembourg-en-chiffres/luxemburg-zahlen.pdf [28.01.2014].
Strauss, Anselm L./Corbin, Juliet (1998): Basics of Qualitative Research. Techniques and Procedures for Developing Grounded Theory. 2. Ausgabe. Thousand Oaks: Sage.
Tracy, Rosemarie (2009): Multitasking. Mehrsprachigkeit jenseits des „Streitfalls“. In: Gogolin, Ingrid/Neumann, Ursula (Hrsg.): Streitfall Zweisprachigkeit – The Bilingualism Controversy. Wiesbaden: VS Verlag für Sozialwissenschaften, S. 163–196.
Weber, Jean-Jacques/Horner, Kristine (2012): Introducing Multilingualism. A Social Approach. London/New York: Routledge.
Wolcott, Harry F. (1999): Ethnography. A Way of Seeing. Oxford: AltaMira Press.

Edina Krompàk

Sprachliche Realität im Schweizer Kindergarten- und Schulalltag

Code-Switching und Sprachentrennung bei mehrsprachigen Kindern

1. Einleitung: „Ich mach ein Herz da, das kostet zwei Franken"

Als Einleitung in die Thematik wird ein Gespräch vorgestellt, das im letzten Kindergartenjahr in einem deutschsprachigen Kanton der Schweiz stattfand und von zwei mehrsprachigen Kindern mit Migrationshintergrund geführt wurde. Beide Kinder begannen mit dem Deutschlernen (darunter sei hier Standarddeutsch verstanden) erst im Kindergarten. Schweizerdeutsch, die Sprache der näheren Umgebung, verstehen sie, sprechen es aber nicht. Im beobachteten Kindergarten entschloss sich die Lehrperson, ausschliesslich Standarddeutsch als Unterrichtsprache zu verwenden, mit dem Ziel, den Kindern den Übergang in die Primarschule zu erleichtern. Um diese Entscheidung der Lehrperson nachzuvollziehen, soll hier der bildungspolitische Kontext bezüglich der Unterrichtssprache im Kindergarten und in der Schule erläutert werden.

Gemäss dem Stufenlehrplan des Kantons Basel-Landschaft aus dem Jahr 2003 wird das folgende Grobziel des zweiten Kindergartenjahres formuliert: „Die deutsche Standardsprache und Fremdsprachen in Liedern und Spielen erleben" (Stufenlehrplan Kindergarten, Kanton Basel-Landschaft 2003, S. 10)[1]. Im Jahr 2009 ergänzt der Bildungsrat des Kantons Basel-Landschaft den Stufenlehrplan des Kindergartens im Bereich Sprache und weist dem Standarddeutschen und dem Schweizerdeutschen eine gleichwertige Rolle zu: „Im Kindergarten werden sowohl die mundartliche Sprachkompetenz wie auch die Bereitschaft, die deutsche Standardsprache zu erlernen, geför-

1 Stufenlehrplan des Kindergartens Kanton Basel-Landschaft: http://www.avs.bl.ch/fileadmin/Dateien/Dienstleistungen/Lehrplaene/Stufenlehrplan%20Kindergarten%20Kanton%20Basel-Landschaft%20ab%202.pdf [31.01.2014].

dert" (Auszug aus dem Protokoll des Bildungsrates des Kantons Basel-Landschaft vom 18. März 2009, S. 1)[2]. Im Weiteren wird auf die konkrete Förderung des Standarddeutschen eingegangen: „Es findet täglich eine längere Unterrichtssequenz in der deutschen Standardsprache statt. In Vorlesesequenzen machen die Schülerinnen und Schüler direkte Hörverstehenserfahrungen mit der deutschen Standardsprache. In Erzähl- und Spielsequenzen werden Unterrichtssituationen geschaffen, in denen die Schülerinnen und Schüler Versuche mit dem aktiven Gebrauch der deutschen Standardsprache machen können" (ebd.). Einerseits kann die detaillierte Beschreibung der Fördersequenzen auf ein „Ungleichgewicht in der Bedeutung der beiden Varietäten" (Panagiotopoulou/Krompàk 2014, S. 56) hinweisen, genauer gesagt auf die Wichtigkeit des Standarddeutschen als Bildungssprache im schulischen Erfolg. Andererseits kann der konkrete Hinweis als Stütze für die Lehrpersonen verstanden werden, die in ihrer bisherigen Unterrichtspraxis vor allem Schweizerdeutsch verwendet haben. Während im Stufenlehrplan der Primarschule aus dem Jahr 2007 die Standardsprache lediglich eine kompensatorische Rolle als Unterrichtssprache hat, zeigt die Änderung des Stufenlehrplans zwei Jahre später die klare Aufteilung im Sprachgebrauch:

> Mundart und Standardsprache werden in der Primarschule so gepflegt, dass sich die Schülerinnen und Schüler in beiden Sprachen mit Mut und Freude ausdrücken und verständigen können. Weil im ausserschulischen Bereich der Mundartgebrauch selbstverständlich ist, muss die Standardsprache kompensatorisch als Unterrichtssprache möglichst frühzeitig eingesetzt werden. (Stufenlehrplan Primarschule, Kanton Basel-Landschaft 2007, S. 9)[3]

> Die deutsche Standardsprache ist in der Primarschule Unterrichtssprache. […] Die Verwendung der Mundart in bewusst gewählten Ausnahmesituationen liegt in der Kompetenz und der Verantwortung der Lehrperson. Ausnahmesituationen können z.B. sein: die Behandlung von Mundarttexten, sprachvergleichende Sequenzen, das Trösten von Kindern, erste Hilfe, die Bewältigung von Krisensituationen im Unter-

---

2 Auszug aus dem Protokoll des Bildungsrates des Kantons Basel-Landschaft vom 18. März 2009: http://www.avs.bl.ch/fileadmin/Dateien/Dienstleistungen/Lehrplaene/Reglement%20Standardsprache%2018.3.2009.pdf [31.01.2014].

3 Stufenlehrplan Primarschule des Kantons Basel-Landschaft: http://www.avs.bl.ch/fileadmin/Dateien/Dienstleistungen/Lehrplaene/Stufenlehrplan%20Primarschule%20Gesamtausgabe%201998.pdf [31.01.2014].

richt. (Auszug aus dem Protokoll des Bildungsrates des Kantons Basel-Landschaft vom 18. März 2009)[4]

In der folgenden transkribierten Sequenz eines Gesprächs zwischen zwei Kindern geht es um die Gestaltung eines Plakats, das für die von den beiden Kindern Aara und Erkan[5] erfundene Bäckerei mit Leckereien aus Knete werben soll (vgl. Abbildungen 1 und 2). Aaras Familiensprache ist Bangla und Erkan spricht zu Hause Türkisch. Es konnte beobachtet werden, dass Aara und Erkan viel Zeit beim Spielen und bei anderen Aktivitäten miteinander verbringen. Gemäss dem Auftrag der Lehrperson soll das Plakat den Namen der Bäckerei und die Preise enthalten:

Aara: Kann ich auch malen?
Erkan: Ich mach ein Herz da, das kostet zwei Franken.
Aara: **Kann ich auch machen?**
Aara: Hei Erkan (..) Möchtest du [unverständlich] Erst du, dann ich, okay?
Erkan: Okay (..) Das kostet jetzt **zwei Franken.**
Aara: Zwei Franken. Wir machen wenig Franken, ja?
Erkan: Okay. Ich will aber, eh zwei. Oder eins. //Wie wär's//
Aara: //Oder Eins.// Oder ein Gramm?
Erkan: Okay. Wie geht das?
Aara: Ehm, ich weiss jetzt. Ehm, **zweiii** Franken. Das geht so.
(8)
Aara: Fertig.
((lachen))
Erkan: Ehm, soo.
Aara: [lacht] Zwei und eins. Oder ein und zwei.
Erkan: Das ist jetzt ne eins oder zwei?
Aara: Ja. Eine. Das kostet einzwanzig. Jetzt zeichne **ich** etwas, okay? Ich nehme jetzt rosarot. Gib mir. Kann ich auch machen? Unten.
Erkan: Ehm, eins, zwei, drei, das kostet **drei Franken**. Und da ist ein Stern unten.
Aara: Stern. Ein Stern mach ich jetzt.

(Transkription der Audiodatei vom 12. Juni 2012, EK)

4 Auszug aus dem Protokoll des Bildungsrates des Kantons Basel-Landschaft vom 18. März 2009: http://www.avs.bl.ch/fileadmin/Dateien/Dienstleistungen/Lehrplaene/Reglement%20Standardsprache%2018.3.2009.pdf [31.01.2014].

5 Die Namen der teilnehmenden Kinder sind anonymisiert.

Abb. 1: Aara und Erkan gestalten ein Plakat

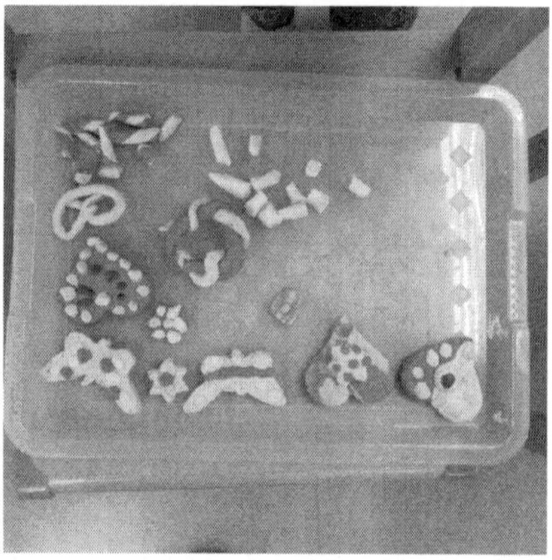

Abb. 2: Knete-Kekse in der Bäckerei von Aara und Erkan

Aara und Erkan gehören zu denjenigen Kindern mit Migrationshintergrund, die zu Hause eine andere Familiensprache als Deutsch sprechen und erst im Kindergartenalltag mit der deutschen Standardsprache und mit dem Schweizerdeutschen, genauer gesagt mit einer regionalen Varietät des Schweizerdeutschen (Baseldeutsch) konfrontiert werden. Beide Kinder nehmen zweimal pro Woche an der Förderung *Deutsch als Zweitsprache* (DaZ) teil; Erkan auch noch an einem zusätzlichen heilpädagogischen Angebot, das auf die Sprachförderung ausgerichtet ist. In diesem Dialog verwenden die Kinder ausschliesslich Standarddeutsch als Mittel zur Kommunikation. Ihr *individueller Sprachgebrauch* widerspiegelt den *sozialen Kontext* des Kindergartens, in dem Standarddeutsch als Unterrichtsprache gilt (vgl. Stufenlehrplan Kindergarten, Kanton Basel-Landschaft 2003).[6]

Ausgehend von einer ethnographischen Exploration der Sprachrealität im Schweizer Kindergarten- und Schulalltag verfolgt der Beitrag das Ziel, die mehrsprachige Praxis von Kindern situativ zu erschliessen und Erkenntnisse zu individuellen und sozialen Praktiken von mehrsprachigen Kindern unter Berücksichtigung des institutionellen Kontextes zu gewinnen. In meinem Beitrag möchte ich den folgenden Fragen nachgehen: Wie agieren mehrsprachige Kinder im sozialen Umfeld des Kindergartens? In welchen Situationen und mit welchen Akteuren und Akteurinnen werden die Familiensprache, die Schulsprache (Standarddeutsch) und Schweizerdeutsch verwendet? Inwiefern

6 Stufenlehrplan des Kindergartens Kanton Basel-Landschaft: http://www.avs.bl.ch/fileadmin/Dateien/Dienstleistungen/Lehrplaene/Stufenlehrplan%20Kindergarten%20Kanton%20Basel-Landschaft%20ab%202.pdf [31.01.2014].

können die institutionellen Vorgaben in der alltäglichen Sprachpraxis von mehrsprachigen Kindern rekonstruiert werden?

Im Anschluss an die Beschreibung des Forschungskontexts und der Auswertungsmethode (2) wird der von Diglossie geprägte sprachliche Alltag im Deutschschweizer Kindergarten beleuchtet (3). Im Zentrum des nächsten Kapitels (4) stehen die sprachlichen Alltagspraktiken von mehrsprachigen Kindern in der ersten Primarschulklasse. Dabei werden der individuelle und kontextgebundene Sprachgebrauch der beobachteten Kinder sowie die unterschiedlichen Umgangsformen mit den Familiensprachen im Schulalltag rekonstruiert. Der vorliegende Beitrag schliesst mit einem Fazit ab, das die Erkenntnisse in Bezug auf die Fragestellung diskutiert (5)[7].

2. Forschungskontext und Auswertungsmethode

Die in diesem Beitrag präsentierten Daten wurden im Rahmen der ethnographischen Längsschnittstudie MEMOS (Mehrsprachigkeit und Mobilität im Übergang vom Kindergarten in die Primarschule in der deutschsprachigen Schweiz, 2011–2014) der Pädagogischen Hochschule der Fachhochschule Nordwestschweiz erhoben und analysiert (vgl. Panagiotopoulou/Krompàk 2014). Das Forschungsprojekt MEMOS wurde im Jahr 2011 als Anschlussprojekt an das ethnographisch angelegte internationale HeLiE-Projekt (Heterogenität und Literalität im Übergang vom Elementar- in den Primarbereich im europäischen Vergleich) der Universität zu Köln ins Leben gerufen. Das Forschungsdesign und die Forschungsfragen des HeLiE-Projekts wurden von MEMOS übernommen und im schweizerischen Kontext umgesetzt. Wie das HeLiE-Projekt untersucht auch das Forschungsprojekt MEMOS die sprachliche Bildung bzw. schriftsprachspezifische Förderung im pädagogischen Alltag (Panagiotopoulou/Graf 2008; Christmann/Panagiotopoulou 2012). Im Zentrum des Forschungsinteresses stehen mehrsprachige Kinder mit Migrationshintergrund und ihr sprachlicher Alltag.

Die in diesem Beitrag dargestellten Daten wurden zwischen Oktober 2011 und Juni 2013 durch teilnehmende Beobachtung in jeweils achtwöchigen Beobachtungsphasen während des letzten Kindergartenjahres (Oktober-November 2011, Januar-Februar 2012, Mai-Juni 2012) und des ersten Schuljahres (Januar-Februar 2013, Mai-Juni 2013) erhoben. Zusätzlich zur teilnehmenden Beobachtung wurden Tonaufnahmen und andere Dokumente

7 Für die wertvollen Kommentare zu diesem Beitrag bedanke ich mich bei Prof. Dr. Sascha Neumann (Universität Fribourg) und der Herausgeberin Anna Schnitzer M.A. (Universität Zürich).

(z.B. Fotos) in die Analyse einbezogen. Die Interpretation der Daten erfolgte in Anlehnung an Charmaz (2006) anhand der Grounded Theory (Strauss/Corbin 1996) nach einem Kodierungsverfahren in zwei aufeinanderfolgenden Schritten. In einem ersten Schritt wurde das streng datenbasierte *initial coding* (Charmaz 2006, S. 47–48) angewandt, das zum Ziel hat, eine offene theoretische Ausrichtung zu ermöglichen. In einem zweiten Schritt kristallisierten sich durch *focused coding* (Charmaz 2006, S. 55–59) signifikante und häufig gebrauchte Kodes aus dem Datenmaterial heraus.

3. Sprachliche Alltagspraktiken im Kindergarten

Sprachgebrauch beim Rollenspiel

Die in der deutschsprachigen Schweiz beobachtete Kindergartengruppe bestand aus zwölf Kindern; sechs Mädchen und sechs Jungen, die Albanisch, Mazedonisch, Italienisch, Tamil, Bangla, Türkisch, Schweizerdeutsch und Deutsch als Familiensprache sprechen. Von den zwölf Kindern sprachen drei Schweizerdeutsch und Standarddeutsch als Familiensprache. Im Unterricht verwendete die Lehrperson Standarddeutsch und verlangte dies auch von den Kindern. Im freien Spiel konnten verschiedene Situationen beobachtet werden, in denen einzelne Kinder Schweizerdeutsch als Sprache der Kommunikation verwendeten. Im Gegensatz zu Aara und Erkan (vgl. Kap. 1) handelt es sich bei diesen Kindern um diejenigen, die zu Hause ausschliesslich Standarddeutsch oder Schweizerdeutsch sprechen. Aus der folgenden Transkription wird die sprachliche Interaktion zwischen Tobias, Max und Simon während des Spiels mit Spielzeugdinosauriern in der Bauecke ersichtlich. Tobias‘ Familiensprachen sind Standarddeutsch und Schweizerdeutsch, die beiden anderen Kinder sprechen zu Hause Schweizerdeutsch und im Unterricht Standarddeutsch.

Tobias: **Ech bin der Tintenfisch**, krkr. [Ich bin der Tintenfisch.]
Tobias: **Nei, dä ned**. Dä'sch lieb. [Nein, der nicht. Der ist lieb.]
Simon: Wer esch de Bös? [Wer ist der Böse?]
Tobias: Niemert.//Wohou [unverständlich 01:12] [Niemand/])
Simon: Hä? [Wie bitte?]
Tobias: Nana nana nonono. Hihi!
Simon: Aber, **chom,** öbber muess scho scho bös si. [Aber komm, jemand muss schon böse sein.]
Tobias: Nei, muess er ned. Eigendlech send alli Dino bös. [Nein, muss er nicht. Eigentlich sind alle Dinos böse.]
Simon: Hä? [Wie bitte?]

Tobias: Näääää, hihihiiii hihi hiiii!

Tobias: Hihihi// M: **Aber paar Dino send lieb.**//T: Hihihi.//S: Baby.//T: Hihihi." [// Aber einige Dinos sind lieb.//]

Max: **Aber paar Dino send öbe- ehm, lieb, gäll.** [Aber einige Dinos sind etwa- ehm, lieb, gell.][8]

(Transkription der Tonaufnahme vom 23.1.2012, Kindergarten, EK).

In der ausgewählten Sequenz zeigt sich die enge Verbindung zwischen Spiel und Sprache (vgl. Calderón Cervantes 2013). Die beobachteten Kinder nutzen die Sprache nicht nur für die Kommunikation, sondern spielen auch mit der Sprache. Nach Gadamer (1985/1999) wird Sprechenlernen als „Spiel der Nachahmung und des Austauschs"(1985/1999, S. 5) definiert. Im Weiteren hebt Gadamer (1961/1999) „das Hin und Her der Spielbewegung" hervor, das durch eine besonderbar „Freiheit und Leichtigkeit" (1961/1999, S. 128) gekennzeichnet ist. Diese ständige Bewegung innerhalb des Spiels zeigt sich in der oben dargestellten Sequenz durch die sprachliche Aushandlung von Spielregeln. Es fällt auf, dass Tobias derjenige ist, der die Spielregeln formuliert, indem er sich weigert, den Dinosaurier als böse zu akzeptieren („Nein, der nicht. Der ist lieb."). Es entsteht eine *Irritation im Spiel*, da der Rahmen von Gut und Böse gesprengt wurde. Simon versucht, diese *Dichotomie von Gut und Böse* zu retten und Tobias zu überreden („Aber komm, jemand muss schon böse sein."). Obwohl Tobias anerkennt, „eigentlich sind alle Dinos böse", wiederholt er, dass der Dinosaurier in diesem Spiel nicht böse ist: „Nein, muss er nicht" (böse sein). Simon ist weiterhin irritiert und fragt nochmals nach: „Wie bitte?" Er bekommt keine Antwort von Tobias, der das Spiel fortsetzt und in der Rolle eines Dinosauriers agiert. Als Erkenntnis der Auseinandersetzung über die Spielregeln formuliert Max unsicher: „Aber einige Dinos sind etwa- ehm, lieb, gell." In dieser Sequenz kann „plying the frame in role-play" (Goffman 1974; Bateson 1956, zitiert nach Corsaro 2011, S. 171) erkannt werden. Die Rahmen des Rollenspiels werden gesprengt und durch die Kraft der Veränderung im Spiel erlernen die Kinder Flexibilität und neue Sichtweisen. In dieser Szene wenden die Kinder das *Schweizerdeutsche als Sprache des freien Spiels* an. Die Sprachanwendung stand zwischen den Kindern nicht zur Diskussion, da alle drei teilnehmenden Kinder zu Hause Schweizerdeutsch als Familiensprache sprechen. Vielmehr entschied der Kontext des Spielens und der Akteure über die Sprachwahl.

8 Wortwörtliche Zitate stehen in Anführungszeichen. Schweizerdeutsche Ausdrucke werden phonetisch transkribiert und in eckigen Klammern ins Standarddeutsche übersetzt.

Auch eine weitere Rollenspiel-Szene zeigt exemplarisch die Anwendung des Schweizerdeutschen im freien Spiel im Kindergarten. Hier konnte ich den *Sprachwechsel (code-switching)* von Samira beobachten, die zu Hause sowohl Schweizerdeutsch als auch Italienisch spricht. Im Spiel verwendet sie schweizerdeutsche Ausdrücke wie z.B. „sich anrichten“ [sich zurechtmachen] oder „Stöckelischuhe“ [Stöckelschuhe] und „komm use“ [komm nach draussen].

> Nach dem „Kreis“ dürfen die Kinder frei spielen. Ich beobachte drei Kinder: Tobias, Flamur und Samira. Sie reden miteinander Schweizerdeutsch und spielen ein Rollenspiel, in dem Tobias der Hund und Samira die Hundebesitzerin ist. Samira geht einkaufen, steckt viele Sachen in ihre Tasche und ermahnt zwischendurch den Hund „Nein, Pluto, pfui! Ich muss telefonieren“, sagt sie und ruft jemanden an. „Jetzt sind wir daheim“. „Wuffi, Wuffi, komm use“ [Wuffi, Wuffi, komm hinaus], sagt sie dem „Hund“. Der „Hund“ ist mit ihr in einem Spielzeugauto gefahren und sollte aus dem Auto aussteigen. „Hör uff!“ [Hör auf!], ruft sie plötzlich, da der „Hund“ die Teller kaputtmacht. „Jetzt muss ich mich ganz schick anrichten. Ich nehme meine Stöckelischuhe“ [Stöckelschuhe], sagt Samira. Sie zieht ein rosarotes Prinzessinnenkleid an und rosa Plastikschuhe mit hohen Absätzen. In ihre Haare steckt sie einen rosaroten Haarreifen. Nun ist sie wieder zu Hause und zieht ihre Kleider aus. Der „Hund“ zieht einen Hut an und spricht mit Samira. Währenddessen bellt er und springt herum. Flamur beobachtet die Szene, spielt aber nicht aktiv mit. Die Lehrperson geht zu den einzelnen Gruppen und sagt dieser Gruppe, dass sie nur dann mit dem Einkaufsladen spielen dürfen, wenn jemand drinnen ist. Flamur übernimmt die Rolle des Verkäufers und geht in den Einkaufsladen. Samira geht zu ihm einkaufen: „Hallo, wie viel kostet ein Gipfeli [Croissant]? Du bisch äs Kätzli“ [Du bist ein Kätzchen.], sagt sie ihrem „Hund“. „Nein!“, wehrt sich der „Hund“. „Gut“, sagt dann Samira. (Protokoll vom 24.10.2011, Kindergarten, EK.)

Diese Szene zeigt exemplarisch die enge Verwobenheit der impliziten und expliziten sprachlichen Vereinbarungen mit den Spielregeln. Die Verwendung der Sprache, die von Situation zu Situation unterschiedlich ist, wird simultan mit den Spielregeln und Rollen erzeugt. Die Form und die Bedeutung des Spiels werden sowohl durch die Rahmenbedingungen wie Zeit und Raum (hier die Puppenecke) (vgl. Jäger 2011) als auch durch die von den Kindern formulierten explizierten sprachlichen Vereinbarungen beeinflusst. In diesem Spiel übernimmt Samira die leitende Rolle und formuliert die *explizite sprachliche Vorgabe auf Schweizerdeutsch:* „Jetzt sind wir daheim“ [Jetzt sind wir zu Hause.], „Du bisch äs Kätzli“ [Du bist ein Kätzchen.], dabei erscheint Schweizerdeutsch wieder als *Sprache des freien Spiels* wie in der Tonaufnahme des Rollenspiels vom 23.01.2012. Die *Rollen und der Sprachgebrauch werden innerhalb der Peergruppe ausgehandelt*, in diesem Fall wehrt sich Tobias mit Erfolg – er möchte im Spiel keine Katze sein und Samira akzeptiert seinen Wunsch. Dieses Beispiel zeigt, wie im Rollenspiel *Autonomie und Kontrolle* innerhalb der Peergruppe ausgehandelt werden (Corsaro 2011, S. 166).

Inneres Sprechen beim ‚Bilderbuchlesen'

Im beobachteten Kindergarten stand ein kleines Bücherregal zur Verfügung, gefüllt vor allem mit Sachbüchern (vgl. Abb. 3). Wenn die Kinder mit den Aufträgen der Lehrperson (früher) fertig waren, durften sie Bücher anschauen. Diese Sequenz diente zur Überbrückung, beispielsweise vom freien Spiel zum „Kreis" und dauerte von fünf bis zu maximal zehn Minuten. Häufig war es eine Beschäftigung für die Kinder, die zuerst mit dem Aufräumen fertig waren und auf die Glocke zum Kreisgespräch warteten. Im Protokollausschnitt vom 22. Mai 2012 nutzt Erkan nach dem erledigten Arbeitsauftrag die Gelegenheit, ein Buch anzuschauen. Seit einigen Tagen beschäftigen sich die Kinder mit dem Thema „Von der Raupe zum Schmetterling". An diesem Tag lagen Bücher über Tiere, insbesondere über Raupen und Schmetterlinge auf einem speziell vorbereiteten Tisch.

Abb. 3: Bücherregal im Kindergarten

Abb. 4: Erkan mit der Lupe

„Frau B., darf ich Buch schauen?" Die Lehrperson bejaht die Frage von Erkan und er geht zum Tisch, wo Bücher über Schmetterlinge und Raupen liegen. Er nimmt eine Lupe vom Tisch und beobachtet jedes Bild und jede Zeichnung ganz genau mit der Lupe. Er wird von der DaZ-Lehrperson[9] unterbrochen, da er seine Farbschachtel versorgen muss. Schnell legt er sie in die Schublade und schaut die Bilder weiter mit der Lupe an. Ich sitze hinter ihm und kann gut nachvollziehen, was er macht und hören, was er sagt. Er lässt sich von meiner Präsenz nicht stören. Nun sieht er eine Kröte im Buch und sagt laut „Wow! Ein dicker Frosch! Ganz dicker Frosch!" Er geht mit dem Buch zu Tobias, der gerade eine Schale mit Farben im Waschbecken abwäscht. Sie schauen das Buch auf dem Boden an und betrachten die Kröte mit der Lupe. Erkan nimmt die Lupe und schaut den Boden an, dann kniet er sich auf den Boden und schaut ihn noch näher mit der Lupe an. (Protokoll vom 22. Mai 2012, EK.)

Die oben beschriebene Szene illustriert den Sprachgebrauch von Erkan, des Jungen beim „Lesen" mit der Lupe (Abb. 4). Seine Handlung, das vertiefte Anschauen des Buches bzw. das Lesen des Buches, wird sprachlich begleitet: „Wow! Ein dicker Frosch! Ganz dicker Frosch!". Es fällt dabei auf, dass Erkan während dieses Vorgangs nicht seine Familiensprache Türkisch, sondern die Sprache des Kindergartens, Standarddeutsch, verwendet. Der Sprachgebrauch von Erkan wird vom *sozialen Kontext*, den expliziten sprachlichen Regelungen des Kindergartens beeinflusst. Die Verwendung des Standarddeutschen äussert sich als Verständigungsorientierung in der Sprachpraxis von Erkan. In Erkans an sich selbst gerichteten sprachlichen Äusserungen kann das von Vygotskij (1934/2002) beschriebene Phänomen des *inneren Sprechens* erkannt werden: „Das Kind spricht über das, womit es gerade beschäftigt ist, was es eben tut, was es vor Augen hat. Deshalb lässt es immer mehr weg, verkürzt und verdichtet das Subjekt und die dazu gehörenden Wörter. Das Sprechen wird zunehmend auf das Prädikat verkürzt" (Vygotskij 1934/2002, S. 446). Der Satz von Erkan „Ein dicker Frosch!" stellt eine Ellipse (Satz mit Auslassungen) dar, welche ein typisches Merkmal von konzeptueller Mündlichkeit ist.[10] Durch die verdichtete Sprache wird das Denken widergespiegelt, das sich nach Vygotskij (1934/2002) wiederum in engem Zusammenhang mit der Sprache entwickelt. Im Weite-

9 DaZ-Lehrperson – Lehrperson für Deutsch als Zweitsprache.

10 Da in der modernen Linguistik der Begriff „Prädikat" mit Definitionsschwierigkeiten verbunden ist (Park 2011), wird hier auf die linguistische Analyse des Satzes in Bezug auf die Bezeichnung „Prädikat" von Vygotskij aus dem Jahr 1934 nicht eingegangen. Im Russischen existiert allerdings das nominale Prädikativ, das aus dem Kopulaverb „byt" (sein) und dem Prädikatsnomen besteht (Geist 1999).

ren betont Vygotskij (1934/2002) die entscheidende Rolle des sozialen Kontextes in der Entwicklung des Denkens und Sprechens. Durch die Theorie von Vygotskij (1934/2002) kann erklärt werden, weshalb der mehrsprachige Erkan beim *inneren Sprechen* die dominante Sprache des Kindergartens benutzt.

4. Sprachliche Alltagspraktiken in der ersten Klasse

Sprachgebrauch beim freien Spiel

Nach einem Jahr konnte ich die Fokuskinder aus dem Kindergarten in der Schule begleiten und dort während zwei Beobachtungsphasen von jeweils acht Wochen (Januar-Februar, Mai-Juni 2013) beobachten. Die Schulklasse zeigte ähnliche Merkmale bezüglich der sprachlichen und geschlechterbezogenen Heterogenität wie die Kindergartengruppe. Die beobachtete erste Primarklasse bestand aus achtzehn Kindern, davon zehn Mädchen und acht Jungen. Unter den Familiensprachen der Kinder waren Albanisch, Mazedonisch, Italienisch, Türkisch, Tamil, Bangla, Schweizerdeutsch und Standarddeutsch. Der Anteil der zu Hause Schweizerdeutsch und Standarddeutsch sprechenden Kinder erhöhte sich von drei auf sechs. Ausser von der Klassenlehrperson wurde die Klasse von einer DaZ-Lehrperson und einer Religionslehrerin unterrichtet.

In der ersten Klasse gab es bedeutend weniger Situationen, in denen ich freies Spiel beobachten konnte. Die Rahmenbedingungen (Zeit und Raum) des Spiels wurden enger gefasst und die frei wählbaren Aktivitäten wurden stärker eingegrenzt. Der folgende Ausschnitt zeigt exemplarisch eine Szene, in der sich die Kinder unter mehreren zur Verfügung stehenden Spielmöglichkeiten für eine entscheiden konnten.

> Die Lehrperson bietet den Kindern verschiedene Spielmöglichkeiten an wie Einkaufsladen, Lego, Trampolin und die Kinder können frei wählen, womit sie spielen möchten. Erkan, Samira und Dilek, drei gute Freunde aus der Kindergartenzeit, möchten mit dem Trampolin spielen. Sie gehen in den kleinen Nebenraum, wo sich das Trampolin und andere Sportartikel, ein Computer und die Leseecke mit bunten Tüchern und Kissen befinden. Samira erzählt Erkan und Dilek, dass sie zu ihr kommen und im Garten spielen dürfen. Dann fängt sie an, auf dem Trampolin zu hüpfen. Mir fällt auf, dass Samira, die sonst in Peer-Interaktionen Schweizerdeutsch verwendet, mit Erkan und Dilek Hochdeutsch redet. Erkan und Dilek haben im Kindergarten Hochdeutsch gelernt und ich konnte sie sowohl im Kindergarten als auch in der Schule nur in Situ-

ationen beobachten, in denen sie Hochdeutsch gesprochen haben. (Protokoll vom 21. Mai 2013, EK.)

Die beobachteten Kinder kennen das Trampolin aus der Kindergartenzeit. Im Kindergarten hatte ich mehrmals beobachten können, dass die Heilpädagogin das Trampolin für das Üben der Zahlen verwendet hatte, indem sie die Kinder beim Hüpfen laut zählen liess. In der Schule dürfen sie frei mit dem Trampolin spielen und sich dabei unterhalten. In der beobachteten Szene dominiert das Standarddeutsche als Sprache der Kommunikation von Samira, Erkan und Dilek. Obwohl Samira in anderen Situationen des freien Spiels Schweizerdeutsch spricht (vgl. Protokoll vom 24.10.2011), *passt sie ihre Sprache an die Peers an* und spricht mit Erkan und Dilek Standarddeutsch, *die Sprache des Vertrauten*, die Sprache des Kindergartens. Darüber hinaus kann die Verwendung des Standarddeutschen in der Interaktion von Samira, Erkan und Dilek als die *Sprache der Freundschaft* interpretiert werden. Dabei zeigt die Verwendung von beiden Sprachen im Fall von Samira die *sprachliche Realität der Schweiz, die gelebte Diglossie.* Samira ist durchaus fähig, ihre Sprache an die Situation und an die in der Interaktion teilnehmenden Akteure und Akteurinnen anzupassen und von einer Sprache in die andere zu wechseln.

Gebrauch von Familiensprachen im Unterricht

Obwohl sich die sprachliche Realität der Schweizer Kindergärten und Primarschulen durch die Vielfalt von Migrantensprachen und regionaler Varietäten des Schweizerdeutschen auszeichnet, erscheint die Förderung der Familiensprachen sowohl im Stufenlehrplan Kindergarten als auch im Stufenlehrplan Primarschule des Kantons Basel-Landschaft nur am Rande. Im Kindergarten wird das Ziel „Die deutsche Standardsprache und Fremdsprachen in Liedern und Spielen [zu] erleben" (Stufenlehrplan Kindergarten Kanton Basel-Landschaft, 2003, S. 10)[11] gesetzt - hiermit werden die Familiensprachen der mehrsprachigen Kinder mit Migrationshintergrund mit dem Begriff „Fremdsprachen" bezeichnet (Panagiotopoulou/Krompàk 2014, S. 57). Der Stufenlehrplan der Primarschule des Kantons Basel-Landschaft anerkennt die Wichtigkeit der Familiensprachen, weist allerdings auf die ausserschulische Förderung im Rahmen des Unterrichts in Heimatlicher

11 Stufenlehrplan des Kindergartens Kanton Basel-Landschaft: http://www.avs.bl.ch/fileadmin/Dateien/Dienstleistungen/Lehrplaene/Stufenlehrplan%20Kindergarten%20Kanton%20Basel-Landschaft%20ab%202.pdf [31.01.2014].

Sprache und Kultur hin: „Die Förderung der Herkunftssprache ist für die Persönlichkeitsentwicklung der fremdsprachigen Kinder wichtig und Voraussetzung für das Erlernen der Zweitsprache Deutsch. Der Besuch des Unterrichts ‚Heimatliche Sprache und Kultur' ist deshalb zu unterstützen" (Stufenlehrplan Primarschule Kanton Basel-Landschaft 2007, S. 22)[12].

Vor diesem bildungspolitischen Hintergrund ist es interessant zu beobachten, wie und in welchen Situationen mehrsprachige Kinder ihre Familiensprachen im Unterricht unabhängig von der Lehrperson einbringen. Im Gegensatz zu meinen Beobachtungen im Kindergarten konnte ich in der ersten Klasse Szenen protokollieren, in denen Kinder ihre Familiensprachen aus Eigeninitiative sprechen und damit ein *code-switching zwischen den Systemen Schule und Zuhause* (Heath 1983) praktizieren.

> Nach dem Singen im Morgenkreis meldet sich Luan und sagt, dass er ein albanisches Buch mitgebracht hat. Der Lehrer sagt mit überraschter Stimme: „Zeig mal!" Er zieht die Augenbraunen hoch und schaut mich an, als würde ihn meine Reaktion interessieren. Ich bin auch überrascht und schreibe schnell meine Feldnotizen. Luan gibt dem Lehrer das Buch. Der Lehrer blättert kurz im Buch und sagt, dass er davon nichts versteht. Er bittet Luan, etwas aus dem Buch vorzulesen. Luan liest ohne zu zögern auf Albanisch, langsam, Silbe für Silbe, aber verständlich vor. „Lies doch mal den Titel!", sagt der Lehrer. Luan liest den Titel vor. Ich verstehe das Wort „concerti". Dann fragt der Lehrer, was der Titel auf Deutsch heisst. Luan überlegt, aber antwortet nicht. Daraufhin zeigt der Lehrer das Buch auf Deutsch und Luan liest den Titel „Die Bremer Stadtmusikanten". „Genau!", sagt der Lehrer und fügt noch hinzu, dass die Geschichte die gleiche ist, nur die Titelblätter sich voneinander unterscheiden. (Protokoll vom 29. Mai 2013, Primarschule, EK.)

In dieser Szene wird nicht nur die Familiensprache von Luan sicht- und hörbar, sondern das mitgebrachte Buch erscheint als *Verkörperung* des in der Familie vorhandenen *kulturellen Kapitals* (Bourdieu 1992). Die Reaktion der Lehrperson zeigt einerseits eine Überraschung aber auch ihr *Interesse für die Familiensprache* von Luan und für das mitgebrachte Buch, andererseits ihre *Erwartung an die bilinguale Literalität* von Luan. Gleichzeitig überlässt die Lehrperson Luan die *Rolle des Sprachexperten*, indem sie Luan auf Albanisch, einer Sprache, die sie nicht beherrscht, vorlesen lässt. Es sollte darauf hinge-

12 Stufenlehrplan der Primarschule des Kantons Basel Landschaft. http://www.avs.bl.ch/fileadmin/Dateien/Dienstleistungen/Lehrplaene/Stufenlehrplan%20Primarschule%20Gesamtausgabe%201998.pdf [31.01.2014].

wiesen werden, dass Bilingualismus nicht gleichzusetzen ist mit Biliteralität (vgl. Siebert-Ott 2003). Obwohl es mir nicht bekannt ist, ob Luan in seiner Familiensprache alphabetisiert wurde, fällt auf, wie verständlich er auf Albanisch vorlesen kann. Die nächste Frage der Lehrperson bezieht sich auf die Übersetzung des Titels. Hier wird eine Kompetenz von Luan erwartet, die ihm anscheinend grosse Mühe bereitet. Es kann auch vermutet werden, dass der Titel „Die Bremer Stadtmusikanten“ nicht wortwörtlich ins Albanische übersetzt wurde. Diese Szene illustriert gleichzeitig die Motivation von Luan, seine Familiensprache verbunden mit seinem Buch vor den Schulkameradinnen und Schulkameraden in der Schule zu präsentieren, und die *Erwartung der Lehrperson an seine Sprachkompetenzen in der Familiensprache.*

> Die Religionslehrerin zündet die Kerze in der Mitte des Kreises an und die Kinder dürfen erzählen, was sie am Vortag gemacht haben. Als Maurizio an der Reihe ist, sagt er nichts. Maurizio ist seit ca. 5 Monaten in der Schweiz und lernt seither Deutsch. Seine Familiensprache ist Italienisch. Samira, deren Familiensprache auch Italienisch ist, meldet sich und sagt, dass sie die Frage übersetzen kann und fragt Maurizio: „Che cosa … [unverständlich]?“. Maurizio schaut sie überrascht an und fragt „Hmm?“. Vielleicht hat er nicht gehört, was sie gesagt hat, oder er hat nicht damit gerechnet, dass Samira ihn auf Italienisch anspricht. Die Lehrerin geht auf diese Kommunikation nicht ein und fragt schon das nächste Kind. Als alle Kinder erzählt haben, was sie „gestern“ (am Wochenende) gemacht haben, meldet sich wieder Samira und erzählt, dass sie von Maurizio weiss, dass er gestern gespielt hat. (Protokoll vom 2. Mai 2013, Primarschule, EK)

Die im Protokoll beschriebene Szene vom 2. Mai 2013 zeigt eine Situation, in der Samira als *Übersetzerin* auftritt, um Maurizio zu helfen, die Frage der Lehrerin zu beantworten. Samira ergreift selber die Initiative und vermittelt in der Familiensprache von Maurizio. Ihre Vermittlungsbemühungen bleiben erfolglos, Maurizio versteht oder hört nicht, was sie gesagt hat. Die Lehrerin *akzeptiert* die Sprachvermittlung von Samira *stillschweigend,* geht aber auf den gescheiterten Versuch von Samira nicht ein. Dadurch, dass Maurizio die Frage der Lehrerin nicht verstanden hat, gerät er in eine *Aussenposition.* Er wird wegen seiner fehlenden Sprachkenntnisse aus der Kommunikation ausgeschlossen. Samira zeigt sich neben ihrer Rolle als Übersetzerin auch als *Vermittlerin* und holt Maurizio durch ihren Bericht über seine Aktivitäten am Wochenende zurück in den Kontext. Die Interpretation dieser Szene weist auch auf die *Sensibilität der mehrsprachigen Kinder für sprachliche Ausschlussprozesse* hin.

5. Fazit

Das soziale Umfeld spielt eine gewichtige Rolle im Sprachgebrauch von mehrsprachigen Kindern (vgl. Hoff-Ginsberg 2000). Dieses besteht einerseits aus den *expliziten sprachlichen Regelungen* des Kindergartens bzw. der Schule. In beiden beobachteten Institutionen wird Standarddeutsch im Unterricht gesprochen. Dies wirkt sich auch auf das Sprachverhalten der mehrsprachigen Kinder aus. Diejenigen Kinder, die im Kindergarten ausschliesslich Standarddeutsch gelernt haben, verwenden es auch in freien Spielsituationen.

Andererseits hängt der Sprachgebrauch von den *impliziten sprachlichen Vereinbarungen innerhalb der Peer-Gruppe* ab. Die beobachteten Kinder passten ihre Sprache spontan der gesprochenen Sprache der partizipierenden Kinder an. Falls jemand in der Peer-Gruppe kein oder nur wenig Schweizerdeutsch spricht, wird ohne explizite Regelvereinbarung Standarddeutsch gesprochen. Wichtig ist dabei die Sprache als Instrument und Medium der erfolgreichen Kommunikation. Das Beherrschen der Sprache des sozialen Umfeldes bestimmt die Zugehörigkeit innerhalb der Gruppe, das Nicht-Beherrschen oder Nicht-Verstehen der Sprache kann zum *Ausschluss* führen.

Die Sprache als Instrument und Medium der erfolgreichen Kommunikation wird im jeweiligen Kontext handlungsorientiert verwendet. Beim Sprachgebrauch zeigen die beobachteten mehrsprachigen Kinder *individuelle Unterschiede*. Diese individuellen Unterschiede können auf die unterschiedlichen sozialen Welten mit unterschiedlichen kommunikativen Modellen und sprachlichen Ressourcen zurückgeführt werden (Hoff-Ginsberg 2000, S. 489). Dieser Aspekt gewinnt insbesondere bei mehrsprachigen Kindern, die aus unterschiedlichen sprachlichen Kontexten stammen und sich in unterschiedlichen sprachlichen Kontexten bewegen, an Bedeutung.

Die *Sprache begleitet die Handlungen* und widerspiegelt das kindliche Denken. Das *Denken wie das Sprechen wird durch den sozialen Kontext beeinflusst* (Vygotskij 1934/2002), deshalb kann es möglich sein, dass das *innere Sprechen* von mehrsprachigen Kindern in der Schule in der dominanten Sprache (in diesem Fall Standarddeutsch) abläuft. Die beobachteten Interaktionen unter den mehrsprachigen Kindern zeigen eine Varietät des Sprachgebrauchs, die sowohl Standarddeutsch als auch Schweizerdeutsch und dessen regionale Variante beinhaltet. Einerseits findet *code-switching* im Wechseln zwischen zwei oder mehr Sprachen, andererseits zwischen verschiedenen Systemen statt. Der „code-switch between systems" (Heath 1983, S. 355), der sich in seinem Ursprung nach Heath (1983) auf die Systeme der *Community* und Schule bezieht, kann hier erweitert werden auf die Systeme Kindergarten und Schule. Dementsprechend bewegen sich mehrsprachige Kinder in mehreren Systemen mit verschiedenen sprachlichen Normen. Während sich die *sprachliche Realität, die mediale Diglossie der Deutschschweiz* (Kolde 1981) darin äussert, dass Standarddeutsch für die Schriftlichkeit und Schweizerdeutsch für die Mündlichkeit gebraucht wird, findet in den beobachteten Bildungsinstitutionen eine *künstliche Trennung der Sprachen in der Mündlichkeit* statt. Standarddeutsch wird im Unterricht verwendet und Schweizerdeutsch beim Spielen oder in der Pause (vgl. Panagiotopoulou/Krompàk 2014). Dadurch entsteht eine *versteckte Hierarchie der Sprachen* bezüglich des Bildungserfolgs. Standarddeutsch ist für den Schulerfolg und Schweizerdeutsch für die soziale Integration verantwortlich. Die „Monolingualisierung der Sprachverwendung" (Neumann 2012; Neumann/Schnoor/Seele 2012, S. 42) in Bildungsinstitutionen entspricht auch in der Schweiz nicht der gelebten sprachlichen Realität eines plurilingualen Landes. Die bildungspolitische Konsequenz daraus könnte sein, die institutionellen Sprachrealitäten den gesellschaftlichen Formen des Umgangs mit Sprache anzupassen.

> For a sound language and educational policy, it will be much more important to adapt the mode and the objectives of language promotion to the linguistic practices which are common in a respective society. (Neumann 2012, S.190)

Zu den expliziten sprachlichen Vereinbarungen des sozialen Umfeldes gehört im Weiteren der *Gebrauch der Familiensprache*. Dass *die Familiensprachen keinen integrativen Bestandteil des Unterrichtsgeschehens darstellen*, äussert sich darin, dass es während meiner Feldforschung sehr wenige Situationen gab, in denen die Kinder ihre Familiensprachen aus eigener Initiative bzw. auf die Aufforderung der Lehrperson einbrachten. Auf der einen Seite wird den Kindern eine Sprachexpertise zugewiesen und damit bestimmte Erwartungen an ihre Sprachkompetenzen geäussert. Auf der anderen Seite wird *stillschweigend akzeptiert*, wenn die *Familiensprache als Kommunikationshilfe* von den Kindern eingesetzt wird. Der Gebrauch der Familiensprachen wird in der Schule zugelassen, allerdings nicht besonders gewürdigt oder gefördert. Durch code-switching innerhalb von Sprachen und Systemen praktizieren Kinder ihre Mehrsprachigkeit und schlagen damit eine Brücke zwischen den künstlich getrennten Sprachwelten.

Hinweise zur Transkription[13]

(.) (..) (...)	Pausen (1, 2, 3 Sekunden)
(6)	Pause von 6 Sekunden

13 In Anlehnung an Langer 2010, S. 523 und Breidenstein 2013, S. 98.

((lacht))	Para- oder nonverbaler Akt
Fett	betont gesprochen
Da sagt der: „Komm her"	Zitat innerhalb der Rede
gegan-	Wort- und Satzabbruch
[ ]	Kommentare und Anmerkungen
// //	parallel gesprochen
[...]	Hinweis auf ausgelassene Textpassage

Literatur

Amann, Klaus/Hirschauer, Stefan (Hrsg.) (1995): Die Befremdung der eigenen Kultur. Zur ethnographischen Herausforderung soziologischer Empirie. Frankfurt a.M.: Suhrkamp.

Bateson, Gregory (1956): This Is Play. In: Schaffner, Bertram (Hrsg.): Group Processes: Transactions of the Second Conference. New York: Joseph Macey, Jr. Foundation, S. 145–152.

Bialystok, Ellen (2001): Bilingualism in Development. Language, Literacy & Cognition. Cambridge: Cambridge University Press.

Bourdieu, Pierre (1992): Die verborgenen Mechanismen der Macht. In: Steinrücke, Margareta (Hrsg.): Schriften zu Politik & Kultur 1. Hamburg: VSA.

Breidenstein, Georg (2013): Zeugnisnotenbesprechung. Zur Analyse der Praxis schulischer Leistungsbewertung. Pädagogische Fallanthologie, Band 12. Opladen: Budrich.

Calderón Cervantes, José Luis (2013): Juego e interpretación. Una puesta-en-juego de la hermenéutica del juego de Gadamer, hasta sus límites con la implicación (Ortiz-Osés), la apariencia (Colli), la insignificancia (Rosset) y la conmoción (Nancy) del sentido (desde el pensamiento de Deleuze como su plano de inmanencia). Thesis doctoral, Universidad del País Vasco. Unveröffentlichte Dissertation.

Caprez-Krompàk, Edina (2010): Entwicklung der Erst- und Zweitsprache im interkulturellen Kontext. Eine empirische Untersuchung über den Einfluss des Unterrichts in heimatlicher Sprache und Kultur (HSK) auf die Sprachentwicklung. Münster/New York: Waxmann.

Charmaz, Kathy (2006): Constructing Grounded Theory. A Practical Guide through Qualitative Analysis. London/Thousand Oaks: Sage.

Christmann, Nadine/Panagiotopoulou, Argyro (2012): Institutionalisierte Sprachförderung für mehrsprachige Vorschulkinder: vergleichende Ethnographien in Luxemburg und Deutschland. In: Zeitschrift für Grundschulforschung 5 (2), S. 34–47.

Corsaro, William A. (2011): The Sociology of Childhood (Third Edition). London/Thousand Oaks: Sage.

Cummins, Jim (2000): Language, Power, and Pedagogy. Bilingual Children in the Crossfire. Clevedon: Multilingual Matters LTD.

Creese, Angela/Blackledge, Adrian (2010): Towards a Sociolinguistics of Superdiversity. In: Zeitschrift für Erziehungswissenschaften 13, S. 549–572.

Fritz, Jürgen (2004): Das Spiel verstehen. Eine Einführung in Theorie und Deutung. Weinheim/München: Juventa.

Gadamer, Hans-Georg (1961): Zur Problematik des Selbstverständnisses. Ein hermeneutischer Beitrag zur Frage der Entmythologisierung. In: Ders. (1999): Gesammelte Werke, Bd. 2. Hermeneutik II. Wahrheit und Methode. Tübingen: Mohr, S. 121–132.

Gadamer, Hans-Georg (1985): Zwischen Phänomenologie und Dialektik. Versuch einer Selbstkritik. In: Ders. (1999): Gesammelte Werke, Bd. 2. Hermeneutik II. Wahrheit und Methode. Tübingen: Mohr, S. 3–23.

Geist, Ljudmila (1999): Russisch byt' ('sein') als funktionale und/oder lexikalische Kategorie. In: ZAS Papers in Linguistics 14, S. 1–39.

Goffman, Erving (1974): Frame Analysis. New York: Harper & Row.

Heath, Shirley Brice (1983): Ways with words: Language, life, and work in communities and classrooms. Cambridge: Cambridge University Press.

Hoff-Ginsberg, Erika (2000): Soziale Umwelt und Sprachlernen. In: Grimm, Hannelore (Hrsg.): Enzyklopädie der Psychologie, Bd. 3. Göttingen: Hogrefe, S. 463–494.

Jäger, Marianna (2011): Spielen aus der Perspektive von Erstklässlerinnen und Erstklässlern. Anmerkungen zu einzelnen Dimensionen des Spiels. In: Vogt, Franziska/Leuchter, Miriam/Tettenborn, Annette/Hottinger, Ursula/Jäger, Marianna/Wannack, Evelyne (Hrsg.): Entwicklung und Lernen junger Kinder. Münster/New York: Waxmann, S. 133–146.

Kolde, Gottfried (1981): Sprachkontakte in gemischtsprachigen Städten. Vergleichende Untersuchungen über Voraussetzungen und Formen sprachlicher Interaktion verschiedensprachiger Jugendlicher in den Schweizer Städten Biel/Bienne und Fribourg/Freiburg i. Ue. Wiesbaden: Franz Steiner.

Langer, Antje (2010): Transkribieren – Grundlagen und Regeln. In: Friebertshäuser, Barbara/Langer, Antje/Prengel, Annelore (Hrsg.): Handbuch Qualitative Forschungsmethoden in der Erziehungswissenschaft (3., vollständig überarbeitete Aufl.). Weinheim: Juventa, S. 515–526.

Neumann, Sascha (2012): Some Children Are More Different than Others: Language Practices in Luxembourgian Nurseries. In: Qualitative Research Journal 12 (2), S. 183–192.

Neumann, Sascha/Schnoor, Oliver/Seele, Claudia (2012): Von Vielfalt zu Verschiedenheit: Mehrsprachigkeit und Sprachförderung in luxemburgischen Kindertageseinrichtungen. In: Forum für Politik, Gesellschaft und Kultur, Nr. 322, S. 41–43.

Panagiotopoulou, Argyro/Graf, Kerstin (2008): Umgang mit Heterogenität und Förderung von Literalität. In: Hofmann, Bernhard/Valtin, Renate (Hrsg.): Checkpoint Literacy. Tagungsband zum 15. Europäischen Lesekongress 2007 in Berlin. Berlin: Deutsche Gesellschaft für Lesen und Schreiben, S. 280–292.

Panagiotopoulou, Argyro/Krompàk, Edina (2014): Ritualisierte Mehrsprachigkeit und Umgang mit Schweizerdeutsch in vorschulischen Bildungseinrichtungen. Erste Ergebnisse einer ethnographischen Feldstudie in der Schweiz. In: Knobloch, Phillip Dylan/Müller, Annette/Rühle, Sarah (Hrsg.): Mehrsprachigkeit – Diversität – Internationalität. Hochschule als Bildungsraum. Festschrift für Cristina Allemann-Ghionda. Münster/New York: Waxmann, S. 51–70.

Park, Myung-Sook (2011). Das Stellungsproblem des Verbalkomplexes im Deutschen und des Verbalsyntagmas im Koreanischen: Konfrontative Untersuchung über die lineare Struktur des Prädikatsausdrucks. Inauguraldissertation. Freie Universität Berlin. http://www.diss.fu-berlin.de/diss/servlets/MCRFileNodeServlet/FUDISS_derivate_000000010821/Dissertation.pdf?hosts= [20.06.2014].

Seele, Claudia (2012): Ethnicity and Early Childhood. An Ethnographic Approach to Children's Ethnifying Practices in Peer Interactions at Preschool. In: International Journal of Early Childhood (44), S. 307–325.
Siebert-Ott, Gesa (2003): Entwicklung der Lesefähigkeiten im mehrsprachigen Kontext. In: Bredel, Ursula/Günther, Hartmut/Klotz, Peter/Ossner, Jakob/Siebert-Ott, Gesa (Hrsg.): Didaktik der deutschen Sprache. Ein Handbuch. Bd. 1–2. Padernborn: Schöningh UTB, S. 536–547.
Strauss, Anselm/Corbin, Juliet (1996): Grounded Theory. Grundlagen Qualitativer Sozialforschung. Weinheim/Basel: Beltz.
Vygotskij, Lev Semënovič (1935/2007): Zur Frage nach der Mehrsprachigkeit im kindlichen Alter. In: Meng, Katharina/Rehbein, Jochen (Hrsg.): Kindliche Kommunikation - einsprachig und mehrsprachig. Münster/New York: Waxmann, S. 40–73.
Vygotskij, Lev Semënovič (1934/2002): Denken und Sprechen. Weinheim: Beltz.

Alfonso Del Percio, Alexandre Duchêne

Sprache und sozialer Ausschluss

Eine Genealogie des schulischen Berufsintegrationsprozesses jugendlicher MigrantInnen in der Schweiz

1. Einführung

Sprache ist ein zentrales Terrain für die Produktion sozialer Ungleichheiten. Sie ist als eine Ressource zu verstehen, die auf sprachlichen Märkten bewertet wird, und mit anderen Formen von symbolischem materiellen Kapital getauscht werden kann (Bourdieu 1977, 1986). In diesem Sinn beteiligt sich Sprache an Prozessen der sozialen Hierarchisierung und Strukturierung. Bildungsinstitutionen sind emblematische Kontexte für die Analyse von Valorisierungsprozessen von Sprache und ihren SprecherInnen sowie der Mechanismen, Logiken und Interessen, welche diese Prozesse strukturieren (vgl. auch Martin-Rojo 2013, 2014; Heller/Martin-Jones 2001). In diesen Institutionen wird definiert, wessen Sprache als ‚gute' und ‚richtige' Sprache gilt und Individuen werden auf der Basis ihrer Kenntnisse der legitimen Sprache evaluiert, selektioniert und hierarchisiert. Bildungskontexte fungieren demnach als *Gatekeeper*, welche durch ihre evaluativen Praktiken und die Distribution von institutionalisiertem kulturellen Kapital in Form von Diplomen, Zeugnissen und Titeln den Zugang von Individuen zum Arbeitsmarkt mitregulieren.

In diesem Sinne besteht das Ziel dieses Beitrages darin, durch eine Analyse des Managements und der Evaluation von Sprache, Sprachpraktiken und Sprechenden in Bildungskontexten die Regulierung und Kontrolle des Zugangs von Individuen zu Ressourcen zu erforschen (Heller 1995; Heller/Martin-Jones 2001; Hofstetter 2013). Bildungskontexte werden wir demnach nicht als ‚neutrale' Orte der Wissensvermittlung verstehen, sondern als Räume der sozialen Selektion und Reproduktion von sozialer Ungleichheit sowie als zentrale Orte, welche die Bedingungen für die Zirkulation und Reproduktion von hegemonialem Wissen schaffen (Bourdieu/Passeron 1978). Zudem gibt die Erforschung dieser Orte Zugang zu den

Möglichkeitsbedingungen von Konvertibilität des sprachlichen in soziales und ökonomisches Kapital (Bourdieu 1977). Schliesslich erlaubt die Analyse von Bildungskontexten ein Verständnis derjenigen institutionellen und strukturellen Zwänge und Logiken – welche aus gegebenen politisch-ökonomischen Bedingungen resultieren –, die dazu führen, dass Sprachpraktiken und Sprechenden ein gewisser Wert zugeschrieben wird und nicht ein anderer (Cicourel 1974; Foucault 1969).

Zeitgenössische Studien zu Sprache und Bildung (Martin-Rojo 2010, 2014; Urciuoli 2008, 2010; Urciuoli/LaDousa 2013) zeigen beispielsweise, dass unter spätkapitalistischen Bedingungen die Kapitalisierungspraktiken von Sprache und Sprechenden in Bildungs- und Arbeitskontexten stark durch staatliche Bedürfnisse strukturiert sind, um aus Individuen produktive Arbeitskräfte zu machen, welche in einer transnationalisierten, multilingualen Wirtschaft einsetzbar sind und somit zur Schaffung von wohlhabenden Nationen beitragen können (Duchêne/Heller 2012; Duchêne/Moyer/Roberts 2013; Duchêne 2011).

Sich auf diese Forschungsliteratur stützend ist es das Ziel dieses Beitrages, zu diskutieren, wie diese Wertzuschreibungspraktiken, bzw. Kapitalisierungs- und Dekapitalisierungsprozesse (Martin-Rojo 2010) sich in den alltäglichen Praktiken einer postobligatorischen Schule materialisieren, welche in einer der wichtigsten frankophonen Städte der Schweiz zu verorten ist[1]. Der staatliche Auftrag dieser Bildungsinstitution, welche wir *Service A.M.E.* [Bildungsangebot A.M.E.] nennen werden, besteht darin, neuankommende jugendliche Migranten aufzunehmen und diese in ihrem schulischen und beruflichen Integrationsprozess zu begleiten.

Unsere Analyse wird auf diskursivem Datenmaterial[2] basieren, welches zwischen 2012 und 2013 im Rahmen einer ethnographischen Studie gesammelt wurde, in der wir die Schulleitung, Lehrkräfte sowie zwei Schulklassen in ihren alltäglichen Praktiken begleitet haben[3].

Auf der Basis einer Analyse des schulischen und professionellen ‚Integrationsparcours' dreier Schüler des *Service A.M.E.* ist das Ziel dieses Beitrages, die Logiken aufzuzeigen, welche diesen Parcours strukturieren, und zu

1 Alle in diesem Text genannten Namen von Personen und Institutionen wurden anonymisiert.

2 Dieses Datenmaterial besteht hauptsächlich aus Feldnotizen, semidirektiven Interviews mit SchülerInnen, Lehrkräften, SozialarbeiterInnen und administrativem Personal, institutionellen Dokumenten und Gesprächstranskripten.

3 Dabei haben wir uns hauptsächlich mit folgenden Aspekten des schulischen Alltags des *Service A.M.E.* beschäftigt: Schulunterricht, Lehrerkonferenzen, Notenkonferenzen; Beitritts- und Übertrittgespräche, Elterngespräche; aber auch Berufspraktikumsbesuche, Berufscoachinggespräche, und Praktikumsevaluationsgespräche.

verstehen, welche Rolle Sprache in verschiedenen Schlüsselmomenten ihrer Laufbahn spielt. Dabei werden wir eine genealogische Vorgehensweise wählen (Marcus 1995), welche es uns ermöglicht, den analytischen Blick auf drei diskursive Ereignisse (Duchêne 2008) im professionellen und schulischen Integrationsprozesses dieser drei jugendlichen MigrantInnen zu richten, in denen diese Individuen und ihre Sprachkenntnisse im Zentrum von Bewertungspraktiken stehen:

1. der Beitrittsprozess der Jugendlichen in die Strukturen des *Service A.M.E.*;
2. die Notenkonferenz nach dem ersten Schuljahr, in der die SchülerInnen von den Lehrkräften für eine schulische oder für eine berufliche Laufbahn empfohlen werden;
3. die Praktikumsevaluationsgespräche mit potentiellen, zukünftigen Arbeitgebern.

In diesem Rahmen werden wir uns auf die institutionellen Praktiken, diskursiven Strategien sowie auf das kulturelle Wissen und Sprachideologien fokussieren, welche in unterschiedlichen Kontexten mobilisiert werden (schulisch, aber auch beruflich), um die sprachlichen Praktiken der Schüler zu bewerten (Mehan 1986). Unser analytisches Prozedere ist dabei geeignet, die strukturellen, institutionellen und symbolischen Möglichkeitsbedingungen zu identifizieren, welche die beobachteten evaluativen Praktiken möglich und nötig machen (Foucault 1969). Schliesslich wird unsere Herangehensweise die Konsequenzen dieser Praktiken in Bezug darauf aufzeigen, inwiefern der Zugang dieser SchülerInnen zu Ressourcen ermöglicht oder verunmöglicht wird.

Unser Beitrag wird folgendermassen strukturiert sein: Im ersten Abschnitt werden wir auf die Empfangsstrukturen des *Service A.M.E.* eingehen, d.h. das staatliche Mandat der Bildungsinstitution diskutieren sowie über die Konsequenzen dieses Mandats für die schulischen Angebote des *Service A.M.E.* reflektieren. Um zu verstehen, für wen und unter welchen Bedingungen Sprache effektiv einen Schlüssel zur sozialen und beruflichen Integration und Emanzipation darstellt, werden wir im dritten Abschnitt den schulischen und beruflichen Integrationsprozess dreier SchülerInnen des *Service A.M.E.* analysieren. Dabei wird es insbesondere darum gehen, zu besprechen, ob, wie und unter welchen Bedingungen innerhalb des Integrationsprozesses dieser drei Individuen ihre sprachlichen Ressourcen als Kapital und Möglichkeitsbedingung für ihren Zugang zu Ressourcen und Legitimation fungieren.

2. Schulische Aufnahmestrukturen für einen erfolgreichen Berufsintegrationsprozess junger MigrantInnen

Das staatliche Mandat des *Service A.M.E.* besteht darin, fremdsprachige SchülerInnen, welche nach der obligatorischen Schulzeit keinen schulischen (z.B. in eine weiterführende Fachmittelschule oder in ein Gymnasium) oder beruflichen Anschluss (z.B. in eine Berufslehre) gefunden haben, in ihrer Laufbahn zu begleiten und diese in ihrem schulischen und beruflichen Integrationsprozess zu unterstützen. Während die schulischen Strukturen des *Service A.M.E.* historischerweise allen SchülerInnen der Stadt offen standen, hat die lokale Bildungsdirektion im Rahmen der in den letzten Jahrzehnten durchgeführten Bildungsreformen entschieden, diese Institution ausschliesslich für neuankommende jugendliche MigrantInnen zu öffnen. Diese Trennung von denjenigen SchülerInnen, welche ihre obligatorische Schulzeit in der frankophonen Schweiz absolviert haben und somit genügend Französischkenntnisse vorweisen können, von jenen Schülern, die in einem anderen Land eingeschult wurden und somit ein angebliches Defizit in der französischen Sprache haben, würde – so die Bildungsdirektion – den Bedürfnissen der Letzteren entgegenkommen und die Bedingungen für eine erfolgreiche Integration der neuankommenden SchülerInnen schaffen. Denn während Erstere hauptsächlich disziplinare „Probleme“ mitbringen würden, hätten – gemäss den Lehrkräften des *Service A.M.E.* – neuankommende MigrantInnen ein sprachliches „Defizit“ aufzuholen, das ganz spezifische curriculare Bedürfnisse impliziere, welche die bisherigen Schulstrukturen nicht bieten könnten.

Zudem haben unsere Gespräche mit verschiedenen Akteuren aufgezeigt, dass diese Trennung der Strukturen auch als Reaktion auf das schlechte Image verstanden werden muss, das diese Berufsvorbereitungsstrukturen in ihrer Geschichte erworben hatten und welche für die SchülerInnen, die diese Strukturen besuchten, als eine Form von Stigma fungierten. Eine solche spezifische Schule besucht zu haben implizierte, Teil einer Schule gewesen zu sein, welche die speziellen und schwierigen Fälle aufnimmt, bzw. eine Brückenlösung darstellt für diejenigen SchülerInnen, welche aus schulischen, familiären und disziplinären Gründen den Einstieg in eine weiterführende Schule oder in die Berufswelt verpasst hatten. Folglich, um die neuankommenden jugendlichen MigrantInnen vor diesem Stigma zu bewahren und diesen einen Service zu bieten, welcher ihren Bedürfnissen und Notwendigkeiten entspricht, wurden im Jahr 2011 die Strukturen des *Service A.M.E.* reformiert.

Heute bietet der *Service A.M.E.* den neuankommenden MigrantInnen ein zweijähriges Programm an. Diese werden bei ihrer Ankunft für ein Jahr in eine sogenannte *classe d'acceuil* [Integrationsklasse] integriert, welche stark auf die Vermittlung der französischen Sprache fokussiert und zudem als Ziel hat, die SchülerInnen auf ein Schulniveau zu bringen, welches demjenigen der anderen Schweizer SchülerInnen entspricht, welche die obligatorische Schulzeit absolviert haben. Die neuen Strukturen sehen zudem vor, dass nach diesem ersten Integrationsjahr die SchülerInnen entweder in eine Schulische Integrationsklasse (SIK) kommen, welche sie für eine Laufbahn in eine weiterführende Schule vorbereitet, oder in eine Berufliche Integrationsklasse (BIK), welche sie für eine zukünftige Berufslehre qualifiziert. Auch in diesem zweiten Jahr fokussiert die Schule – nebst dem Unterricht in anderen Fächern wie Mathematik, Englisch (nur für die Schulische Integrationsklasse), Geisteswissenschaften, Zeichnen, Sport und Handwerken (für die Berufliche Integrationsklasse) – auf die Vermittlung von Französischkenntnissen (ein Drittel des Unterrichtes ist der lokalen Sprache gewidmet) und anderen kommunikativen Kompetenzen wie Lesen und mündlichem Ausdruck.

In Einklang mit der Schweizerischen Integrationspolitik erklärt der Rektor des *Service A.M.E.* diesen starken Fokus auf dem Erwerb der französischen Sprache einerseits mit den hohen sprachlichen Anforderungen, welche die Arbeitswelt in der Schweiz nicht nur an hochqualifizierte, sondern auch an wenig qualifizierte Arbeitskräfte stellt, und andererseits mit dem politischen Willen, den neuankommenden Jugendlichen das nötige sprachliche *Know-How* mit zu geben, um sich erfolgreich in die Schweizerische Arbeitswelt integrieren zu können. Sprache – so die Lehrkräfte – sei eine Bedingung sowohl für eine weiterführende Schule, denn der Schulstoff sei stark an die französische Sprache gebunden, welche das diskursive Medium des zu erwerbenden Wissen darstelle. Französisch sei aber auch eine Bedingung für eine Berufslehre in einer Zeit, in welcher auch handwerkliche, auf den ersten Blick ‚non-kommunikative' Berufe zunehmend serviceorientiert werden und somit die sprachliche Interaktion mit KundInnen ins Zentrum der Arbeitspraktiken rückt.

Um den Konsequenzen dieser Annahmen auf den Grund zu gehen, d.h. um zu verstehen, was für eine Rolle Sprache effektiv für den Zugang der SchülerInnen zu Ressourcen spielt, werden wir in den folgenden Abschnitten den Weg dreier SchülerInnen durch die schulischen Empfangsstrukturen des *Service A.M.E.* diskutieren, sowie über deren schulischen und beruflichen Integrationsprozess reflektieren. Trotz der Singularität der einzelnen Fälle sind die drei vorgestellten Individuen mit den Herausforderungen, welche diesen auf ihrem Lebensparcours begegnen, beispielhaft für den Typ von SchülerInnen (bezüglich des sprachlichen, des schulischen und familiären Hintergrunds, des juristischen Status in der Schweiz sowie des Migrationsparcours), welchen der *Service A.M.E.* empfängt. In diesem Sinne scheint uns eine detaillierte Analyse ihres Parcours zentral zu sein, um das

Wissen über schulische und berufliche Integrationsprozesse von jugendlichen MigrantInnen in der Schweiz zu mehren sowie für ein komplexeres Verständnis der Rolle von Sprache in diesen Prozessen zu sorgen. Dabei werden wir aufzeigen, dass in den Schlüsselmomenten des Parcours dieser drei Individuen Sprache bzw. ihre Sprachkompetenzen tatsächlich als eine Achse der Differenz (Gal 2006) fungieren, welche den Zugang bzw. Ausschluss dieser Jugendlichen über die Formen von Legitimation und Anerkennung reguliert. In diesem Sinne werden wir erklären, dass, zwar unter gewissen Umständen diese Individuen ihr Sprachkapital tatsächlich mit anderen Formen von Kapital tauschen können, unter anderen Bedingungen aber Sprache als Legitimationsgrund für die Dekapitalisierung von deren schulischen Kompetenzen ausschlaggebend ist. Dabei werden Individuen über ihre Sprache oft Objekt von ethnischer, kulturalistischer sowie rassistischer Stigmatisierung. Sprache ist auch ein Element, das zur Invisibilisierung derjenigen strukturellen politischen und ökonomischen Bedingungen beiträgt (kantonale und nationale Integrationspolitik, Arbeitsmarkt, Konjunktur, aber auch infrastrukturelle Kapazitäten sowie institutionelle und pädagogische Möglichkeiten des *Service A.M.E.*), welche deren schulische Karriere ermöglichen oder verunmöglichen sowie an der Basis sind für deren Ausschluss aus dem Arbeitsmarkt. Wenn folglich die Sprache als Schlüssel zur Integration konzeptualisiert werden kann, werden wir aufzeigen, dass sich der Schlüssel in beide Richtungen dreht: Sprache kann unter bestimmten Bedingungen Türen öffnen, unter anderen Bedingungen hingegen kann sie Türen schliessen.

3. Chancengleiche Lebensparcours?

Im folgenden Abschnitt werden wir auf die Profile dreier SchülerInnen des *Service A.M.E.* eingehen. Dies wird es uns ermöglichen, ein komplexeres Bild der Einstiegsbedingungen dieser drei SchülerInnen in die Schweizer Bildungs- und Berufswelt zu schaffen und somit über die Möglichkeitsbedingungen ihres Integrationsprozesses zu reflektieren.

Der erste der drei Jugendlichen ist Makassi. Als wir Makassi im Jahr 2012 kennengelernt haben, war er 18 Jahre alt. Makassi ist in der Demokratischen Republik Kongo geboren, wo er auch sechs Jahre zur Schule ging. Makassi flieht 2009 aus dem Kongo, um über verschiedene Stationen zu seinem Vater zu gelangen, den er nicht kennt und der in der frankophonen Schweiz als Lastwagenchauffeur arbeitet. Seine Mutter wohnt weiterhin im Kongo. Der Jugendliche gibt an, Lingala zu sprechen sowie über Kenntnisse der französischen Sprache zu verfügen. Dank der langjährigen Präsenz seines Vaters in der Schweiz, der bei der Geburt des Sohnes den Kongo verlassen hat, inzwischen mit einer anderen Frau verheiratet ist und eine Aufenthaltsbewilligung hat, verfügt Makassi über eine reguläre Aufenthaltsbewilligung und somit formell Zugang zum Schweizer Arbeitsmarkt.

Die zweite Jugendliche ist Aicha. Aicha aus Guinea ist bei unserer ersten Begegnung im Jahr 2011 18 Jahre alt und wohnt seit 2007 mit ihrem Vater in der Schweiz. Aicha verbrachte den grössten Teil ihrer Jugend mit ihrer Grossmutter in Guinea, da ihr Vater 2000 in die Schweiz geflohen ist, und Aichas Mutter in ihrem neunten Lebensjahr verstorben ist. Nach einer sechsjährigen Schulzeit in Guinea arbeitete Aicha auf dem Markt als Verkäuferin bzw. im Kleidergeschäft ihrer Verwandten. Nach dem Tod ihrer Grossmutter holt sie ihr Vater, der in der Zwischenzeit eine neue Familie gegründet hat, in die Schweiz. Da sie sich aber mit der neuen Familie des Vaters aufgrund von Spannungen mit seiner neuen Ehefrau nicht versteht, zieht sie in eines der städtischen Asylantenheime. Aichas Vater, der inzwischen anerkannter Flüchtling ist, konnte sein Recht auf Familiennachzug geltend machen und der Tochter den Status als anerkannter Flüchtling garantieren, sodass auch sie freien Zugang zu den kantonalen Bildungsangeboten sowie zum Schweizer Arbeitsmarkt hat. Aicha spricht Peul – eine der Hauptsprachen Guineas – und bei unserer ersten Begegnung bereits Französisch.

Schliesslich ist da noch Ana aus Portugal, welche 2011 mit ihrer Mutter und ihrem jüngeren Bruder den seit 2004 in der Schweiz wohnenden Vater aufsucht. Nach zehn Jahren Schulzeit, verlässt Ana mit 17 – zwei Jahre vor der Maturität – ihre Heimat, weil ihre Mutter gesundheitlich unter der geographischen Distanz zu ihrem Ehemann, Anas Vater, leidet und somit ein Familiennachzug nach sieben Jahren dringend wird. Dieser Nachzug erlebt durch die Wirtschaftskrise in Portugal eine Beschleunigung, als Anas Mutter ein Jahr vor dem Nachzug in die Schweiz ihre Stelle verliert und ihr Vater keine beruflichen Perspektiven für die Kinder in Portugal sieht. Ana spricht Portugiesisch und weist dank ihrer schulischen Laufbahn in Portugal schulische Kenntnisse der englischen Sprache auf. In der Schweiz wohnt die Jugendliche mit ihrer Mutter und dem jüngeren Bruder bei ihrem Vater, der als EU Bürger in der Zwischenzeit über eine permanente Niederlassungsbewilligung verfügt, was der jungen Frau freien Zugang zu Bildung und dem Arbeitsmarkt garantiert.

Während folglich diesen drei Jugendlichen einerseits gemeinsam ist, dass sie am Anfang ihres sozialen, schulischen und beruflichen Integrationsprozesses stehen und wegen ihren mangelnden Französischkenntnissen nicht berechtigt sind, die Regelstrukturen der Schweizer Bildung zu besuchen, bringen sie andererseits unterschiedliche Bedingungen mit – schulische Vorbildung, sprachliche Kompetenzen, familiäre Verhältnisse, juristischer Status, ethnische Herkunft –, welche, wie wir in den folgenden Abschnitten sehen werden, zentral sind für ihren Integrationsprozess.

In den folgenden Abschnitten werden wir Makassi, Aicha und Ana auf ihrem Weg durch die Strukturen des *Service A.M.E.* begleiten. In einem ersten Schritt werden wir den Moment des Eintritts in die Strukturen des *Service A.M.E.* fokussieren. In diesem Rahmen werden wir uns insbesondere auf das Aufnahmegespräch mit den SchülerInnen konzentrieren sowie auf die in diesem Rahmen produzierten Berichte und Evaluationen, auf deren Basis die eintretenden jugendlichen MigrantInnen in verschiedenen Stufen und Niveaus der schulischen Strukturen des *Service A.M.E.* eingeteilt werden.

Über den Eintritt in den Service A.M.E.

Nachdem die Eltern, welche über verschiedene Quellen (Verwandte und Freunde, Arbeitgeber, Asylantenheime etc.) über das Angebot des *Service A.M.E.* erfahren haben, ihre Kinder telefonisch für ein Aufnahmegespräch angemeldet haben, werden diese eingeladen, um sich mit einem Mitglied der Schuldirektion des *Service A.M.E.* in dessen Räumlichkeiten zu treffen und sich für das post-obligatorische Schulprogramm anzumelden.

Dieses Gespräch ist einerseits informativer Natur, weil dem Schüler oder der Schülerin und dessen/deren BegleiterIn die Strukturen und Angebote des *Service A.M.E.* präsentiert werden. Des Weiteren wird ihnen erläutert, was im Falle eines Eintritts in die Bildungsinstitution bezüglich Präsenzpflicht, Motivation und Arbeitsaufwand von ihnen erwartet wird. Andererseits ist dieses Aufnahmegespräch als ein Evaluationsgespräch zu verstehen, in dem die rezeptiven und produktiven französischen Sprachkompetenzen des zukünftigen Schülers oder der Schülerin bewertet werden sowie der Wert und Status des schulischen und beruflichen Hintergrunds des oder der Jugendlichen definiert werden – oft haben die ankommenden Jugendlichen einige Jahre Arbeitserfahrung hinter sich. Auf der Basis dieses Gespräches, das in der Regel eine halbe Stunde dauert, wird der oder die Jugendliche einer der bereits bestehenden oder zu schaffenden Klassen und Niveaus zugeteilt und somit findet eine erste, für den langfristigen Integrationsprozess des Schülers oder der Schülerin entscheidende Selektion und Hierarchisierung statt.

Im Folgenden werden wir die Aufnahmegespräche von Makassi, Aicha und Ana besprechen und auf der Basis des in diesem Rahmen von der Schulleitung ausgefüllten Aufnahmedossiers diskutieren, anhand welcher Logiken sowie mit welchen Konsequenzen für ihre weitere Laufbahn in den Strukturen des *Service A.M.E* diese Jugendlichen kategorisiert wurden.

Wie bereits aus der ethnomethodologischen Forschung bekannt ist (Cicourel 1968; Mehan 1986; Smith 2005), sind solche Aufnahmedossiers das

Produkt von hegemonialen Diskursen, welche legitimes und autoritatives Wissen produzieren (Foucault 1963, 1969) – über das, was ‚gute' Bildung ist, über das Wissen, das ‚gute' Bildung vermitteln sollte, sowie über das, was es bedeutet, ein legitimer Schüler zu sein. Zudem repräsentiert das Aufnahmedossier die textuelle Materialisierung, d.h. Enttextualisierung und Stabilisierung von Wissen (Silverstein/Urban 1996), welches uns analytisch Zugang geben kann zum diskursiven Ereignis des Eintrittsgesprächs sowie zu den selektiven Praktiken, welche im Rahmen dieser Situationen hervortreten. Schliesslich haben diese Dokumente – insbesondere über ihre evaluative und kategorisierende Bedeutung – Einfluss auf die schulische und später berufliche Laufbahn der Individuen. In diesem Sinne sind solche Texte sowohl durch präexistierende Macht-Wissensformationen strukturiert, als auch als Machttechnologien zu verstehen, welche den Zugang von Individuen zu Ressourcen regulieren und strukturieren.

Das Aufnahmedossier durch das Makassi, Aicha und Ana evaluiert wurden, ist folgendermassen strukturiert: In einem ersten Abschnitt werden die Personalien des sich anmeldenden Schülers oder der sich anmeldenden Schülerin notiert. Der zweite Teil des Aufnahmedossiers ist dem schulischen Hintergrund des Schülers oder der Schülerin gewidmet und hält die Anzahl Schuljahre sowie den absolvierten Schultyp fest. Zudem werden in diesem Teil des Dokuments auch Aussagen über das Sprachniveau des Schülers in Französisch und über eventuelle Kompetenzen in anderen Sprachen gemacht. Dabei kann die Schuldirektion zwischen vier Kategorien auswählen: *„débutant"* [Anfänger], *„notions élémentaires"* [Grundwissen], *„bon oral seulement"* [ausschliesslich gute mündliche Kenntnisse], *„bon niveau"* [gutes Niveau]. Zudem kann, um die weiteren Sprachkompetenzen festzuhalten, die Evaluatorin oder der Evaluator einen kurzen, einzeiligen Kommentar notieren. Wie oben erwähnt, basiert diese sprachliche Kategorisierung auf dem kurzen Gespräch, das die aufzunehmenden SchülerInnen mit den RepräsentantInnen der Schulleitung führen.

Schliesslich und auf der Basis der Informationen, welche im zweiten Teil festgehalten werden, wird im dritten Teil notiert, zu welcher bestehenden oder zu schaffenden Klasse ein Schüler zugeordnet wird. Dabei werden die Klassen mit spezifischen Nummern bezeichnet (z.B. 105), welche für verschiedene Sprachniveaus stehen.

Makassi hatte sein Aufnahmegespräch im November 2010. Ein Freund des Vaters, dessen Sohn bereits ein Schüler des *Service A.M.E.* war, hatte ihm von diesem schulischen Angebot erzählt, sodass Makassi sich kurz nach seiner Ankunft in der Schweiz für ein Aufnahmegespräch anmeldete. Der Aufnahmebericht hält fest, dass Makassi acht Jahre Schulzeit hinter sich hat – sechs Jahre Primarschule und zwei Jahre Orientierungsschule (Sekundarschule I). Zudem wird explizit festgehalten, dass seine offiziell achtjährige Schulzeit durch diverse Unterbrüche aufgrund von Streiks und Krieg im Kongo charakterisiert war, sodass diese Schulzeit, zumindest teilweise, durch diesen Eintrag ins Dossier dekapitalisiert bzw. delegitimiert wird. Bei den französischen Sprachkompetenzen wird im Aufnahmedossier eine Unsicherheit ersichtlich: Makassis Sprachniveau wird sowohl als *„bon oral seulement"* definiert als auch als *„bon niveau"*. Dabei wird mit einem Fragezeichen gekennzeichnet, dass nicht klar ist, ob Makassis gute Französischkenntnisse nur mündlicher Natur sind, oder ob dies auch schriftlich der Fall ist. Makassi wird auf der Basis dieser Aussagen in eine unterdurchschnittliche Klasse (d.h. in eine Klasse für ‚schwache' Schüler) eingestuft.

Aicha meldete sich im Oktober 2010 beim *Service A.M.E.* an. Während Makassi vor seinem Eintritt in die Strukturen des *Service A.M.E.* nicht in der Schweiz eingeschult war, hatte Aicha zu diesem Zeitpunkt bereits zwei Jahre Integrationsklasse hinter sich. Es sind die Verantwortlichen der lokalen Orientierungsschule, welche die Schülerin an die Strukturen des *Service A.M.E.* weitergeleitet haben. Im Aufnahmedossier wird einerseits notiert, dass Aicha sechs Jahre in der Primarschule war. Dabei wird explizit bemerkt, dass diese Schulzeit in Guinea verbracht wurde. Andererseits wird festgehalten, dass die Jugendliche zwei Jahre in einer Integrationsklasse in der Schweizer Orientierungsschule (Sekundarstufe I) verbracht hat. Auch in ihrem Fall wird angefügt, dass diese achtjährige Schulzeit durch diverse Unterbrüche charakterisiert war und auch in ihrem Fall fungiert dieser Eintrag als ein Stigma, welches – wie wir im Folgenden sehen werden – den Integrationsprozess der Schülerin beeinflussen wird. Aichas Sprachkompetenzen werden als *„bon oral seulement"* evaluiert. Trotz dieser guten Bewertung ihres Französisch und trotz ihrer zweijährigen Schulzeit in einer Schweizer Schule wird auch sie in eine unterdurchschnittlich starke Klasse eingestuft.

Ana meldete sich im September 2011 an, nachdem sie durch einen Freund des Vaters auf die Aufnahmestrukturen des *Service A.M.E.* aufmerksam gemacht worden war. Ana werden in ihrem Aufnahmedossier die in Portugal absolvierten elf Schuljahre angerechnet. Dabei wird spezifiziert, dass vier in der *„école primaire"* [Primarschule], fünf im *„cycle d'orientation"* [Sekundarstufe I] und zwei am *„collège"* [Gymnasium] durchgeführt wurden. Ana wird als Anfängerin der französischen Sprache kategorisiert und ihr werden zudem Kenntnisse der englischen Sprache zugeschrieben. Auf der Basis dieser Evaluation wird Ana einer überdurchschnittlich starken Klasse zugeordnet.

Wie lassen sich diese Zuteilungen erklären? Was lässt sich aus diesen Zuteilungen heraus über die Logiken des hier präsentierten Selektionsprozesses sagen? Und welche Rolle spielt schliesslich Sprache dabei?

Auf der Basis von institutionellen Daten sowie Interviews, welche wir mit den Lehrpersonen und Mitgliedern der Direktion durchgeführt haben, kann gesagt werden, dass bei den beiden erstgenannten Jugendlichen (d.h. Makassi und Aicha) ihre schulische Vergangenheit als eine Form von Stigma fungiert, welche die vorhandenen sprachlichen Ressourcen in den Hintergrund rücken lässt. Im Falle Makassis wird seine Schulzeit im Kongo als nicht kompatibel mit dem Schweizer Schulsystem konstruiert, d.h. in seinem Fall wird das stigmatisierte kongolesische Schulsystem zu seinem eigenen Stigma, was eine Zuordnung zu einer Klasse für sehr schwache Schüler legitimiert und ‚nötig' macht. Bei Aicha hingegen fungiert ihr Analphabetismus, welcher in den zwei Jahren der Schweizer Orientierungsschule identifiziert wurde – bei ihrer Anmeldung bringt Aicha ein Übergabedossier mit, in dem über ihren Analphabetismus berichtet wird –, als ein Hindernis für ihre schulische und berufliche Integration. Gemäss der Schuldirektion vom *Service A.M.E.* müsse Aicha in eine Klasse eingestuft werden, in der die Schülerin sich Zeit nehmen kann, an ihren Lese- und Schreibkompetenzen zu arbeiten. In diesem Sinne kann gesagt werden, dass trotz Aichas starken mündlichen Sprachkompetenzen, ihre fehlenden Schreib- und Lesekompetenzen diese sprachliche Ressource ‚überschatten' und ihre Zuweisung in eine ‚schwache' Klasse legitimieren. Im Gegensatz zu diesen ersten beiden wird Ana, welche über keine Französischkenntnisse verfügt, in eine starke Klasse integriert. Die Direktion und Lehrkräfte erklären dies mit dem portugiesischen Schulsystem, welches als (zumindest fast) gleichwertig zum Schweizer Schulsystem konstruiert wird, sodass Ana das schulische Niveau einer Schweizer Gymnasiastin zugeschrieben wird. Trotz ihrer fehlenden Kenntnisse in der französischen Sprache kann Ana also ihre Schulbildung kapitalisieren, welche wiederum ihr sprachliches ‚Manko' kompensieren kann. Zudem wird davon ausgegangen, dass Ana mit ihrem schulischen Habitus, den sie sich in Portugal aneignen konnte, dieses sprachliche ‚Manko' schnell aufholen kann und somit die im Moment mangelnde Kompetenz in der französischen Sprache kein unüberwindbares Hindernis für ihre Laufbahn in der Schweiz bedeuten würde.

Während folglich Anas fehlende Sprachkenntnisse einen direkten Zugang in ein Schweizer Gymnasium verhindern, scheint aber dieses sprachliche Stigma keine Rolle zu spielen für ihre Integration in die schulischen Aufnahmestrukturen des *Service A.M.E.* Das gleiche gilt für Makassi, der trotz seiner sprachlichen Ressourcen diese nicht umwandeln kann in andere Formen von Kapital. Seine Sprachkenntnisse scheinen ihm in dem Sinne nicht zu einer höher bewerteten Einteilung zu verhelfen. Im Gegensatz dazu zeigt uns Aichas Fall, dass trotz guter mündlicher Sprachkenntnisse Sprache bzw. ihre mangelnde Lese- und Schreibkenntnisse als ein Ausschlussfaktor fungieren, sodass auch sie ihr sprachliches Kapital nicht konvertieren kann. Die Diskussion dieses ersten Schlüsselmoments scheint zudem aufzuzeigen, dass die Herkunft bzw. der Wert, welchen die bewertenden Personen dem Bildungssystem des Herkunftslands der Schüler zuschreiben, eine zentrale Rolle spielt für die Kategorisierung und Zuweisung der Jugendlichen in die Strukturen des *Service A.M.E.* Im Kongo oder in Guinea in die Schule gegangen zu sein, scheint nicht den gleichen Wert zu haben, wie diese Schulzeit in Portugal absolviert zu haben. In diesem Sinne können wir beobachten, dass die positive Bewertung (im Falle Anas) bzw. negative Bewertung (im Falle Aichas und Makassis) des besuchten Bildungssystems zu einer positiven bzw. negativen Bewertung des Schülers selbst führt, sodass trotz der Ideologie der Chancengleichheit, welche traditionellerweise für das Schweizerische Bildungssystem angenommen wird, die drei Schüler in diesem zentralen Moment ihres Eintritts in das Schweizer Bildungssystem ungleiche Chancen haben. Dabei scheint nicht ihre sprachliche Kompetenz über ihre Einstufung zu entscheiden, sondern eher ihre ethnische Herkunft. Die Frage, die sich hier stellt, ist natürlich, ob die Aufnahmestrukturen des *Service A.M.E.* und insbesondere der Fokus auf den Erwerb der französischen Sprache diese strukturelle Chancenungleichheit kompensieren kann, oder ob dieses Stigma, das die Jugendlichen mit sich tragen, sie in ihrem Parcours weiter begleiten und diesen beeinflussen wird.

Schulische Laufbahn oder berufliche Integration?

Ein weiteres Schlüsselmoment im schulischen und beruflichen Integrationsprozess der SchülerInnen des *Service A.M.E* sind die Notenkonferenzen, welche drei Mal im Schuljahr stattfinden, und im Rahmen derer die Lehrkräfte einer Klasse sich treffen, um über die Leistungen der Schüler zu sprechen, sowie deren Noten festzulegen. Für die schulische Karriere eines Schülers innerhalb der Strukturen des *Service A.M.E* ist die zweite Notenkonferenz im ersten Jahr zentral, denn in ihrem Rahmen wird – zumindest offiziell – der Schüler, je nach Noten und Beurteilung, entweder in Richtung einer weiterführenden Schule oder einer Lehre zugewiesen. In diesem Kontext wird entschieden, ob die Schülerin im zweiten Jahr im *Service A.M.E* in eine SIK-Klasse – welche den Zugang zu einer Mittelschule oder einem Gymnasium vorbereitet – oder in eine BIK-Klasse – die für eine Berufslehre befähigt – integriert wird.

An diesen Notenkonferenzen hat jeder Lehrer zwei bis drei Minuten Zeit, sich über den Schüler und dessen Leistungen zu äussern. Die Gesprächsleitung obliegt der Klassenlehrkraft, welche in einem Raster für jeden Schüler und jedes Fach die wichtigsten Elemente der Diskussion festhält. Dieses Raster dient einerseits als kollektives Gedächtnis für zukünftige Notenkonferenzen und als Basis für Aussagen bezüglich einer potentiellen Verbesserung oder Verschlechterung der schulischen Leistungen eines

Schülers, sowie auch als Grundlage für die Kommentare, welche den Bewertungen in den Schulzeugnissen beigefügt werden.

Im Folgenden werden wir analysieren, wie im Rahmen dieser Notenkonferenzen die Schulleistungen von Makassi, Aicha und Ana diskutiert wurden, welchen Wert in diesem Kontext deren Französischkenntnissen zugeschrieben wurde und inwiefern diese Bewertung Auswirkungen auf den weiteren Verlauf ihrer Schulkarriere innerhalb des *Service A.M.E* hatte.

Makassi wird in dieser Notenkonferenz ohne Widerspruch in einer BIK-Klasse (d.h. in einer berufsvorbereitenden Klasse) eingestuft. Dies war einerseits die logische Folge darauf, dass der Jugendliche kurz nach seinem Eintritt in den *Service A.M.E* in eine Alphabetisierungsklasse wechseln musste[4]. Die Lehrkräfte hatten bemerkt, dass er trotz seiner starken mündlichen Kompetenzen in Französisch, eine Schreib- und Leseschwäche hat. Das Transkript[5] der Notenkonferenz zeigt auf, dass die Lehrkräfte seine Schwächen einerseits auf die lückenhafte Schulzeit in Makassis Heimat zurückführen. Anderseits erklären sie diese mit seiner starken Sehschwäche: Makassi scheint eine degenerative Augenkrankheit zu haben. Schliesslich werden die mangelnden Schreib- und Lesekompetenzen und insbesondere seine angeblich mangelnden Fortschritte mit seiner allgemeinen Langsamkeit und Trägheit erklärt, welche sich nicht nur in allen anderen schulischen Fächern bemerkbar mache, sondern auch in der Art wie er sich bewege, sowie in seinen alltäglichen Praktiken.

Auch Aicha, welche wie Makassi nach ihrem Eintritt in eine Alphabetisierungsklasse integriert wurde, wird einer BIK zugewiesen und auch bei ihr ist die Entscheidung unbestritten. Obwohl ihr beim Eintritt in den *Service A.M.E* gute mündliche Kenntnisse der französischen Sprache attestiert wurden, und trotz der Bestätigung weiterer Fortschritte durch die Aussprache- und Leselehrerin, materialisieren sich ihre Schwierigkeiten im Schreiben und Lesen in allen anderen Fächern, so dass – dem Plenum zufolge – ihre Leistungen stark ungenügend bleiben. Gemäss den Lehrkräften scheint dieses sprachliche Handicap noch verstärkt zu werden durch ihre Schwierigkeiten im logischen Denken, so dass die Klassenlehrerin von den anwesenden Lehrkräften beauftragt wird, Aicha heilpädagogisch abklären zu lassen.

---

4 Alphabetisierungsklassen führen automatisch zu einer BIK, da die Lehrkräfte davon ausgehen, dass die ‚Mankos' der Schüler nicht nachgeholt werden können, und diese somit kaum in einer weiterführenden Schule mithalten könnten.

5 Bei der Analyse des Transkriptes haben wir die diskursiven Strategien fokussiert, welche die Lehrkräfte mobilisieren, um die Schüler zu evaluieren sowie um diese Evaluationen zu legitimieren und zu autorisieren (vgl. Heller 2008; Martin-Rojo 2013 für eine Diskussion dieses analytischen Vorgehens).

Schliesslich Ana, welche als Klassenbeste in eine SIK zugewiesen wird. Diese Entscheidung wird einstimmig gefällt und dadurch erklärt, dass Ana durch ihre Motivation und ihr Engagement ausserordentliche Fortschritte in der französischen Sprache gemacht hätte, dass sie die Komplexitäten der Sprache verstehen würde und mit ihr spielen könne. Nichtdestotrotz sei sie aber noch nicht auf dem Niveau eine Schweizer Gymnasiastin, wegen ihres portugiesischen Akzents sowie ihrer „falschen" Prosodie. Aber trotz dieses sprachlichen „Defizits", wären ihre Motivation und Leistungen in den anderen Fächern Grund genug, um diese Entscheidung zu legitimieren. Zudem würde Ana in den weiterführenden Schulen über einen Vorteil gegenüber ihren Mitschülern verfügen. Als fremdsprachige Schülerin würden die zukünftigen Lehrkräfte ihr in den ersten beiden Schuljahren einen „Ausländerbonus" gewähren, was bedeute, dass sie nach milderen Kriterien bewertet werden würde.

Welche Rolle spielen die französischen Sprachkenntnisse der drei Jugendlichen in dem hier präsentierten Selektionsprozess?

Auf der Basis der Transkripte der Notenkonferenz und in Einklang mit dem hier untersuchten ersten Schlüsselmoment, können wir sagen, dass sowohl Makassi als auch Aicha weiterhin nicht von ihren guten mündlichen Kenntnissen profitieren können. Im Gegenteil, die ‚Diagnose' Analphabetismus, sowie Aichas Schwierigkeiten im logischen Denken und Makassis nicht angebrachter körperlicher Habitus, machen ihre mündlichen Sprachkompetenzen irrelevant, so dass, zusammen mit den anderen genannten Faktoren, Sprache ihre Orientierung in Richtung einer berufsvorbereitenden Klasse legitimiert. Anas Fall scheint hier komplexer zu sein: Während klar ist, dass das in diesem Schuljahr sich angeeignete Sprachkapital ihr Zugang zu schulischem Wissen gibt, das ihr die Türen öffnet zu einer Klasse, welche sie auf eine weiterführende Schule vorbereitet, wird in der Notenkonferenz auch klar, dass ihre sprachlichen Kenntnisse per se für diesen Sprung nicht ausreichen. Ihre Aussprache und prosodischen Schwierigkeiten würden – so die Lehrkräfte – nur toleriert, weil die Gymnasien und Fachmittelschulen in der Schweiz in den ersten beiden Jahren bei fremdsprachigen SchülerInnen ein Auge zudrücken würden. Es sei hier vielmehr ihre Motivation, Willenskraft, Neugierde und Engagement, welche Ana in Zukunft Zugang geben würden zu einer weiterführenden Schule, und welche ihr ermöglichen würden, den Wissensrückstand in den anderen Schulfachern zu kompensieren. Ihre Sprache sei auch zukünftig ein Stigma.

In anderen Worten, keinem der drei SchülerInnen gelingt es, ihre Französischkenntnisse zu kapitalisieren. Im Gegenteil können wir beobachten, dass Sprache in allen drei Fällen als Ausschlussfaktor fungiert und dass in allen drei Fällen – obschon auf unterschiedlichen Ebenen – der Erfolg des beruflichen (bei Aicha und Makassi) und schulischen (bei Ana) Integrationsprozesses stark von den schulischen und beruflichen Strukturen abhängt, welche sie in Zukunft empfangen, sowie von der Art und Weise, wie diese Institutionen mit dem angeblichen sprachlichen „Defizit" dieser neuankommenden MigrantInnen umgehen.

Über den Eintritt in die Arbeitswelt und in weiterführende Schulen

Wir wollen uns zum Schluss dem letzten, vielleicht zentralsten Schlüsselmoment in der Schulkarriere eines Schülers oder einer Schülerin des *Service A.M.E.* widmen, nämlich dem Moment des Austritts aus den Strukturen der Institution und dem nachfolgenden Eintritt der SchülerInnen in die Arbeitswelt oder – in sehr wenigen Fällen – in eine weiterführende Schule. Nachdem die SchülerInnen in die berufsvorbereitenden Klassen (Makassi und Aicha) bzw. in eine schulvorbereitende Klasse (Ana) zugewiesen werden, müssen diese nach einem Jahr SIK bzw. BIK per Gesetz die Strukturen des *Service A.M.E.* verlassen. Das ist der Moment, in dem die AbsolventInnen des *Service A.M.E.* das in den vergangenen zwei Jahren angeeignete sprachliche und kulturelle Kapital auf neuen sprachlichen Märkten zu tauschen und Zugang zu Arbeit oder einer besseren Bildung zu erhalten versuchen. Während sowohl die Lehrkräfte als auch die SchülerInnen die Schulzeit in den Aufnahmestrukturen des *Service A.M.E.* als eine Übergangslösung verstehen – als einen Ort, in dem die SchülerInnen auf die schulischen und beruflichen Herausforderungen sowie die Erwartungen der Schweizer Gesellschaft vorbereitet werden, indem sie über einen Zeitraum von zwei Jahren Zeit erhalten, an ihren Französischkenntnissen zu arbeiten –, wird diese Transitionsphase oft mit hohen Erwartungen seitens der SchülerInnen sowie seitens deren Eltern erlebt. Oft sind die SchülerInnen darauf angewiesen, in die Arbeitswelt einzusteigen, um ihre Familien finanziell zu unterstützen. In anderen Fällen haben die SchülerInnen eine lange Schulzeit in ihrer Heimat hinter sich und wünschen sich endlich, in die Berufswelt einzusteigen. In nochmals anderen Fällen haben diejenigen, welche davon träumen an einer Universität zu studieren, das Bedürfnis auf ihrem Weg zur Maturität weiterzukommen und sich somit ihrem Ziel zu nähern.

Unsere Präsenz im Feld hat aber gezeigt, dass trotz dieser Erwartungen und Bedürfnisse die Realität für die AbgängerInnen des *Service A.M.E.* – sowohl für die BerufseinsteigerInnen als auch für diejenigen, welche eine weiterführende Schule anstreben – eine andere ist. Nur sehr wenige Schüler des *Service A.M.E.* schaffen diesen Sprung in eine weiterführende Schule. Im Falle der zwei Klassen, welche wir ethnographisch untersucht haben, haben dies nur zwei SchülerInnen erreicht. Das gleiche gilt für diejenigen, welche in die Berufswelt einsteigen. Auch wenn der allergrösste Teil der Berufseinsteiger des *Service A.M.E.* sich für Berufe mit geringem sozialen Prestige interessiert, haben die wenigsten die Möglichkeit, direkt eine Berufslehre zu absolvieren. Die Konkurrenz auf dem Lehrstellenmarkt ist für diese SchülerInnen zu gross, um konkurrenzfähig sein zu können. Dies führt dazu, dass die *Service A.M.E.*-AbgängerInnen oft eine Anlehre (d.h. eine verkürzte Berufsausbildung mit einem tieferen Anforderungsprofil) oder ein Einjahres-Praktikum suchen. Dabei werden sie in der BIK von den Lehrkräften unterstützt (da die SIK auf eine weiterführende Schule vorbereitet, ist die schulische Unterstützung in der Berufswahl und Lehrstellenfindung dort nicht vorgesehen), welche mit den SchülerInnen die Bewerbungsunterlagen vorbereiten und Simulationen von Bewerbungsgesprächen durchführen. Zudem stellt ihnen der *Service A.M.E.* ein von der Schuldirektion aufgebautes Netzwerk von Beziehungen zur lokalen Wirtschaft und zu Lehrbetrieben zur Verfügung, welches diesen Jugendlichen einen privilegierten Zugang zu Lehrstellen und Ausbildungsplätzen garantieren soll. Ohne diese Unterstützung – so die Schuldirektion – hätten diese SchülerInnen minime Chancen auf dem Schweizer Lehrstellenmarkt.

Im Folgenden werden wir uns auf den Austrittsprozess der drei SchülerInnen konzentrieren und wiederum über die Bedingungen reflektieren, welche den Zugang dieser Jugendlichen zu Ressourcen regulieren sowie die Rolle ihres Sprachkapitals für ihren Zugang zu einem Job bzw. zu einer weiterführenden Schule diskutieren.

Wir werden dabei mit Makassi beginnen, der sich im Frühling 2013 für diverse Anlehren und Praktika im Verkauf beworben hatte und tatsächlich auch einige Male eingeladen wurde, eine Probewoche zu absolvieren. Diese Probewochen (oder Kurzpraktika, wie sie auch genannt werden), welche sich im Schweizer Lehrstellenmarkt durchgesetzt haben, geben den SchülerInnen Gelegenheit, den Beruf, für den sie sich bewerben, kennenzulernen. Für die Betriebe ist diese Woche Teil eines Selektionsprozesses, in welchem die Kapazitäten der zukünftigen Lernenden getestet werden. Unabhängig von ihrer Eignung und der effektiven Einstellung des oder der potentiellen Auszubildenden füllt jeder Betrieb eine Praktikumsevaluation aus, welche die beruflichen Fähigkeiten des oder der Jugendlichen festhält. Dieses Dokument ermöglicht einerseits dem Schüler oder der Schülerin an Fähigkeiten und Verhalten zu arbeiten und sich somit auf eine zukünftige Probewoche vorzubereiten. Es wird zudem vermehrt als Arbeitszeugnis genutzt, welches ein potentieller Bewerber oder eine potentielle Bewerberin Bewerbungen beilegen kann.

Nach einigen misslungenen Probewochen im Bereich des Verkaufs sowie als Maler – Makassi wurde oft vorgeworfen, zu langsam zu sein – schien ein Praktikum in einem kleinen Lebensmittelgeschäft im Zentrum der Stadt gute Erfolgsaussichten zu bieten. Während des üblichen Telefonats, das Makassis Klassenlehrerin Mitte der Probewoche mit dem Ausbildungsbetrieb führte, um sich über den Einsatz des Schülers zu erkundigen, teilte ihr der Inhaber des Ausbildungsgeschäftes mit, dass Makassi einen exzellenten Eindruck hinterlassen hätte, dass er sehr kommunikativ sei und ein Gespür für das Geschäft habe. Mit grossem Optimismus fuhren wir zusammen mit Makassis Klassenlehrerin am Ende der Probewoche in das Geschäft, in welchem Makassi sich beworben hatte (wir hatten die Erlaubnis erhalten, die Klassenlehrerin bei ihrem Praktikumsbesuch zu begleiten). Die Klassenlehrerin hatte uns versichert, dass der Junge den Ausbildungsplatz erhalten würde, weil er es geschafft hatte, den Geschäftsinhaber von seiner guten, sonnigen und sympathischen Seite zu überzeugen.

Tatsächlich: Als wir im Ausbildungsbetrieb ankamen, bestätigte uns der Inhaber seine Begeisterung für den Schüler. Er hatte bereits das Praktikumsevaluationsformular ausgefüllt. Dieses Dokument muss von dem oder der Verantwortlichen im Betrieb für den Praktikanten oder die Praktikantin nach dem Ende des Praktikums ausgefüllt werden und besteht aus drei Abschnitten mit folgenden Unterpunkten:

> „*Compétences professionnelles*“ [Berufliche Kompetenzen] beinhaltet folgende Unterpunkte: „*effectue volontiers les travaux demandés*“ [führt gerne die verlangten Arbeiten durch], „*est soigneux avec le materiel*“ [geht sorgsam mit dem Material um], „*respecte les règles et les consignes*“ [respektiert die Regeln und die Vorgaben], „*cherche à mieux connaître la profession*“ [versucht den Beruf besser kennenzulernen], „*écoute les explications*“ [hört auf die Erklärungen], „*a un bon rythme de travail*“ [hat einen guten Arbeitsrythmus], „*est adroit et habile*“ [ist geschickt und gewandt];
>
> „*Compétences personnelles*“ [persönliche Kompetenzen] beinhaltet folgende Unterpunkte: „*s'adapte bien à l'environnement professionnel*“ [kann sich dem beruflichen Umfeld anpassen], „*a un bon contact avec l'équipe*“ [hat einen guten Kontakt zum Team], „*est ponctuel*“ [ist pünktlich], „*est poli*“ [ist höflich], „*soigne son apparence et sait adapter sa tenue à la profession*“ [kümmert sich um sein Äusseres und kann seine Kleidung dem Beruf anpassen], „*s'exprime de manière compréhensible*“ [drückt sich verständlich aus]

Iin diesen beiden Kategorien wird der oder die Praktikumsverantwortliche gefragt, jeweils anzukreuzen, ob die jeweiligen Aussagen für den Praktikanten/die Praktikantin zutreffen oder nicht.

Zusätzlich zu diesen beiden Kategorien enthält das Formular einen dritten Abschnitt mit den folgenden Elementen:

> *„Aptitude pratiques en rapport à ce métier“* [praktische Eignung bezüglich dieses Berufes] beinhaltet folgende Unterpunkte: *„excellentes“* [exzellent], *„bonnes“* [gut], *„suffisantes“* [genügend], *„pas en rapport avec la profession“* [nicht geeignet für den Beruf]

In anderen Worten: Indem dieses Dokument die Kriterien definiert, welche eine oder einen idealen und legitimen Auszubildenden ausmachen, besteht das Ziel dieses Formulars darin, das Potential des/der Jugendlichen als potentielle produktive Arbeitskraft zu messen, und muss somit – ähnlich wie im Falle der Aufnahmedossiers – als eine Machttechnologie (im Sinne Foucaults) verstanden werden, die den Zugang zu Ressourcen reguliert und Einfluss auf die Laufbahn der SchülerInnen hat.
Makassis Verantwortlicher hat bei den ersten beiden Abschnitten überall ein *„ja“* gegeben, d.h. das Maximum der möglichen Punktzahl. Im Zweiten Abschnitt hat dieser sein Kreuzchen bei *„excellentes“* gesetzt. Trotz dieser sehr positiven Evaluation aber hat Makassi den Ausbildungsplatz nicht erhalten. Der Geschäftsinhaber erklärte uns diesen Entscheid mit der Finanzkrise, welche negative Konsequenzen für den Geschäftsgang seines Betriebes hätte. Trotz der sehr guten Leistung des Jugendlichen konnte er ihn also aus finanziellen Gründen nicht anstellen.

So wie Makassi hat auch Aicha sich im Frühling 2013 für verschiedene Stellen im Verkauf beworben. Auch sie wurde eingeladen, verschiedene Probewochen durchzuführen. Wir möchten an dieser Stelle die Probewoche fokussieren, welche die junge Frau in einem der Schweizer Lebensmittelgrossverteiler als Verkäuferin absolviert hat. Auch im Falle Aichas hatten wir die Möglichkeit, ihre Klassenlehrerin beim Praktikumsbesuch zu begleiten und während der Praktikumsevaluation mit dem Verantwortlichen im Betrieb dabei zu sein. Da wir mit der Lehrkraft einige Minuten zu früh im Lebensmittelgeschäft in der Peripherie angekommen waren und da Aichas Verantwortlicher noch in einer Sitzung war, entschieden wir uns mit den Angestellten des Geschäftes über Aichas Arbeitsverhalten zu sprechen. In diesem Rahmen bestätigten uns die MitarbeiterInnen, dass Aicha eine gute Woche hinter sich hatte und einen sehr guten Eindruck machte. Dieses für Aicha erfreuliche Bild konnte dann später durch ihren Verantwortlichen bestätigt werden, wobei dieser jedoch im Gespräch mit uns Aichas Kommunikationskompetenzen bemängelte. Auch er hatte bereits das Praktikumsevaluationsformular ausgefüllt und auch er hatte, wie im Falle Makassis, alle Unterpunkte in den beiden ersten Abschnitten mit einem „ja“ angekreuzt. Ausser bei den Punkten *„a un bon contact avec l'équipe“* [hat einen guten Kontakt zum Team] und *„s'exprime de manière compréhensible“* [drückt sich verständlich aus] wurde vom Verantwortlichen kein Kreuzchen gesetzt – hingegen hat dieser anstelle der Kreuzchen einen kurzen Kommentar notiert: Zum ersten Punkt merkt er an *„timide et réservée“* [schüchternd und zurückhaltend] und zum zweiten *„difficulté à se faire comprendre“* [Schwierigkeiten sich auszudrücken]. Zudem wurde im dritten Abschnitt – bei dem es um eine generelle Eignungsbeurteilung der Jugendlichen für den Beruf geht – keine Beurteilung abgegeben; stattdessen hat der Verantwortliche den folgenden Kommentar hinzugefügt:

> Le métier de la vente est exigent en terme de communication. Aujourd'hui Aicha nous semble un peu au-dessous des pré-requis pour commencer une formation dans ce métier.
>
> Im Verkauf zu arbeiten ist anspruchsvoll in Punkto Kommunikation. Heute scheint uns Aicha [diesbezüglich] ein bisschen unterhalb der Anforderungen zu stehen, um eine Ausbildung in diesem Bereich zu beginnen. (Übersetzung der Autoren)

Auf der Basis dieses Kritikelements wurde Aicha der Zugang zu diesem Ausbildungsplatz verwehrt. Der Verantwortliche erklärt uns zudem noch, dass sich im Moment viele ‚gutqualifizierte‘ SchülerInnen für Ausbildungsplätze in diesem Betrieb bewerben würden, und dass es für Aicha mit ihren Sprachkompetenzen schwierig wäre, sich in einem solch kompetitiven Kontext durchzusetzen; deshalb solle sie versuchen, einen Ausbildungsplatz in einem kleineren Lebensmittelladen zu bekommen.

Schliesslich wollen wir uns sehr kurz Ana widmen. Im Gegensatz zu den beiden anderen Jugendlichen hatten wir wenig Gelegenheit, Ana während dieser Zeit in der SIK zu beobachten. Nichtsdestotrotz konnten wir uns mehrmals in diesem Jahr mit ihr über ihre Erfahrungen in der neuen Klasse austauschen und ihren Parcours von weitem beobachten. Aus unseren Gesprächen wird klar, dass Ana in den neuen Strukturen mit den anderen SchülerInnen gut mithalten kann, wobei ihr die französische Sprache noch am meisten Mühe bereitet. Sie erzählt in unseren Gesprächen, dass die Lehrerin sie oft auf ihren portugiesischen Akzent anspreche, an dem sie dringend arbeiten müsse. In der ersten Hälfte des Jahres stand gemäss Ana die Frage des Akzents öfters im Zentrum von Auseinandersetzungen zwischen ihr und der Französischlehrerin, sodass die Schülerin mehrmals ernsthaft über einen Abbruch nachgedacht hatte – wobei diese Abbruchphantasien auch durch Anas Sehnsucht nach ihrer Heimat und den Wunsch, nach Portugal zurückzukehren, motiviert waren. In der zweiten Hälfte des Schuljahres in der SIK scheinen sich gemäss Ana die Spannungen mit der Französischlehrerin gelegt und ihr Akzent verbessert zu haben, sodass sie nicht mehr über eine eventuelle Rückkehr nach Portugal spricht. Dies liegt sicher auch daran, dass Anas Noten es ihr ermöglichen, nach dem Schuljahr in der SIK direkt in die zweite Klasse eines Schweizer Gymnasiums einzusteigen, und sie somit ihrem Ziel, eine universitäre Ausbildung zu absolvieren, ein Stück näher kommt.

Was sagt uns dies über die Rolle von Sprache in der letzten Phase der Laufbahn eines *Service A.M.E.*-Schülers? Während bei Ana ihre Fortschritte in der französischen Sprache den Zugang zum Gymnasium ermöglichen, haben wir auch gesehen, dass unter gewissen Umständen ihr portugiesischer Akzent weiterhin als eine Form von Stigma fungiert, der über weite Strecken ihrer Schulzeit in der SIK diesen Beitritt ins Gymnasium in Frage gestellt hatte. Im Falle Aichas wird die Rolle der Sprache als Faktor des Ausschlusses noch deutlicher. Trotz ihrer Eignung für den Beruf als Verkäuferin legitimieren ihre Sprachkompetenzen ihren Ausschluss aus einem Berufssektor, welcher von den Verantwortlichen als zunehmend sprachlastig definiert wird. Auf einem Arbeitsmarkt, in dem Aicha in Konkurrenz mit gutqualifizierten frankophonen SchweizerInnen steht, rechtfertigen ihre mangelnden Sprachkompetenzen ihre Chancenlosigkeit auf einen Ausbildungsplatz im Verkauf. Im Falle Makassis scheinen seine Sprachkompetenzen keine Rolle zu spielen. Seine guten mündlichen Französischkompetenzen konnten nicht die strukturellen Bedingungen, in der sich die Schweizer Wirtschaft derzeit befindet, kompensieren. Während Sprache in seinem Fall nicht Faktor von Ausschluss war, wie im Falle Aichas, konnte er durch seine Bemühungen und Investitionen in die französische Sprache die finanziellen Schwierigkeiten seines potentiellen Arbeitgebers nicht wett machen und musste somit trotz seiner exzellenten Eignung auf diesen Ausbildungsplatz verzichten.

4. Sprache als Schlüssel zur Integration?

In diesem Beitrag war es unsere Intention, die Konzeptualisierung von Sprache als kulturelle Ressource zu hinterfragen, die Zugang zu sozialem und ökonomischem Kapital gibt, als Garant für soziale Gleichheit und Einschluss fungiert sowie zum Erhalt des sozialen Friedens in der multikulturellen und internationalen Schweiz beiträgt. Die in diesem Beitrag präsentierte Analyse zeigt ein komplexeres Bild: Während unter spezifischen Bedingungen für einen Teil der Schülerschaft Sprache tatsächlich eine Ressource ist, welche zu sozialer Anerkennung und Legitimation führt, wird sie für einen anderen Teil dieser SchülerInnen zu einem Hindernis, das deren

Ausschluss aus der Schweizer Gesellschaft und dem Arbeitsmarkt legitimiert.

Wir haben gezeigt, dass für gewisse Individuen trotz guter sprachlicher Kenntnisse – wie zum Beispiel im Falle von Makassi, welcher am Ende seiner Schulzeit über eine sehr hohe Sprachkompetenz verfügte, oder auch im Falle Aichas, welche gemäss ihrer Lehrerinnen im letzten Jahr ihrer BIK enorme sprachliche Fortschritte gemacht hatte – der Zugang zum Schweizer Arbeitsmarkt verwehrt bleibt. Jenseits vom sprachlichen Kapital, welches sicherlich eine zentrale Rolle spielt im schulischen, beruflichen und gesellschaftlichen Integrationsprozess von Individuen, scheint folglich der ungleiche Zugang zu Ressourcen vielmehr mit der sozialen Illegitimität der Individuen verbunden zu sein. Dabei hat diese Illegitimität weniger mit den Sprachkenntnissen der ‚Ungleichen' zu tun, sondern findet ihren strukturellen Ursprung in der ethnischen Herkunft, der sozialen Klasse, der Hautfarbe sowie im Geschlecht der Individuen (Duchêne 2012). Illegitime SprecherInnen, insbesondere ‚schlecht qualifizierte' Migranten, können, obwohl sie viel in den Erwerb einer Sprache investieren und diese tatsächlich nach objektiven Kriterien gut sprechen, die fundamentalen gesellschaftlichen Gründe ihrer sozialen Ungleichheit und ihres Ausschlusses von Formen sozialen, kulturellen und ökonomischen Kapitals schwer überwinden. Und dies weil ihre Qualifikation im Schweizer System als nicht ‚wertvoll' erachtet und ihr Schulbesuch im Herkunftsland abgewertet wird.

Trotz dieses strukturellen Ursprungs sozialer Ungleichheiten ist die Ideologie von Sprache als zentraler Faktor von sozioökonomischer Inklusion und Emanzipation gesellschaftspolitisch nicht nur in der Schweiz, sondern auch in vielen anderen westlichen Staaten insofern interessant, da sie es ermöglicht, die Sprechenden, welche oft beschuldigt werden, zu wenig für ihre Sprachkenntnisse zu tun, selbst für ihre soziale Exklusion verantwortlich zu machen. In anderen Worten dient diese Sprachideologie als Möglichkeitsbedingung für eine Verschiebung des Fokusses der staatlichen Integrationspolitik: von einer politischen Bekämpfung der strukturellen Bedingungen gesellschaftlicher Ungleichheiten hin zu einer politischen Fokussierung auf die sprachlichen Kompetenzen einzelner Individuen.

Für uns als Soziolinguisten, die sich für die sprachliche Komponente der sozialen Ordnung interessieren, muss diese Instrumentalisierung von Sprache als Faktor von politischer und ökonomischer Legitimation der gesellschaftlichen Strukturierung zu einer gewissen Wachsamkeit ermuntern. Während Sprache ein zentraler Aspekt der Produktion und Reproduktion gesellschaftlicher Ordnung bleibt, darf unser disziplinärer Logozentrismus uns nicht blind machen für die Stellvertreterfunktion, welche Sprache oft in den Prozessen der sozialen Exklusion einnimmt. In diesem Sinne – anstatt weiterhin von der Prämisse auszugehen, dass Sprache ein Schlüssel zur

Integration ist – plädieren wir hier stattdessen für eine kritische soziolinguistische Herangehensweise, die nicht nur nach den komplexen, vielschichtigen und variablen Bedingungen fragt, unter denen Sprache tatsächlich als Faktor von sozialer Inklusion fungiert, sondern auch über diejenigen Bedingungen und Interessen reflektiert, welche dazu führen, dass Sprache sozialen Ausschluss bedingen kann.

Literatur

Bourdieu, Pierre (1977): The Economics of Linguistic Exchange. In: Social Sciences Informations 16 (6), S. 645–668.

Bourdieu, Pierre (1982): Ce que parler veut dire: L'économie des échanges linguistiques. Paris: Fayard.

Bourdieu, Pierre (1986): The Forms of Capital. In: Richardson, John (Hrsg.): Handbook of Theory and Research for the Sociology of Education. New York: Greenwood Press, S. 241–58.

Bourdieu, Pierre/Passeron, Jean-Claude (1970): La reproduction: Éléments pour une théorie du système d'enseignement. Paris: Les Éditions de Minuit.

Cicourel, Aron (1967): The Social Organization of Juvenile Justice. New York: Wiley.

Cicourel, Aron (1974): Cognitive Sociology: Language and Meaning in Social Interaction. New York: Free Press.

Duchêne, Alexandre (2008): Ideologies across Nations: The Construction of Linguistic Minorities at the United Nations. Berlin: Mouton de Gruyter.

Duchêne, Alexandre (2011): Néolibéralisme, inégalités sociales et plurilinguisme: l'exploitation des ressources langagières et des locuteurs. In: Langage et Société 131, S. 81–106.

Duchêne, Alexandre (2012). Cohésion sociale? – Le paradoxe de la langue. In: Conti, Virgine/De Pietro, Jean-François/Matthey, Marinette (Hrsg.): Langue et cohésion sociale. Enjeux politiques et réponses de terrain. Neuchâtel: Délégation à la langue française, S. 179–187.

Duchêne, Alexandre/Heller, Monica (2012): Language in Late Capitalism: Pride and Profit. London: Routledge.

Duchêne, Alexandre/Moyer, Melissa/Roberts, Celia (Hrsg.) (2013): Language, Migration and Social Inequalities. Bristol/Tonawanda: Multilingual Matters.

Foucault, Michel (1963): Naissance de la clinique. Une archéologie du regard médical. Paris: Presses Universitaires de France.

Foucault, Michel (1969): The Archaeology of Knowledge. London: Routledge.

Gal, Susan (1989): Language and Political Economy. In: Annual Review of Anthropology 18, S. 345–367.

Gal, Susan (2006): Linguistic Anthropology. In: Brown, Keith (Hrsg.): The Encyclopedia of Language and Linguistics. New York: Elsevier, S. 171–185.

Heller, Monica (1995): Language Choice, Social Institutions and Symbolic Domination. Language and Society 24 (3), S. 373–405.

Heller, Monica (2008): Doing Ethnography. In: Li Wei/Moyer, Melissa G. (Hrsg.): Blackwell Guide to Research Methods in Bilingualism and Mulitlingualism. Oxford: Blackwell, S. 249–262.

Heller, Monica/Martin-Jones, Marilyn (2001): Introduction: Symbolic Domination, Education and Linguistic Difference. In: Heller, Monica/Martin-Jones, Marilyn (Hrsg.): Voices of Authority. Education and Linguistic Differences. Westport/London: Ablex, S. 1–29.

Hofstetter, Daniel (2013): Bildungsambitionen in Elterngesprächen der 5. Klasse, ein Jahr vor dem Übertritt in die Orientierungsschule. In: Wannack, Evelyne/Bosshart, Susanne/Eichenberger, Astrid/Fuchs, Michael/Hardegger, Elisabeth/Marti, Simone (Hrsg.): 4- bis 12-Jährige – ihre schulischen und ausserschulischen Lebenswelten. Münster/New York: Waxmann.

Irvine, Judith (1989): When Talk Isn't Cheap: Language and Political Economy. American Ethnologist 16 (2), S. 248–267.

Marcus, George, E. (1995): Ethnography in/of the World System: The Emergence of Multi-Sited Ethnography. Annual Review 24, S. 95–117.

Martin-Rojo, Luisa (2010): Constructing Inequality in Multilingual Classrooms. Berlin: Mouton de Gruyter.

Martin-Rojo, Luisa (2013): (De)Capitalising Students through Linguistic Practices. In: Duchêne, Alexandre/Moyer, Melissa/Roberts, Celia (Hrsg.): Language, Migration and Social Inequalities. Bristol/Tonawanda: Multilingual Matters.

Martin-Rojo, Luisa (2014): The Genealogy of Educational Change: Educating to Capitalize Migrant Students. In: Unger, Johann/Krzyzanowski, Michal/Wodak, Ruth (Hrsg.): Multilingual Encounters in Europe's Institutional Spaces: London/New York: Bloomsbury Academic.

Mehan, Hugh (1986): Handicapping the Handicapped: Decision Making in Students' Educational Careers. Stanford: Stanford University Press.

Silverstein, Miachel/Urban, Greg (Hrsg.) (1996): Natural Histories of Discourse. Chicago: University of Chicago Press.

Smith, Dorothy (2005): Institutional Ethnography: A Sociology for People. Lenham: Rowman & Littlefield.

Urciuoli, Bonnie (2008): Skills and Selves in the New Workplace. In: American Ethnologist 35 (2), S. 211–228.

Urciuoli, Bonnie (2010): Neoliberal Education. In: Greenhouse, Carol J. (Hrsg.): Ethnographies of Neoliberalism. Philadelphia: University of Pennsylvania.

Urciuoli, Bonnie/LaDousa, Chaise (2013): Language Management/Labor. Annual Review of Anthropology 42, S. 175–190.

Die Autorinnen und Autoren

Brigitta Busch, Dr. phil. Habil., Jg. 1955, hat an der Universität Wien eine Berta-Karlik-Professur in angewandter Sprachwissenschaft. Derzeit forscht sie vor allem über Zusammenhänge von Migration, Mehrsprachigkeit, Vulnerabilität und Resilienz und arbeitet an der Weiterentwicklung des sprachbiographischen Ansatzes.

Alfonso Del Percio, Jg. 1981, PhD, ist *Post Doctoral Fellow* im *Center for Multilingualism in Society across the Lifespan* (MultiLing) der Universität Oslo, sowie am Institut für Mehrsprachigkeit der Universität und der PH Freiburg. Seine Arbeitsschwerpunkte liegen in den Bereichen Sprache und soziale Ungleichheiten, Ideologie und Nation sowie Sprache und New Economy.

Isabell Diehm, Jg. 1957, Dr. phil. habil., ist Professorin am Institut für Allgemeine Erziehungswissenschaft des Fachbereichs Erziehungswissenschaften der Goethe-Universität Frankfurt am Main. Sie leitet das Teilprojekt ‚Ethnische Heterogenität und die Genese von Ungleichheit in Bildungseinrichtungen der (frühen) Kindheit' im DFG-Sonderforschungsbereich 882 ‚Von Heterogenitäten zu Ungleichheiten' an der Universität Bielefeld. Ihre Arbeitsschwerpunkte liegen in den Bereichen Erziehung, Politik und Gesellschaft, und hier insbesondere in den thematischen Feldern Erziehung und Migration, erziehungswissenschaftliche Differenz- und Ungleichheitsforschung, erziehungswissenschaftliche Kindheitsforschung.

Alexandre Duchêne, Jg. 1973, Dr. phil., ist Professor für Sprachsoziologie und Mehrsprachigkeit an der Universität Freiburg (CH) und Mitglied der Direktion des Instituts für Mehrsprachigkeit der Universität und der PH Fribourg. Seine Forschungs- und Arbeitsschwerpunkte liegen in den Bereichen Sprache und soziale Ungleichheiten, Mehrsprachigkeit, Schule und soziale Selektion, Mehrsprachigkeit am Arbeitsplatz, Mehrsprachigkeit, Migration und Globalisierung sowie Sprachpolitik, insbesondere sprachliche Minderheiten.

Karen Geipel, Dipl.-Päd., ist wissenschaftliche Mitarbeiterin am Institut für Erziehungswissenschaft der Technischen Universität Berlin. Zuvor war sie wissenschaftliche Mitarbeiterin am Institut für Interdisziplinäre Genderforschung und *Diversity* der Fachhochschule Kiel. Ihre Arbeitsschwerpunkte umfassen Gender Studies, Migrationspädagogik, Übergänge - Berufsorientierung und Lebensplanung, Rekonstruktive Sozialforschung. Sie studierte Erziehungswissenschaft und Soziologie an der Universität Bielefeld.

Edina Krompàk, Jg. 1969, Dr. phil., arbeitet als Dozentin an der Pädagogischen Hochschule der Fachhochschule Nordwestschweiz. Zu ihren Forschungs- und Arbeitsschwerpunkten gehören Migration und ihre Auswirkung auf das Bildungssystem, Erst- und Zweitspracherwerb und Mehrsprachigkeit sowie Methoden der qualitativen Sozialforschung. Sie studierte Erziehungswissenschaft an der Universität Zürich und promovierte mit der Arbeit „Entwicklung der Erst- und Zweitsprache im interkulturellen Kontext. Eine empirische Untersuchung über den Einfluss des Unterrichts in heimatlicher Sprache und Kultur (HSK) auf die Sprachentwicklung".

Melanie Kuhn, Jg. 1977, Dr. phil., ist Oberassistentin am Departement Erziehungswissenschaften der Universität Freiburg (CH). Zuvor war sie Post-Doc im Teilprojekt ‚Ethnische Heterogenität und die Genese von Ungleichheit in Bildungseinrichtungen der (frühen) Kindheit' im DFG-Sonderforschungsbereich 882 ‚Von Heterogenitäten zu Ungleichheiten' der Universität Bielefeld. Ihre Arbeitsschwerpunkte liegen in der qualitativen, insbesondere der ethnographischen Kindheits-, Migrations-, Ungleichheits- und Professionsforschung.

Christiane Micus-Loos, Jg. 1971, Dr. phil., ist Professorin am Fachbereich Soziale Arbeit und Gesundheit der Fachhochschule Kiel. Ihre Arbeitsschwerpunkte liegen in den Bereichen (Auto-)Biographie- und Generationenforschung, Geschlechterforschung, Gender und Soziale Arbeit, Berufsorientierung und Lebensplanung, Gewaltforschung sowie Methoden und Methodologie qualitativer Sozialforschung. Sie studierte Pädagogik an der Universität Osnabrück.

Rebecca Mörgen, Jg. 1985, Dipl. Päd., ist wissenschaftliche Assistentin am Institut für Erziehungswissenschaft der Universität Zürich. Ihre Interessens- und Arbeitsschwerpunkte sind Körper/Leib-Theorien, Theorie der Sozialpädagogik, (post)koloniale, feministische Erkenntnistheorien und qualitative Sozialforschung (insbesondere Ethnographie/Photographie). Sie studierte Erziehungswissenschaften an der Universität Münster.

Melanie Plößer, Jg. 1968, Dr. phil., ist Professorin am Fachbereich Sozialwesen der Fachhochschule Bielefeld. Ihre Arbeitsschwerpunkte liegen in den Bereichen Differenzverhältnisse und Soziale Arbeit, Gender und Queer-Theorien sowie Theorien und Konzepte Sozialer Arbeit. Sie studierte Pädagogik an der Universität Bielefeld.

Anna Schnitzer, Jg. 1977, Soziologin M.A., ist wissenschaftliche Assistentin am Institut für Erziehungswissenschaft der Universität Zürich und war vorher wissenschaftliche Referentin am Deutschen Jugendinstitut e.V. in Halle (Saale) und München. Ihre Arbeitsschwerpunkte liegen in den Bereichen Bildungs-, Migrations- und Ungleichheitsforschung sowie Methoden der qualitativen Sozialforschung. Sie studierte Soziologie, Philosophie und Fachübersetzen Französisch an der Universität Halle-Wittenberg.

Claudia Seele, Jg. 1983, M.A., ist Doktorandin der Erziehungswissenschaften an der Universität Luxemburg. Zuvor hat sie eine Stelle als wissenschaftliche Mitarbeiterin in einem Projekt zur Betreuungs- und Erziehungswirklichkeit luxemburgischer *Maisons Relais pour Enfants* an der Universität Luxemburg angetreten. Ihre Forschungsschwerpunkte liegen im Bereich der Ethnographie, der Kindheits-, Migrations- und Mehrsprachigkeitsforschung. Sie studierte Ethnologie, Philosophie und Psychologie an der Freien Universität Berlin.

Henrike Terhart, Jg. 1981, Dr. phil., Dipl.-Päd., ist akademische Rätin auf Zeit am Institut für vergleichende Bildungsforschung und Sozialwissenschaften an der Universität zu Köln. Zur Zeit vertritt sie eine Gastprofessur für Interkulturelle Bildung an der Justus-Liebig-Universität Gießen. Ihre Forschungsschwerpunkte sind Interkulturelle Bildung, Qualitative Sozialforschung und sozialwissenschaftliche Körpertheorien.

Nathalie Thomauske, Jg. 1980, Dipl. Päd., M.A. Romanistik, ist Lehrbeauftragte am Otto-Suhr-Institut der Freien Universität Berlin. Ihre Arbeitsschwerpunkte liegen in den Bereichen der *Postcolonial* und *Decolonial Studies*, *Critical Applied Linguistics*, der Kindheits- und Migrationsforschung sowie Methoden der qualitativen Sozialforschung. Sie studierte Interkulturelle Pädagogik an der Carl-von-Ossietzky Universität Oldenburg und Romanistik an der Universität Bremen.